SÜDWEST-FRANKREICH
Pons
Barbezieux
Brantôme
PÉRIGORD
Périgueux
Blaye
Bourg
Isle
DORDOGNE
VÉZÈRE
Tulle
Dordogne
Souillac
Les Eyzies
Sarlat-la-Canéda
Libourne
St-Emilion
Bergerac
Dordogne
Domme
Aurillac
La Sauve-Majeure
Garonne
LOT-ET-GARONNE
PARK
NDES
Marmande
Villeneuve-sur-Lot
Bazas
Casteljaloux
Agen
Moissac
OGNE
Nérac
Roquefort
ARMAGNAC
Labastide-d'Armagnac
Condom
Garonne
Fleurance
Albi
Aire-sur-l'Adour
FRANKREICH
Baïse
Auch
Toulouse
Adour
Gers
Pau
Tarbes
Carcassonne
BÉARN
Lourdes

Dieter Kreutzkamp

Straßen in die Einsamkeit

Karlhans Frank

Straßen in die Einsamkeit

Südwest-Frankreich

Aquitanien – zwischen Bordeaux, Biarritz und Sarlat

fotografiert von Lisa Schwinnis
herausgegeben von Dieter Kreutzkamp

Frederking & Thaler

Bildnachweis:
Finn, Klaus: S. 51, 122/123, 137, 140/141, 142, 145, 153, 155, 173
Schwinnis, Lisa: S. 9, 10 (u.l./o.r.), 11 (o.l./u.l.) 12 (o.r/u.l.), 17, 18, 19, 22, 28/29, 30, 34, 35, 36, 37, 38, 39, 40, 41, 43, 44, 45, 47, 48, 54, 55, 56/57, 59, 60, 64, 66, 68, 70/71, 73, 74, 78, 79, 80, 81, 83, 93, 94, 95, 97, 101, 103, 104, 105, 106, 108/109, 112, 113, 114, 115, 117, 118, 120, 127, 132, 133, 135, 136, 138, 143, 144, 147, 148, 149, 151, 156/157, 161, 165, 167, 168/169, 171, 174, 177, 178, 179, 180, 182, 183
Steinbicker, Otmar: S. 10 (u.r.), 11 (u.r.), 13, 20, 25, 32/33, 52/53, 58, 61, 75, 77, 86/87, 89, 91, 124, 125, 128, 129
Storz, Martin: S. 4/5, 21, 110, 111, 122, 123

Umschlagfotos: oben links und rechts,
unten links: Sucha Bildarchiv,
unten rechts: Visum Fotoreportagen GmbH

Die Deutsche Bibliothek – CIP-Einheitsaufnahme
Südwest-Frankreich : Aquitanien – zwischen Bordeaux, Biarritz und Sarlat / Karlhans Frank ; Dieter Kreutzkamp. [Kt.: Astrid Fischer-Leitl]. – München : Frederking und Thaler, 1997
(Straßen in die Einsamkeit)
ISBN 3-89405-366-6
NE: Frank, Karlhans; Kreutzkamp, Dieter

Herausgegeben von Dieter Kreutzkamp
Lektorat: Juliane Giesecke, München
Produktion: Karlheinz Rau, München
Umschlaggestaltung: Karlheinz Rau, München
Karten: Astrid Fischer-Leitl, München
Satz: TeamSatz Berger, Ellenberg
Reproduktion: PHG Lithos, Martinsried
Druck und Bindung: Druckerei Ernst Uhl, Radolfzell
Printed in Germany

ISBN 3-89405-366-6

Umwelthinweis: Dieses Buch wurde auf chlorfrei gebleichtem Papier gedruckt. Die Einschweißfolie – zum Schutz vor Verschmutzung – ist aus umweltfreundlicher und recyclingfähiger PE-Folie.

Die Jurade von Saint-Emilion verkündet den Beginn der Weinlese und bewertet die Weine des Vorjahres.

Inhaltsverzeichnis

GRAND VIN
de
St Julien
Medoc

Subjektiv realistisch

Was Sie vor Augen haben, ist kein objektives und faktisches, sondern ein subjektives und realistisches Reisebuch. Sie können nach einer Aquitanienreise Ihre subjektiven Erinnerungen mit meinen vergleichen, können sich vor der Fahrt Appetit holen, können sich anregen lassen, einen Urlaub zu machen, sich ausdenken, wohin Sie wollen und was Sie erleben möchten. Die Realität wird sich so schnell nicht ändern. Die Faktizität jedoch schon. Köche werden senil, lebenslustige Witwen gehen ins Kloster, Wälder brennen ab, Telefonnummern ändern sich, Gebäude werden von sammelwütigen Japanern abgetragen und verschleppt ... Aber die Küche bleibt gut, die Mädchen schön, Wald wird es geben wie Telefone, eine architektonische Schatztruhe wird Aquitanien bleiben ...

Fakten verderben. Ich wollte ein Buch schreiben, das länger hält als eine genmanipulierte Tomate, das nicht nur einen Sommer tanzt, das nicht sechs Monate auf Bewährung, sondern dreimal lebenslänglich bekommt, bis daß der Tod Euch scheidet. Frische Fakten erhält man bei Reisebüros und den Vertretern Frankreichs. In fast jedem Ort in Aquitanien gibt es ein Informationszentrum für Touristen mit vielen Prospekten und Detailkarten nach neuestem Stand.

Glücklicher als mit materiellen Vorausinformationen werden, behaupte ich, Reisende durch Ideen, Vorstellungen, Ahnungen, Gedanken, Gefühle, einen Überblick, der auf Land und Leute neugierig macht, Augen, die auf zu erwartende Schönheit und mögliche Abenteuer eingestellt sind. Reisen beginnen wie Liebe im Kopf und werden im Herzen bewahrt. Und reisen muß man – wie essen – selbst, sonst kriegt man nichts in den Magen.

Überblick ist, was ich geben will. Einstellung ist, was ich vermitteln will. Und ich möchte Sie nicht belehren, sondern Ihnen etwas mitteilen, Erlebnisse mit Ihnen teilen, bestenfalls Gedanken anregen oder bestätigen oder Widerspruch erzeugen.

Boule-Spieler gehören zu Südwest-Frankreich wie der Wein zu Bordeaux und die Pflaumen zum Armagnac.

Gesichter Aquitaniens

Sonne über allem, über Meer und Flüssen, Wäldern und Bergen, Städten und Schlössern – die Landschaften sind vielfältig. Die Menschen, denen man bei einer Reise durch Aquitanien begegnet, sind von ihren Landschaften und Ursprüngen geprägt und unterschiedlich. Gemeinsam ist ihnen allen, daß sie zu arbeiten und zu feiern verstehen – jedes zu seiner Zeit.

Zum Feiern gehören Essen und Trinken und Musik. Auf den vielen Festen wird musiziert bis zur Erschöpfung von Tänzern und Musikanten. Aber eine Pause reicht, später wird es weitergehen, gleichgültig ob bei Frauen oder Männern, bei Basken oder Galliern, bei der sich ausruhenden Musikantin aus den Landes.

Gegessen wird reichlich und vorzüglich. Beispielsweise kauft man statt Pommes frites besser frische Austern bei der Austernverkäuferin von Arcachon.

Fürs Trinken muß gesorgt werden. Der Weinbauer arbeitet hart, wenn die Trauben eingebracht werden müssen. Damit der Wein gut wird, ist Sorgfalt und Geduld nötig. Und zum Schluß kommt jedenfalls der Genuß.

***Le coq* – auch ein Wahrzeichen Aquitaniens.**

Fröhliche Musikantin bei einer *Course landaise*.

Arcachon – eine Austernverkäuferin in l'Herbe.

Manchmal hilft auch die Zunge beim Boule-Spiel mit.

Aber vorher gibt es Arbeitspausen, Feierabende, Sonntage. Da treffen sich die Basken zum Pelota-, die anderen Männer in fast allen Orten Südfrankreichs zum Boule-Spiel. Mitfeiern dürfen die Touristen. Mitspielen sollten sie nur mit ausreichendem Können oder dem Mut zur Blamage.
Wenn sie wollen, zeigt man ihnen vorher die Gegend, etwa bei einer gemächlichen Bootsfahrt auf einem der vielen Flüsse und Flüßchen.

Alle Gesichter Aquitaniens, die wettergegerbten der Bergbauern, die der tüchtigen Kaufleute in den Städten, solche, denen man noch ansieht, daß sie Piraten zu Vorfahren hatten, frische Mädchengesichter unter vielfältigen Hauben, überhaupt die Schönheit der Mädchen, die es bereits in vorgeschichtlicher Zeit hier gab, wie die Venus von Brassempouy beweist ..., alle diese Menschenporträts wären ein eigenes, anderes Buch wert.

Mit dem restlichen Frankreich sind sie geeint durch den gallischen Hahn, *le coq*, den prächtigen Gockel, das männliche Wahrzeichen Frankreichs neben der revolutionären Marianne, dem man eitel krähend als Federvieh auf Aquitaniens Höfen und Märkten, in seiner menschlichen Gestalt überall begegnen kann.

Sauternes – ein Jahrhundertwein nimmt Gestalt an.

Ausflugstour auf der Baïse.

Aquitanien auf einen Blick

Dieses Buch handelt hauptsächlich von der heutigen Region mit 41 407 Quadratkilometern, in deren Departements Dordogne, Gironde, Landes, Lot-et-Garonne und Pyrénées Atlantiques mehr als zweieinhalb Millionen Menschen wohnen. Allerdings sind amtliche Namen nicht unbedingt deckungsgleich mit Bezeichnungen für Landschaften. Es gibt zwei unvergleichbare Naturschutzparks: den Parc Naturel Régional des Landes und den Parc National des Pyrénées. Flüsse, Meer, Gebirge, Sümpfe, Heideland, Wälder haben polare Mentalitäten erzeugt. Fischer, Jäger, Förster, Viehzüchter, Bergbauern, Landwirte, Winzer, Händler, Handwerker entwickelten Sitten, die kein Tourismus einen kann. Einige Gegenden waren reich und vom Adel beehrt, andere arm und nur Spottreden wert.

Geschichte hat dafür gesorgt, daß drei Sprachen sich widersprechen: Französisch, Okzitanisch, Baskisch. Es gibt Teile mit englischem, französischem, gar mit iberischem Einfluß. Durch Verwaltungsakte wurden Bezirke zusammengeworfen, beispielsweise Béarn und Baskenland, die sich schlecht vertragen. Andere Bezirke trennen gewachsene Zusammenhänge, zum Beispiel die Gascogne, in die Béarn, Armagnac, das Pays d'Albret eingeschlossen sind. Als Gascogner fühlen sich viele Menschen südlich der Garonne. Manche Einheiten sind über Nationalgrenzen hinweg gesplittet: Okzitanien, Navarra, Baskenland. Das Buch kommt an Okzitanien, Navarra, den Basken nicht vorbei, hüpft manchmal über Grenzen, obwohl es doch schon unmöglich ist, innerhalb der Grenzen alles zu beschreiben, was des Beschreibens wert ist.

Die Region umfaßt also im wesentlichen das Aquitanische Becken zwischen Zentralmassiv, Pyrenäen, der Schwelle von Poitou und dem Golf von Biskaya, eine über die politischen Grenzen

Schon die alten Römer entdeckten das Bordelais als gutes Weinanbaugebiet – Relief an der Villa Maurine in Saint-Emilion.

Zahlreiche Schlösser und Herrensitze sind die Zeugen der wechselvollen Geschichte Aquitaniens.

Varaignes gehört zum Weißen Périgord, liegt im Tal der Bandiat, ist winzig und unbekannt, aber typisch für viele Dörfchen dieser Region. Es hat ein Renaissance-Schlößchen, in dem ein Museum für Kunst und volkstümliche Traditionen untergebracht ist; Kunsthandwerker der Gegend stellen dort aus.

Aquitaniens hinausgehende Landschaft, gegliedert durch Dordogne, Vézère, Garonne, Lot, Charente, Adours, Gers, Ariège und andere Flüsse und Flüßchen.

Man findet Hügel, Berge, Hochplateaus, die höchsten Dünen Europas, Meer, Seen, berühmte Seebäder wie Biarritz und Arcachon, Wald, Eichen, darunter die Korkeiche, Nüsse, Trüffeln, Austern, die wunderbaren Weine nicht nur des Bordelais, Armagnac, Rinder-, Schweine-, Schaf- und Gänsezucht, eine vielfältige Kochkunst, Volkskunst, Bildkunst, Musik, Literatur, Kultur, Sport, Geschichte, Erdöl ..., sowohl im heißen, trockenen Sommer als auch im meist milden Winter.

Aquitanien ist viele Reisen wert!

Geschichte im Zeitraffer

vor mehr als 35 000 Jahren	der Homo Neandertaliensis lebt in Mitteleuropa
35 000 bis 9000 v. Chr.	Cro-Magnon-Mensch; Blütezeit; Felsmalereien in der Höhle von Lascaux (um 15 000) und anderen
ab ca. 500 v. Chr.	keltische Stämme siedeln im Gebiet zwischen Garonne und Pyrenäen
57 v. Chr.	Eroberung durch die Römer unter P. Crassus; Aquitanien wird römische Provinz, Bordeaux Provinzhauptstadt (Burdigala); die Römer entdecken das Bordelais als gutes Weinanbaugebiet
ab 314	erste christliche Kirchen
5. Jahrhundert	die Westgoten siedeln sich an; Entstehung des Fränkischen Reiches
507	die Franken (Merowinger) besiegen die Westgoten
8. Jahrhundert	Herrschaft der Karolinger
817–838	Aquitanien unter Pippin I. unabhängiges Königreich
9. Jahrhundert	Aquitanien wird im Zuge der Reichsteilungen der Nachfolger Karls des Großen immer wieder neu aufgeteilt
ab dem 10. Jahrhundert	Aquitanien ist selbständiges Herzogtum
1137	Eleonore (Aliénor) von Aquitanien erbt das Herzogtum und heiratet den zukünftigen König Ludwig VII.; Aquitanien wird dadurch an die französische Krone gebunden
1152	Annullierung der Ehe und Hochzeit Eleonores mit Heinrich Plantagenet, dem späteren König Heinrich II. von England; dadurch entsteht das Angevinische Reich, das sich von den Pyrenäen bis nach Schottland erstreckt
12. Jahrhundert	die großen Pilgerrouten nach Santiago de Compostela in Galicien durchqueren Aquitanien
1305	Bertrand de Got (geboren in der Gascogne, Erzbischof von Bordeaux) wird Papst Clemens V.

Geschichte im Zeitraffer

1337/38	Beginn des Hundertjährigen Krieges zwischen England und Frankreich (Ende 1453)
1347	Béarn wird selbständig
13./14. Jahrhundert	Errichtung zahlreicher Bastiden (befestigter Garnisonsstädte)
ab 1355	Unter Führung des Schwarzen Prinzen, des Sohnes des englischen Königs, verwüsten die Engländer die Region
1362	Gründung des Fürstentums Aquitanien
1372	England verzichtet auf Aquitanien (mit Ausnahme von Bordeaux und Teilen der Gascogne)
1441	Gründung der Universität in Bordeaux
1569–1598	Religionskriege zwischen Katholiken und Protestanten (Hugenotten); schwere Hugenottenverfolgungen auch in Aquitanien
1580–1582	Veröffentlichung der *Essais* von Michel de Montaigne
1589	Heinrich von Navarra (geboren in Pau) wird als erster Bourbone König von Frankreich (Heinrich IV.)
1607	Béarn kommt zu Frankreich
1689	Charles Louis de Montesquieu wird in Schloß Labrède bei Bordeaux geboren
1793	Girondistenaufstand in Bordeaux
1814	Herzog von Wellington marschiert in die Gascogne ein
1855	Anfang der Trockenlegung der Landes (Gesetz 1857), dadurch wirtschaftlicher Aufschwung dieser Region
1885	François Mauriac wird in Bordeaux geboren
1940	Besetzung Frankreichs durch deutsche Truppen; zahlreiche Geschützbunker werden an der Atlantikküste errichtet (Atlantikwall)
1965	Denkmalschutzgesetz des Kultusministers André Malraux; in diesem Zusammenhang umfangreiche Restaurierungen historischer Orte, Beginn mit Sarlat (1965–1975)
1967	Einweihung der Pont d'Aquitaine
1972	Gebietsreform unter de Gaulle; Südwest-Frankreich wird in die Regionen Poitou-Charentes und Aquitanien geteilt
1981	Atomkraftwerk von Blayais
1995	Aquitanien und Hessen gehen eine Partnerschaft ein

Eine Frau macht Geschichte – Eleonore von Aquitanien

Aquitanien – ein klingendes Wort, ein magisches Wort, ein mich elektrisierendes Wort. Hat etwas Geheimnisvolles wie Atlantis. Man hört Wasser plätschern und sich teilen, lauscht Fröschen, die das grüne Latinum haben und »aqua aqua« rufen, sieht zauberhafte Flußnixen und Seejungfrauen mit meerfarbenen Aquamarinaugen aus den Fluten steigen in eine Landschaft aus zarten Aquarellfarben, ist berauscht wie von Aquavit, Lebenswasser … Aquitaine (gesprochen *akitän*) – auch auf französisch bewahrt es diesen Reiz.

Aber die historische Provinz und die gegenwärtige Region haben ihren Namen nach den Aquitanern, den Mitgliedern iberischer Volksstämme, die 71 vor unserer Zeitrechnung von Pompejus besiegt, 14 Jahre später von Crassus erobert, schließlich kurz vor der Zeitenwende, als Augustus in Rom regierte, von Agrippa und Valerius Messala Corvinus endgültig unterworfen wurden. Aquitaner nannten die Römer sie sicherlich, weil sie an vielen Wassern wohnten. Und viele Namen sagen, daß die dazugehörenden Orte nahe am Wasser gebaut waren. Antagnac, Archignac, Armagnac, Birac, Blésignac, Brassac, Calviac, Campagnac, Chavagnac, Doudrac, Estillac, Fayrac, Fronsac, Gaujac, Génissac, Guillac, Juillacq, Lacq, Loubejac, Lubersac, Martillac, Mauriac, Mérignac, Nairac, Orliac, Pauillac, Pontacq, Quinsac, Rébénacq, Rouffignac, Saugnac, Saussignac, Tabanac, Uchacq, Vérac sind nur einige Bezeichnungen, die mit dem verstümmelten Aqua enden. Sie können auch nach dem *lac*, also dem See, fahnden und finden ihn nicht nur in Lacanau. Auch *eaux*, Gewässer, rauschen in Bordeaux oder Eaux-Bonnes wie anderswo.

Die Geschichte fing in Aquitanien nicht mit den Römern, sondern mindestens 35000 Jahre früher an, als in den Höhlen des Périgord, im Norden der heutigen Region, Menschen lebten, die später wunderbare Bilder malten. Und nicht nur die auch gegen Goten und Mauren resistenten Basken im Süden Aquitaniens, von denen man annimmt, daß sie die älteste Kultur Europas bewahrt haben, überdauerten das Volk der Römer.

Ab anno 768 gehörte Aquitanien unter den Karolingern den Franken. Als Ludwig I. (der Fromme) im Jahre 817 das Frankenreich unter seinen Söhnen aufteilte, erbte Pippin das Herzogtum. Das 9. Jahrhundert brachte ein territoriales Verwirrspiel, 1058 verbanden sich die alten Herzogtümer Aquitanien und Gascogne (nach den Vaskonen benannt, die von den Merowingern unterworfen waren und ebenfalls in der Bezeichnung Basken, spanisch Vascos – sie selbst nennen sich Euskaldunak – nachklingen).

Jedoch prägte kaum eine andere Persönlichkeit, mit Sicherheit aber keine andere Frau, die Geschichte Südwest-Frankreichs so wie Aliénor d'Aquitaine oder Eleonore von Aquitanien. Sie hat die Geschicke Frankreichs, ja Europas beeinflußt, Legenden erzeugt. Sie war prägend, obwohl es nur wenige so direkte Hinweise auf unseren Wegen zu finden gibt wie den vom Bildhauer Higell geschaffenen Gedenkstein bei Belin-Béliet in den Landes, wo sie in der Burg von Belin (so wird's erzählt, doch ist es nicht bewiesen) um anno 1122 geboren worden sein soll.

Die Herzogin war ganz gewiß (das sagen alle Zeugnisse) eine beeindruckende, kluge, gebildete, weitgereiste, scharfzüngige, sensible, musische, schöne, lebenslustige und leidenschaftliche Frau, und so ist es selbstverständlich, daß sie bis heute Fantasien entzündet. Zahllose Biographien (wie *Königin der Troubadoure* von Régine Pernoud), Romane (wie *Die Löwin von Aquitanien* der Tanja Kinkel), Filme (wie *Der Löwe im Winter* mit Katherine Hepburn als Eleonore) entstanden, und je nach Einstellung der Autoren wurde sie entweder als liebestolle und skrupellose Hure (mit dem ihr an sexuellen Eskapaden nicht nachstehenden Ehemann Heinrich und dem homosexuellen Sohn Richard) oder als listige und machtbesessene Intrigantin (mit ebenso auf Herrschaft pochendem Ehemann und Söhnen) oder als politisch weise und vorausdenkende Märtyrerin (Opfer ihrer gewalttätigen Mischpoke) gezeichnet. Und was davon ist wahr?

Fünfzehn Jahre alt war Eleonore, da wurde sie mit dem ein Jahr älteren Ludwig getraut. Das war am 25. Juli 1137 in der Kathedrale Saint-André von Bordeaux, und Volk wie Adel freuten sich. Sie entsprach gewiß dem Schönheitsideal ihrer

Aquitaniens kultureller Reichtum findet in Bordeaux eine zeitgenössische Komponente – das moderne C.A.P.S.-Museum.

Zeit, der beginnenden Gotik, war größer als andere und schlank, trug ein sanft gewölbtes Bäuchlein, war süß und elegant, geistreich und noch selbstbewußter als üblich; war schließlich schon mit acht Jahren – nach dem Tod ihrer Mutter – Erste Dame am kultivierten Hof in einem nicht unbedeutenden Reich gewesen. An diesem Hof förderte schon ihr Vater Guillaume (oder Wilhelm) Poesie und Musik. Bereits als Kind traf Eleonore Dichter und Musiker, erlebte leichte und feine Lebensart – denn in Aquitanien ging es nicht so roh zu wie damals in Paris und anderswo. Aber nach der Hochzeit fand man ihren Schick in Paris schamlos, und würdelos wie gottlos nannte man es, daß sie sich aus dem sonnigeren Aquitanien Troubadoure einlud.

An dem Tag, an dem Ludwig zum Herzog von Aquitanien gekrönt wurde, starb sein Papa Ludwig der Dicke. Eleonores unreifer Ehemann wurde Ludwig VII. von Frankreich. Möglich scheint, daß das prächtige Aquitanien sich dem damals schmächtigen Paris hingegeben hätte, in ihm aufgegangen, seine eigene Geschichte damit zu Ende gewesen wäre. Aber die junge Königin Eleonore neigte nicht zur Hingabe. Sicherlich stimmt es, daß viele Männer sie begehrten. Hatte sie ein Verhältnis mit dem Sänger Marcabru? Mit ihrem Onkel Raymond während des Kreuzzuges, an dem sie teilnahm? Ich glaube es nicht. Doch gewiß war Ludwig ihr nicht gewachsen.

Eleonore verliebte sich in den zehn Jahre jüngeren Henri d'Anjou Plantagenêt mit Anspruch auf die englische Krone. Mit dreißig (ein Alter, in dem manche Frauen dieser Zeit sich als Witwen aufs Sterben vorbereiteten) ließ sie die Ehe annullieren (auch für Könige nicht ganz einfach in dieser kirchenbestimmten Zeit), heiratete 1152 Henri, der zwei Jahre später bereits König von England wurde. So kam die europäische Geschichte einmal mehr in wilde Wallung.

> Heinrich, Urenkel von Wilhelm dem Eroberer, der sich 1066 England zu eigen gemacht hatte, ritt oft frohgemut mit gelbem Ginsterzweig am Hut, und die lateinische Bezeichnung für Ginster ist *Planta genista*. Danach nannte man ihn und seine ganze Familie bis 1485 Plantagenet (französisch: Plantagenêt).
>
> *la plante* – die Pflanze
>
> *le genêt* – der Ginster

Heinrich und Eleonore regierten ein Riesenreich, vergrößert und gesichert durch geschicktes Verheiraten einiger ihrer acht Kinder und andere Klüngeleien. Das sogenannte Angevinische Reich begann im Norden an der schottischen Grenze, endete im Süden mit den Pyrenäen, Irland gehörte dazu und der Westen Frankreichs, also unter anderem Normandie, Bretagne, Anjou, Toulouse, Auvergne … – eine Großmacht. Heinrich, Urenkel von Wilhelm dem Eroberer, war ein starker Herrscher, ein selbstherrlicher Despot – und sicherlich nicht nur bei seinen Untertanen, sondern ebenfalls daheim. Eleonore aber war eine freiheitsliebende Frau, zur Herrin erzogen. Sie ließ sich nichts gefallen. Sie zeigte Zähne.

Der Haussegen im Königshaus hing schief. Heinrich setzte seine Ehefrau gefangen. Letztlich aber hatte sie die Genugtuung, ihn zu überleben. 82 Jahre alt wurde Aliénor d'Aquitaine – und sie soll bis zu ihrem Tode körperlich und geistig fit gewesen sein.

Die Söhne übrigens hatten den Machthunger ihres Vaters geerbt, intrigierten und kämpften gegeneinander. Die Zeiten waren wahrlich zu wirr, hier alles zu berichten, was Forscher darüber wissen, Autoren dazu ahnen können. Eines aber ist wichtig für unser Buch: In der Ehe zwischen Aliénor und Henri wurden viele Kämpfe in Frankreich und England gezeugt, schließlich der sogenannte Hundertjährige Krieg, der den Menschen damals Elend brachte, heutigen Touristen Bastiden bescherte (s.S. 20). Wenige denken an Eleonore von Aquitanien als Mitverursacherin des Krieges, den sie gewiß nicht gewollt hat. Manche denken an sie als Mutter von Richard Löwenherz, dem Romanhelden, Kreuzfahrer und Inbegriff abendländischen Rittertums. Ich denke an sie als Förderin der Literatur, als Muse vieler Dichter ihrer Zeit.

Gedenktafel für Eleonore von Aquitanien in Belin-Béliet.

Wandern auf dem Jakobsweg

Wandern hat in Aquitanien Tradition. Im 11. und 12. Jahrhundert war der Höhepunkt der Wallfahrten nach Santiago de Compostela in Spanien. Alle drei Hauptpilgerwege führten durch unser Gebiet. Die Via Turonensis begann in Paris, ging über Orléans, Poitiers, Saintes, Bordeaux, Belin, Le Muret, Labouheyre, Lesperon, Dax. Die Via Lemovicensis leitete von Vézelay über Limoges, Périgueux, Bazas, Captieux, Roquefort, Mont-de-Marsan, Hagetmau, wo sie sich mit der Via Podiensis traf, die wiederum von Le Puy über Cahors, Condom, Eauze, Nogaro kam und von Hagetmau über Orthez zum Pyrenäenörtchen Gibraltar weiterzog, von wo alle drei Wege vereint über die Himmelsleiter jene zum Ziel führten, die nicht unterwegs starben.

Die Wanderer auf dem Jakobsweg waren die eigentlichen *pèlegrins*. Ursprünglich hießen so alle Reisenden. Heute nennen wir Wanderer aus religiösen Gründen Pilger. Im 12. Jahrhundert wurde dies die Bezeichnung für die durch Aquitanien nach Santiago Wallfahrenden. Sie zogen dahin, weil sie es aus Dankbarkeit für eine göttliche Wohltat und Rettung gelobt oder weil sie die beschwerliche Reise als Sühne für eine Untat auf sich genommen hatten. Sie kamen aus dem heutigen Schottland, aus England, den Niederlanden, aus Jugoslawien und Skandinavien, trugen einen mit einer Schärpe gegürteten Mantel mit Schulterkragen und auf dem Kopf einen Hut mit breitem Rand, an der Seite einen Behälter mit der *Compostelana*, einem Papier, auf dem die vorgeschriebenen Orte verbrieft wurden, dazu Napf, Löffel und Feldflasche, in der Hand den Bordon, den langen Pilgerstab.

Jakobsmuscheln, die die Pilger nach Santiago de Compostela mit sich führten, wurden zum Symbol für die Pilgerwege in Aquitanien.

Während der gesamten Wanderzeit blieben Kopfhaar und Bart ungeschnitten. Die Jakobsbrüder schritten gleichmäßig voran, hielten festgesetzte Schweigezeiten ein, sangen manchmal, beispielsweise in aquitanischer Tonart das älteste erhaltene Pilgerlied mit dem Refrain:

»Herru Sanctiagu, got Sanctiagu
e ultreya e sus eia
Deus aia nos«
(Herr Santiago, guter Santiago –
vorwärts, wohlan und aufwärts,
helfe uns Gott).

Diesen Gottesvagabunden ist es zu danken, daß auf ihren Wegen in Aquitanien Baumeister und Steinmetze romanische Kunstwerke schufen, die der heutige Wanderer bewundern kann. Und überall kann man immer wieder die *Coquille de Saint Jacques*, die Jakobsmuschel, erkennen, das Zeichen der Wallfahrt in Stein gehauen. Die Pilger schmückten einst als Zeichen ihrer glücklichen Rückkehr Kragen oder Hüte mit einer echten, geriefelten, handtellergroßen Kalkschale des Tieres, das in Spanien *Concha venerea*, also Venusmuschel, heißt. Und nach dieser *Coquille* wurden im 18. Jahrhundert die *Coquillards* bezeichnet, heruntergekommene Herumtreiber, Bettler und Diebe.

Schon das Wandern von Agen nach Condom kann gottesfürchtig machen. Man trifft auf etliche Dörflein, einige wegen unerkannter Attraktion nicht in Reiseführern verzeichnet, mit frommen Ortsnamen wie Nazareth und Nomdieu und Lamontjoie. *Joie* ist die innere Freude, die freudige Glückseligkeit, und die alten Wegezeichen für Wallfahrer hießen Montjoie – Gipfel des Glücks. Lamontjoie war sicher ein Ort, den erschöpfte Wanderer mit seligem Lächeln in den blinzelnden Hühneraugen auftauchen sahen.

i **Literatur:** *Jakobsweg – Wandern auf dem Himmelspfad*, Carmen Rohrbach, Verlag Frederking & Thaler.

Bastiden-Rundreise

In meinem großen Schulwörterbuch steht »bastide – ›bas'tid‹ – Landhäuschen (in Südfrankreich)« – mag ja sein, ist aber in unserem Zusammenhang irreführend. In Südwest-Frankreich sind damit zwischen 1240 und 1350 von Engländern oder Franzosen gebaute Städte und Dörfer eines bestimmten Typs gemeint. Das Wort stammt wie die Bezeichnung für das am 14. Juli 1789 in Paris erstürmte Staatsgefängnis (Bastille) von *bastir* (altfranzösisch für herrichten, frz. *bâtir* = bauen), ist verwandt mit unseren Worten Bastei und Bastion (und natürlich kommt auch der Name des 1926 in Biarritz, Aquitanien, geborenen Schriftstellers François-Régis Bastide daher, dessen preisgekrönter Roman *Alles ist Abschied* zum Ausländerproblem in Frankreich 1957 in Deutsch erschien).

Bastiden sind nach einem geometrisch angelegten Plan, d.h. in Form eines Rechtecks mit rechtwinklig verlaufenden Straßen um Plätze mit Arkaden angelegt. Viele sind aus militärischen und politischen Überlegungen als Festungen gebaut, sie dienten als Truppenstützpunkte und Garnisonsstädte. Aber es gab noch andere Gründungsgründe, nämlich die wachsende Bevölkerung zu dieser Zeit in Aquitanien, der florierende Handel, auch der mit Wein, der sichere Marktplätze brauchte.

Heute sind die Bastiden reizvolle Orte, die es zu besuchen lohnt. Man kann eine Bastidenrundreise durch Aquitanien planen, könnte dabei mehr als 120 solcher Sehenswürdigkeiten besichtigen, von Domme als östlichster, über Vergt als nördlichster und Labastide-Clairance als westlichster bis Bruges als südlichster, dazwischen – vom Périgord bis zu den Pyrenäen – Lalinde ... Castillonnès ... Villeneuve-sur-Lot ... Damazan ... Puymirol ... Labastide-d'Armagnac ... Saint-Justin ... Geaune ... Hastingues ... Garlin ...

Die Moulin de Courvian inmitten der Weinberge des Médoc (rechte Seite).

Die Altstadt von Nérac. Während der Religionskriege war die Stadt mit ihrem Schloß Bastion der Hugenotten.

Die ersten Anreisen

Meine erste Reise nach Aquitanien, nach Les Landes, nach Bélis fand im Jahre 1980 statt. Ich fuhr mit dem Auto, erreichte mühelos um die Mittagszeit Paris. Ach, wäre ich doch zwei Stunden früher aufgebrochen! Der Autobahnring um Paris ist verwirrend genug, da müssen nicht auch noch wilde Eingeborene rasen, hupen, auffahren, links und rechts überholen, schneiden. Vor 12 Uhr mittags geht es, dann wieder ab 20 Uhr. Die Großstädter fahren rasant, aber gut, es passiert selten etwas. Doch auf den Ortsunkundigen nehmen sie keine Rücksicht. Und die Ausschilderungen mögen für Franzosen klar sein, mich irritierten sie damals sehr. Ich umkreiste Paris mindestens drei Mal (das merkte ich, weil ich nach einiger Zeit die Reklametafeln wiedererkannte). Schweißgebadet war ich und suchte nach einer Ausfahrt Richtung Bordeaux – aber die gab es und gibt es nicht. Orléans nennt das Schild, dem man von Paris aus folgen muß.

Im Gänsemarsch zu den Cabanes du Breuil. So baute man hier, in der Nähe von Sarlat, schon vor 5000 Jahren.

Schließlich fand ich sie doch, die A 10, ließ Tours und Poitiers hinter mir, war in Aquitanien, erreichte in der Nacht Bordeaux, überquerte zum ersten Mal die Garonne, lernte die Brücke kennen, die ich noch immer liebe. Wenn ich sie erreiche, weiß ich, daß ich bald bei meinen Freunden in Bélis bin. Im Dunkeln leuchtet Bordeaux mich heute heimelig an. Damals starrte ich angestrengt geradeaus. »Richtung Bayonne«, hatte Olaf gesagt, der mich in sein Haus in Aquitanien eingeladen hatte. Ich schaffte es. Es war Nacht. Es war stockdunkel. Links und rechts ist Wald. Am Rande der geraden Landstraßen stehen Bäume, die sich mit ihren Wipfeln küssen, so daß ein Arkadengang entsteht. Das ist schön und romantisch, und ich fühle mich inzwischen richtig zu Hause, wenn ich diesen Anblick erst erreicht habe. Damals war es unheimlich. Käuzchen kauzten. Rehe lachten mich mit funkelnden Augen aus. Hasen hoppelten wie zum Spott. Und nirgendwo war Bélis und nirgendwo Loustesse, das Landhaus meiner Freunde Olaf und Lisa.

Ich quälte das Auto über einen holprigen Waldweg. War es überhaupt ein Weg? Gras kitzelte den Unterboden, Zweige streichelten die Karosserie. Dann war da ein Tor. Hinterm Tor der Rottweiler Modi, der meine Freunde herausbellte. Die hatten sich bereits Sorgen gemacht. Doch auf Loustesse mitten in der Waldesstille – besser: zwischen den ohrenverwöhnenden Waldlauten – erholte ich mich schnell. Bereits ein halbes Jahr später war ich zum zweiten Mal mit demselben Ziel unterwegs.

Man kann nach Aquitanien mit dem Auto reisen, aber auch mit Fahrrad, Motorrad, Eisenbahn, Flugzeug, wer will, kann auch dahin wandern, gar reiten. Freund Olaf habe ich einige Male vom Flughafen in Bordeaux abgeholt. Von Düsseldorf fliegt er nach Paris (was ebenso von Berlin, Frankfurt, Hamburg, München oder Stuttgart aus geht), dort wechselt er den Flughafen (es existieren gute Bus- und Zugverbindungen, aber auch Taxis sind in Paris billiger als in den meisten Großstädten).

Mit dem Zug gibt es ebenfalls keine Probleme. Die Société Nationale des Chemins de Fer de France (SNCF) hat ein gutes Schienennetz zum Überbrücken weiter Entfernungen, und mit dem Hochgeschwindigkeitszug TGV kommt man bis Bordeaux. Dafür sollte man im Reisebüro nachfragen, je nach Reiseplanung einen Zugpaß (etwa den France-Vacances-Paß) kaufen. Wenn Sie in Frankreich ein Eisenbahnbillett kaufen, dürfen Sie nicht vergessen, es an einem der orangefarbenen Automaten vor den Bahnsteigen zu entwerten, weil Sie andernfalls im Zug einen Aufpreis zahlen müssen. Der Autoreisezug mit saisonal wechselnden Fahrplänen und Preisen schien mir bislang immer ungünstig und zu teuer. An vielen Bahnhöfen kann man Autos (ebenfalls teuer!), Motorräder und auch Fahrräder mieten.

Wenn man wirklich Aquitanien kennenlernen will und dazu nicht unbegrenzt Zeit hat, sollte man als Fortbewegungsmittel nicht nur die eigenen Füße wählen. Es kann sich auch lohnen, in einem Reisebüro nach von Privatunternehmen angebotenen und oft recht preiswerten Busreisen zu fragen. Für Motorradfahrer ist Frankreich und speziell Aquitanien durchaus empfehlenswert. Man muß aber immer mit Licht fahren, und Schutzhelme sind Vorschrift. Trampen ist natürlich auf den Autobahnen nicht erlaubt. Von Mautstation zu Mautstation ist es jedoch möglich. Besser ist die Mitfahrzentrale »Allostop«, mit deren Hilfe man gegen eine Anmeldegebühr und einen Benzingeldanteil weit kommen kann (Telefon in Paris: 02 42 45 00 66).

Ich fahre meistens mit dem Auto (schon deshalb, weil mein Anlaufpunkt in Bélis – wie viele schöne Orte in Aquitanien – keine optimale Verkehrsanbindung hat). Von Kassel bis Bélis sind es rund 1500 Kilometer, und wenn ich schnell durchkommen will, wähle ich die Autobahn – die wird privat betrieben und kostet Gebühren. Ich rechne für die Fahrt (Maut, Tanken, den Kaffee und das Telefongespräch zwischendurch, dazu eine kleine Reserve) rund 500 Mark. Die tausche ich vor Antritt der Reise bei meiner Bank in Francs um. Inzwischen sind aber sogar die Autobahngebühren mit Kreditkarten (VISA, Eurocard, American Express) bezahlbar.

Heißer Tip: Fahren Sie möglichst weder am ersten oder letzten Wochenende im August noch am 1. August oder zu Mariae Himmelfahrt am 15. August – an diesen Tagen reisen so ziemlich alle Franzosen gleichzeitig. Folgen Sie bei dichtem Verkehr den »bison-futé« – Ausweichrouten, die grün markiert sind und Staus vermeiden sollen.

Informationen: Tips für eigene Trips

Personalausweis mitnehmen. Führerschein nicht vergessen. Personen ab dem 18. Lebensjahr dürfen mit dem Führerschein ihres Landes in Frankreich fahren.

Autobahnen sind privat und teuer. Mit N bezeichnete Straßen sind kostenfrei und meistens recht gut. D-Straßen wähle nur, wer sich auskennt oder Zeit hat.

Travellerschecks sind sinnvoll. Wer in touristisch nicht erschlossene Gegenden reisen möchte, sollte auf Französische Francs ausgestellte Reiseschecks mitnehmen.

Kreditkarten sind in Frankreich ein sehr weit verbreitetes Zahlungsmittel, darunter ist »Visa« die gebräuchlichste. Kreditkarte mit PIN-Nummer ermöglicht Bargeldabhebung an Geldautomaten.

Wer über 21 Jahre alt ist, kann mit seiner Kreditkarte ein **Auto mieten** (nicht billig). Ohne Kreditkarte geht das erst ab dem 23. Lebensjahr. Renault bietet »Eurodrive« an, was sich lohnt, wenn man mehrere Wochen im Lande reisen will: das Auto wird gekauft und vor der Abreise garantiert zurückgekauft. Kfz-Schein und Versicherungsnachweis sollen stets mitgeführt werden.

Erlaubte Höchstgeschwindigkeit

auf Autobahnen	130 km/h
auf vierspurigen Schnellstraßen	110 km/h
auf Landstraßen	90 km/h
in Ortschaften	50 km/h

Die nicht zu knappen Geldbußen für Verstöße (auch bei Trunkenheit am Steuer – Promillegrenze 0,8‰) werden bar kassiert.

Für **Dienstleistungen** (Zimmermädchen, Taxifahrer usw.) wird etwa 10 Prozent der Gebühr zusätzlich gerechnet, ein Gepäckträger sollte pro Gepäckstück etwa fünf Francs zusätzlich erhalten.

Zum häufigen **Telefonieren** »une télécarte« (eine Telefonkarte) kaufen. Vorwahl international 00, Summton abwarten, dann für Deutschland 49, Österreich 43, Schweiz 41, schließlich gewünschte Nummer ohne erste Null. »Postes, télégraphes, téléphones (PTT)« heißen die an blaugelben Schildern erkennbaren Postämter. In kleinen Orten ohne öffentliche Telefonzelle kann man ohne Aufpreis auch in Bistros, Restaurants oder Privathäusern telefonieren, wo ein blaues Schild mit der Inschrift »téléphone public« darauf hinweist.

Elektrizität: Die Mitnahme eines Euro-Adapters ist empfehlenswert, weil es zwar hauptsächlich Stromquellen mit 220/250 Volt Wechselstrom, manchmal aber auch Stromzapfstellen mit »Mittelpinn« gibt, in die nicht alle deutschen Stecker passen.

Kosten für **medizinische Behandlung** müssen sofort entrichtet, können jedoch später von der Krankenkasse in Deutschland u. U. zurückerstattet werden. Es empfiehlt sich der Abschluß einer Auslandsreisekrankenversicherung (z. B. beim ADAC).

Notrufe: Polizei 17/Feuerwehr, Ambulanz 18.

Im Süden Frankreichs sind **Mittagspausen** zwischen 12 und 16 Uhr normal. Ladenschlußzeiten müssen vor Ort erforscht werden, denn mal ist sonntags geöffnet, mal montags geschlossen, mal alles anders.

Zur **Höflichkeit** gehört es auch in Läden und Ämtern, die Anwesenden zu grüßen:

bonjour, Madame	– guten Tag, meine Dame
bonjour, Monsieur	– guten Tag, mein Herr
Mesdames	– meine Damen
Messieurs	– meine Herren

Kleines Reiselexikon

le péage	die Autobahngebühr
le bouchon	der Verkehrsstau
le bison futé	der listige Büffel (grüne Hinweisschilder, denen man folgen sollte, um Staus zu umgehen)
le pétrol	das Benzin
gasoil	Diesel
le rappel	die Mahnung (Wiederholungsschild für Geschwindigkeitsbegrenzung)
au pas	Schritt-Tempo
le chantier	die Baustelle
la déviation	die Umleitung
le gravier	der Rollsplit
passage interdit!	Durchfahrt verboten!
route barrée	Straße gesperrt
sens unique	Einbahnstraße
le virage (dangereux)	die (gefährliche) Kurve
Syndicat d'Initiative (S.I.)	Fremdenverkehrsbüro

Nützliche Adressen

Air France
119, Ave. des Champs-Élysées, F 75384 Paris Cédex 08
Kaiserstraße 19–21, 60311 Frankfurt
Theatinerstraße 23, 80333 München

SNCF (Eisenbahn)
Westendstraße 24, 60325 Frankfurt

Kfz.-Kennzeichen

Die Autofahrer aus den fünf Departements von Aquitanien erkennt man an den Endzahlen der Kennzeichen. Es steht für

Gironde	33
Les Landes	40
Pyrénées-Atlantiques	64
Lot-et-Garonne	47
Périgord	24

Begegnungen

Jeder, der nach Südwest-Fankreich reist, sollte einige Male in Restaurants speisen. Das ist man den unterschiedlichen Küchen schuldig. Aber manchmal muß man sich selbst versorgen.

Das beginnt für viele Menschen mit dem Frühstück. Ich bin ein Frühstücksmuffel, deshalb reicht mir die französische Sitte des Croissant-in-Milchkaffee-Stippens. Dennoch fahre ich von Bélis erst einmal nach Mont-de-Marsan, um im »Mammouth« die Grundanschaffungen zu tätigen.

»Mammouth« ist eine Supermarktkette, wo man von An- und Abführpillen über Boule-Kugeln bis zum zahnschmelzenden Zuckerzeugs jeden Plunder kaufen kann. Aber es gibt dort auch Erzeugnisse der Region, etwa Pflaumen in Armagnac, den süßen Aperitif Floc, offenen Landwein, Schinken, Austern oder köstliche Produkte aus Käsereien der weiteren und näheren Umgebung. Kaffee kaufe ich gleich in größeren Mengen, denn ich mag ihn, wie ihn die Franzosen trinken: schwärzer gebrannt als in Deutschland; und er ist dazu bekömmlicher, hat weniger Säure.

Wie schon mitgeteilt, sind es nur die Grundanschaffungen, die ich im Supermarkt tätige. Die besonderen Sachen hole ich auf den Märkten, die es oft und in vielen Orten gibt – auch in Mont-de-Marsan, auch in Roquefort, auch in …, und wenn man sich auskennt (oder jemanden fragt, der sich auskennt), dann sind Einkäufe direkt bei Erzeugern oft lohnend und meistens spannend.

Mangelhafte Sprache ist kein unüberwindbares Hindernis. In Supermärkten füllt man seinen Wagen mit den Waren, die man braucht. Auf Märkten zeigt man, was man haben will. Die verkaufenden Erzeuger (und Kellner in Restaurants) geben sich Mühe, Bestellungen zu verstehen. Nur Beschwerden verstehen sie nicht so gut.

Franzosen reden schnell. In anderen Ländern redet man mit Ausländern gebrochen, sucht nach einfachen Worten, wird lauter, schreit den Fremden an, als verstünde er nicht, weil er schwerhörig ist. Franzosen reden unbekümmert wie zu ihresgleichen. Und sie hätten alle bei Dr. Schiffer, meinem Französischlehrer im Düsseldorfer Gymnasium, schlechte Noten im Mündlichen bekommen. Ihre Aussprache ist einfach nicht schulmäßig. Mich verstanden sie anfangs kaum, und auch heute verstehen sie mich nicht vollkommen. Ich verstand sie anfangs überhaupt nicht, und auch heute verstehe ich sie nicht immer. Das liegt nicht nur an der durch Dr. Schiffer zu tadelnden Aussprache, viel mehr an den »liaisons«.

Normalerweise habe ich nichts gegen Liaisons, aber im landesüblichen Redewildwasser, wenn

Auch der Gourmet lebt hier wie »Gott in Frankreich«.

ich nicht mehr weiß, ob da ein Wort oder drei gesagt wurden, stören sie mich gewaltig. Dazu das schäumende Tempo! Als ich mich einmal verfahren hatte, fragte ich zwei am Wegesrand plaudernde Politessen nach dem Weg. Sie waren hübsch, charmant, höflich, hilfsbereit, aber sprudelnd schnell. Als sie merkten, daß ich ihren Beschreibungen nicht zu folgen vermochte, wiederholten sie diese geduldig und gütig lächelnd in zwar variierten, doch immer geschwinderen und stets vollständigen und ausführlichen Sätzen.

Wer berechtigten Grund zu einem Tadel zu haben glaubt, kann auch sehr trocken auf sein sprachliches Unvermögen hingewiesen werden. Einem Freundespaar passierte beispielsweise Folgendes: Sie hatten Kaffee bestellt und bekommen. Ein Kaffeelöffel lag (so etwas geschieht selten) mit stumpfem, weißlichem Belag neben der Tasse. Meine Freunde planten Klage, kramten in ihrem Sprachschatz. Schließlich streckte sie vorwurfsvoll den beschmutzten Löffel dem Kellner in den Weg, fragte mit strenger Stimme: »Qu'est-ce que c'est?« Ohne eine Spur von schlechtem Gewissen blickte er auf den Löffel und erklärte, als müsse es so sein, ehe er weiterschwebte: »Buschi«, mit schönem, weichem »sch«. Nach ausführlichem Blättern im mitgeführten Universal-Wörterbuch hatten meine Freunde ein neues Wort für ihren aktiven Sprachschatz: *la bougie* = die Kerze; es war halt Kerzenwachs am Kaffeelöffel gewesen.

Weitere Annäherungen

Auf schnellen Autobahnen oder auf reizvollen Nebenstraßen kann man von Deutschland nach Aquitanien oder von Aquitanien nach Deutschland (denn leider muß man meistens viel zu bald zurück) quer durch Frankreich reisen. Ich gestehe, daß ich es fast immer eilig hatte und habe, nach Aquitanien zu kommen, deshalb die kürzeste Autobahnstrecke wähle, obwohl Autobahnen in Frankreich durch die Mautgebühren teuer sind, obwohl man den Gegenden, die man links und rechts liegen läßt, unrecht tut.

Wer allerdings nur Landstraßen nimmt, muß sich auf lange Fahrten einrichten. Auf einer Rückreise wollte ich in Toulouse noch andere Freunde besuchen, von dort aus die ein wenig weitere, südliche Route über Carcassonne, Montpellier, Nîmes, Orange, Lyon, Mâcon, dann Besançon und Mulhouse zur Heimkehr nutzen. Meine mich begleitende Freundin las listig die Karte, gab Anweisungen, die ich befolgte. Sie wollte mich mit einer Abkürzung überraschen, und so gerieten wir ohne besonderen Plan und mit bedrängter Zeit ins Massif Central, das Granitherz von Frankreich. Mit Hahnenkräh waren wir von Bélis aufgebrochen. Mittags verließen wir Toulouse. Solange die Sonne schien, genossen wir das Auf und Ab enger, steiniger Straßen, die Glatzen der Berge, die geheimnisvollen Einblicke in tief unter uns auftauchende Dörflein. Aber mit dem Tageslicht verflog der Spaß. Etwa 60 Kilometer in der Stunde serpentinten wir, erschraken vor plötzlichen Kehren. Kein Hotel in Sicht. Um vier Uhr in der Früh des nächsten Tages erschienen uns die Lichter von Lyon himmlisch.

Dabei ist diese Strecke, mit Zeit genommen, wunderschön. Wer also nicht an einem Tag von Saarbrücken oder Straßburg oder Freiburg bis Sarlat-la-Canéda oder Bordeaux oder Bayonne kommen will oder muß, dem sei die südliche Anfahrt empfohlen, mit einer Übernachtung in Nancy und einer in Avignon, mit Abstechern nach Arles (um die von van Gogh gemalte Brücke im Original zu sehen), Marseille (einer Hafenstadt voller Gegensätze) und in die salzige Camargue, nicht nur der Pferde und der Stiere wegen.

Auch in Mâcon kann man übernachten, am nächsten Vormittag in der interessanten und geschäftigen Altstadt einkaufen, einen Ausflug zur bedeutenden Abteikirche von Cluny anschließen, an deren Gründung und Einfluß die Aquitanier durchaus beteiligt waren. Oder man verläßt die direkte Route in Lyon und gönnt sich Le Puy und die Gorges du Tarn.

Auf der Hinreise kann man sich auch vor Paris, nämlich in Reims, bereits ein Prickeln auf die Zunge holen. Höher im Norden als nötig wären in Laval die Spuren Henri Rousseaus aufzunehmen. Wer einen Abstecher in die Bretagne macht, ist auch in einem Teil Frankreichs, der einmal unter der Herrschaft des Hauses Aquitanien stand. Und in Albi ist neben vielem anderen nähere Bekanntschaft mit Toulouse-Lautrec zu schließen, dem man in Aquitanien wiederbegegnen wird.

Überhaupt sind zwischen Paris und Poitiers überall Verbindungen zur einstigen Macht und Pracht aquitanischer Herrscher zu entdecken, und besonders logisch ist in diesem Zusammenhang ein Aufenthalt in der Abbaye de Fontevraud, wo Eleonore von Aquitanien wie auch ihr Sohn Richard Löwenherz neben anderen Königinnen und Königen begraben sind.

Noch einmal zurück zu Nancy, südlich von Metz an der A 31, ein Städtchen, in das ich mich in einem Sommer verliebt habe. Bei Sonnenschein leuchtet die Place Stanislas weit und weiß und golden. Den Platz ließ im 18. Jahrhundert Ex-Polenkönig Stanislas Leszczynski anlegen, ein Liebhaber des Champagners, der Frauen und des Bauens.

In Avignon kann man »sur le pont« singen, dazu tanzen. Die Brücke hat übrigens, so wird erzählt, ein Schäfergeselle, der später zum Heiligen aufstieg, gebaut, und ein kräftiger Engel hat ihm geholfen. Doch lohnt es sich auch, durch die engen Straßen der von mächtigen Mauern umgebenen Stadt zu bummeln, die Clemens V. im Jahre 1309 zur päpstlichen Residenz erhob, in der Gegenpapst Benedikt XIII. zusätzlich mauern ließ, die bis 1789 nicht französisch, sondern vatikanisch war. Wer Avignon mit dem Auto besucht und seine Nerven schonen will, lasse das Auto auf den Parkplätzen vor den Mauern.

Le Puy-en-Velay liegt südöstlich von Clermont-Ferrand und ist über die N 102 zu erreichen. Hier trafen sich Pilger, um weiterzuwandern durch Aquitanien über die Pyrenäen nach Santiago de Compostela. *Le puy* heißt in der Auvergne »der Berg (vulkanischen Ursprungs)«, und Mädchen, die in dieser Stadt aufwachsen, bekommen kräftige Waden, Fremde hingegen Muskelkater. In Le Puy gibt es viel zu entdecken, und wer von der romanischen Kapelle des Heiligen Michel im Norden der Stadt über die 268 Stufen den 80 Meter hohen Rocher d'Aiguilhe erklimmt, kann nicht nur Andenken im Kiosk kaufen, er sieht auch auf dem gegenüberliegenden Rocher Corneille eine riesige Madonna und erkennt, daß Kitsch, wenn er monumental genug erscheint, bestaunenswert ist. Dieser Madonna kann man schließlich in den Kopf steigen, und die Aussicht von da oben ist kein Kitsch!

Wer noch etwas Zeit hat, wen es nicht sofort nach Aquitanien zieht, der sollte den Parc National des Cevennes (seit 1970) zu einer Wanderung nutzen, zumindest (per pedes oder per Pkw oder gar per flachem und leichtem Boot) von Florac oder Millau aus die Gorges du Tarn erleben. Stetes und weiches Wasser hat hier den Stein gehöhlt, ein kleines Flüßchen hat sich in ein tiefes Bett gewühlt, die engen Schluchten sind gesäumt von vielfarbigen Felsen, und der Kundige kann hier ein Stück Erdgeschichte lesen. Aber auch ein geologischer Analphabet kann einfach wegen der Ästhetik Tropfsteinhöhlen besuchen, wegen der Erholung in beschaulichen Dörfchen rasten.

Reims bietet mannigfache Sehenswürdigkeiten, natürlich historischer Bedeutung, schließlich wurden hier seit der Taufe des ersten Frankenkönigs Chlodwig im Jahre 496 noch 26 weitere Könige gekrönt. Und die gewaltige Kathedrale gehört zu den schönsten und bedeutendsten des ganzen Landes. Genannt aber habe ich die Stadt wegen des Champagners. Auf den Rückreisen von Aquitanien kaufe ich meistens Champagner. Den gibt es natürlich auch in Deutschland, ist für den Durchreisenden nicht einmal viel billiger in der Champagne, aber man hat so ein Gefühl von Echtheit, wenn man den Prickelwein vor Ort kauft. Und Reims ist die Hauptstadt des Prestige-Getränkes. Wer also einen Tag opfert, kann auf der Rue du Champ de Mars die Firma Mumm besuchen, kann mit Eintrittskarten bei Taittinger auf der Place Saint-Nicaise und bei Piper-Heidsieck auf dem Boulevard Henri Vasnier vorsprechen, kann nach Voranmeldung sich bei Pommery auf der Place du Général Gouraud Blubberblasen vorführen lassen.

Die Abbaye de Fontevraud gehört zwar heute nicht mehr zu Aquitanien, für Aquitanien-Forscher allerdings zum Thema wie beispielsweise Chinon, dessen Château an der Loire zum Teil Heinrich II. Plantagenet errichten ließ. Und in der Nähe liegt Devinière, wo das Geburtshaus von Rabelais zum Museum umgestaltet ist.

Das waren wenige Empfehlungen für die An- und Abreise. Mehr noch könnte ich nennen. Viel mehr gibt es zu entdecken auf dem Weg nach Aquitanien. Aber (möge es mir kein Franzose aus anderer Gegend, kein Fanatiker anderer Landschaft verübeln) für mich sind die fünf so unterschiedlichen Departements, aus denen heute Aquitanien besteht, einzeln und zusammen die reizvollsten im reizvollen Frankreich.

Gascogne und Les Landes

Loustesse

Meistens ist mein erstes Ziel in Aquitanien Loustesse. Das ist ein kleines *airial* – so heißt in den Landes eine Waldlichtung, die bebaut ist oder war. Auf der großen Wiese, die ehemals vielleicht als Weide für *Landaises* diente, also für Schafe der Landes, die auf dünnen Beinen staksen und mit braunem Maul Gras rupfen, stehen einzelne besondere – nicht Pinien, sondern Korkeichen, Akazien, Platanen und andere – Bäume, das *atelier*, die Werkstatt des ursprünglichen Besitzers, in der unter anderem Terpentin und Gummi für den Hausgebrauch aus Pinienharz destilliert wurden, schließlich der Stall für zwei Schweine, das Wohnhaus und die Scheune – alles in echter lokaler Architektur.

Als Olaf das bebaute Grundstück gekauft hatte, auch als ich es kennenlernte, gab es außerhalb aller Gebäude noch einen gemauerten Backofen. Der ist inzwischen abgerissen, weil er nicht mehr renovierbar war. Das Wohnhaus und die Scheune aber konnten mit Sorgfalt zu Prachtstücken werden, außen aufgefrischt, innen mit Komfort versehen. In der Scheune sind zwei Appartements, jeweils mit kompletter Küche und Naßzelle eingerichtet, liebevoll mit alten Möbeln aus der Region ausgestattet, Bildern an den Wänden, Büchern in den Schränken, unterm vorgezogenen Dach Terrassen. Und auf einer Terrasse liege ich am Tag nach meiner Ankunft im Liegestuhl, trinke zuerst Floc, dann Tursan, schließlich Armagnac.

Zum Floc sehe ich den beiden fröhlichen Rottweilern zu, aber auch den geschäftigen Hühnern und Enten, vor allem den Gänsen, denn die Gans ist die Krönung des Federviehs in den Landes. Der Tursan hilft mir, in den Pinien ringsum Figuren zu entdecken: Waldgeister, die ihre Arme nach mir recken, vielbrüstige Frauen, wundersam zu schauen, Elefanten, Wale, Drachen, mal zum

Die Leidenschaft der Landaiser: Jagd auf die Ringeltaube.

Tierzucht mit Tradition – Entenstopfen in Bélis.

Aquitanien und seine Gänse

Gänse sind wahrscheinlich schon sehr früh in Périgord und Landes gezüchtet worden. Aber dafür, daß vor dem 18. Jahrhundert in Aquitanien *foie gras* erzeugt wurde, fehlen Belege. Die Römer aßen wohl schon Gänseleber. Als Erfinder der Gänseleberpastete wird oft Jean-Pierre Clause genannt, der allerdings im Elsaß lebte und keinesfalls vor 1762 die »pâté de Contades« herstellte (also eine dem Marschall de Contades gewidmete Pastete) mit Leber von Gänsen, die im Elsaß gemästet worden waren. Das erste bekannte Rezept jedoch stammt aus dem 1747 in Amsterdam erschienenen Werk »Le cuisinier gascon« (Der gascognische Koch). Beschrieben wird eine kleine Gänseleberpastete mit Trüffeln. Die lukullische Menschheit scheint also vor 1700 ohne Gänsequälen glücklich gewesen zu sein.

Fürchten, mal zum Lachen ... Und wie kommen die Bremer Stadtmusikanten in den aquitanischen Pinienwald?

Ich fühle mich wie heimgekommen.

Vielleicht aber wandere ich schwebenden Fußes zum Wohnhaus, treffe dort Olaf auf der Terrasse an der Ostseite. Natürlich ist der Vorbau an der Ostseite, denn die Häuser in den Landes zeigen dem von Westen kommenden Regen immer den Rücken, empfangen mit der offenen Vorderfront morgens Sonne, abends Gäste.

Mit Olaf kann ich mich ein wenig streiten, beispielsweise über Gänse. Ja, die Gans gehört hierher. Sie ist ein kluges und wachsames Tier, dazu weiß und schön – auch wenn ihr Gang weniger gravitätisch als watschelfüßig erscheint und ihr Gesang nicht Nachtigall noch Lerche, nicht einmal die Uhl übertrumpft. Mit ihren Daunen sorgt die Gans für gefüllte Federbetten, die auch in Aquitanien manchmal – etwa von Januar bis Februar – nötig sein können. Und ich bin kein Vegetarier, schätze durchaus einen Gänsebraten, eine Gänsekeule, die geräucherte oder gebratene Gänsebrust, ein *confit*. Confit (das Eingekochte, in diesem Fall von Gans oder Ente im eigenen Fett) ist eine der kulinarischen Spezialitäten der Gegend. Nicht einmal habe ich etwas gegen Innereien und weiß sogar, daß *foie gras* (Gänseleber, und zwar von gestopften Gänsen), eine weitere Spezialität der Gegend, köstlich schmeckt, denn man kommt hier nur mit Unhöflichkeit daran vorbei, sie zu probieren, weil sie mit Stolz zu Vorspeisen serviert wird.

Aber ich will nicht! Ich will nicht, daß Tiere für meinen Gaumenkitzel gequält werden. Ich will, daß auch Gänse ein gänsewürdiges Gänseleben mit allen Gänserechten führen dürfen, ehe sie schnell und möglichst schmerzlos geschlachtet werden. Und das Stopfen der Gänse ist Tierquälerei, die Leber der so behandelten Tiere ist krank und geschwollen. Mit Gewalt werden sie gefüttert. Durst müssen sie leiden, ja, der Durst wird sogar künstlich erzeugt. Und oft (so bei Arlette) ist die Gans eine Ente.

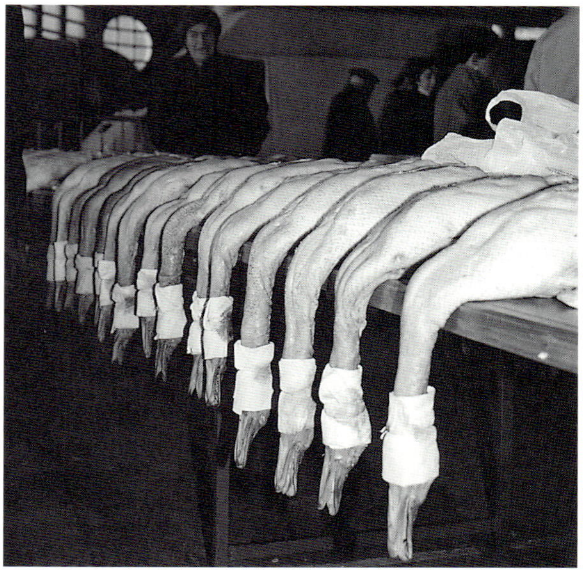

***Ducklike* bis zur letzen Stunde – gestopfte Barbarie-Enten.**

Nein, es beruhigt mich nicht, daß die mir bekannte und wirklich nette Arlette das auch macht. Ja, ich gebe zu, daß Arlette damenhaft ist und wahrscheinlich tierlieb – aber über Gänse und Enten denkt sie nicht nach, weil das Stopfen Tradition hat, weil's schon ihre Mama tat und deren Mama und deren Mama … Tradition vermindert aber auch bei Gänsen keine Qualen! Doch, ich weiß, daß für diese Region der Handel mit geschwollenen Lebern von geschundenen Gänsen und Enten wirtschaftlich von Bedeutung ist. Geschunden ist vielleicht das falsche Wort! Arlettes Enten leben in Freiheit und *ducklike*, bis ihre Stunde schlägt. Dann allerdings werden sie drei bis vier Wochen lang eingepfercht, über ihre Wünsche hinaus brutal genudelt, zum Fressen gezwungen, ihr Durst wird mißachtet. Gefoltert! Ich esse ihre Leber nicht! Nein, ihre Leber ess' ich nicht! (Zumindest nicht freiwillig. Höchstens aus Höflichkeit Gastgebern gegenüber.)

Trotzdem enden solche Abende nie im Streit. Andauernder Streit ist auf Loustesse nicht möglich. Es ist so ruhig mitten im Wald. Man hört seine Geräusche, Flügelschlag der Nachtvögel, Knacken größerer Tiere im Unterholz, deren Jagd- und Liebesschreie, zur Jagdzeit manchmal Schüsse … und seit ihrem Verbot 1994 nicht einmal mehr überraschende Böller aus Selbstschußanlagen gegen hungrige Rehe und Schweine. Und *airials* wie Loustesse sind typisch für die Grande Lande.

Anglerglück: Unter alten Bäumen ruhig am Ufer eines sanft fließenden Wassers sitzen (Seite 32/33).

Informationen: Landaiser Stichwortverzeichnis

airial	bewohnte Waldlichtung, von der Hauptstraße nicht zu sehen
arbre de may	Maibaum, heute zu Ehren von Brautpaaren und bei Kommunalwahlen Gewählten aufgestellt
bécassier	Schnepfenjäger
borsacq	Bienenstock (der Honig der Landes schmeckt!)
brande	Heide-, Besenkraut
cagots	früher Ausgestoßene, heute solche, die alles, was sie anfassen, verderben
courant	Abfluß eines Sees an der Küste (**Tip:** Etang de Léon mit dem Courant von Huchet, den man zwischen Seerosen, von Weiden gestreichelt, entlangrudern kann!)
couvert	Arkadengang (typisch für Bastiden)
cutchot	an Pinien angebrachter Behälter zum Sammeln des abfließenden Harzes
feria	Messe, Fest
garluche	spezieller Stein mit Eisenkörnern
gemmage	Harzgewinnung
git	(gesprochen wie geschrieben) die Ente auf gascognisch
Grande Lande	bewaldeter Teil der Landes
guitère	»Tonne«, Hochsitz zum Beobachten von Wildenten
hapchot	Werkzeug zum Anritzen der Pinien
Haute Lande	der schlechter entwässerte Teil der Landes, der in die Grande Lande übergeht
landais	Bewohner der Landes
landaises	Schafe der Landes
maison de brassé	Wohnkate eines sehr armen Bauern
palombe	Ringeltaube
palombière	getarnter Gang aus Heidekraut und anderem Material für auf die Tauben wartende Jäger
pec	Blödmann auf gascognisch
parlar negue	schwarze Mundart (ein derber Dialekt)
pignada	Wald aus harzerzeugenden Pinien
poulailler perché	landestypischer, hochgebauter Hühnerstall
quartier	winziger Weiler aus vier oder fünf Wohn- und Nebengebäuden
tchanques	(gesprochen *tianke*) Stelzen der Hirten

Entdeckungen – Bélis

Loustesse gehört zu Bélis. Diesen Ort finden Sie im Reiseführer kaum. Bélis besteht aus einer Kneipe, einem Kirchlein mit Fundament und Mauerresten aus dem 13. Jahrhundert, einem Friedhof, einer Telefonzelle, etwa zwölf kleinen Häuslein, einer 1950 errichteten und auf Besucher sehr kitschig wirkenden Heiligenfigur und einer *mairie*, also einem Rathaus, sehr groß und prächtig, ganz modern, Grünfläche drumherum. Weniger als 130 Einwohner leben in Bélis, Tendenz sinkend. Die wohnen natürlich nicht in den zwölf Häusern. Die meisten wohnen um Bélis im Wald – wie Lisa, wie Arlette und Charles und Titou.

Im großen Rathaus residiert ein Bürgermeister an zwei Tagen die Woche nach 17 Uhr. An diesen Tagen kann der Publikumsverkehr dennoch schon um 15 Uhr beginnen, denn so früh erscheint seine Sekretärin. Der Bürgermeister hat elf gewählte Assistenten für seine weniger als 130 Bürger. Da kann jeder mal zu Amt und Würden kommen. Die kommunalen Wahlen werden ernst genommen, während die Müdigkeit oder gar Feindseligkeit der Staatspolitik gegenüber möglicherweise größer ist als in Deutschland. Die klugen Einwohner von Bélis (und nicht nur die) sagen: Alle hochrangigen Politiker in Paris sind korrupt, sonst wären sie gar nicht so weit gediehen. Doch mit ihren lokalen Vertretern machen sie etwas her. Vor den Waldeinfahrten und Gartentoren der Gewählten werden Bäumchen mit bunten Läppchen und Blümchen und Schildern verziert. Auf den Schildern steht: »Honneur a notre élue«.

Natürlich war auch Charles einige Male ein geehrter Gewählter. Charles und seine Familie sind Alteingesessene in Bélis. Früher war Charles Waldaufseher für einen Grundstücksbesitzer. Dafür hatte er Haus und Land, das er bewirtschaften durfte. Als ich ihn damals besuchte, beeindruckte mich die Truthahnschar, die sich vor mir, dem Fremden, aufbaute, ihre Schwanzfedern zu Fächern aufschlug, aussah wie ein Indianerstamm auf Kriegspfad im Kino. Von den Erträgen des geliehenen Landes mußte Charles einen Teil an den Grundbesitzer abführen. Über vierzig Jahre war Charles Waldhüter und Pächter, mehrte den Reichtum seines Herrn.

Seit kurzem haben die Waldbesitzer ein neues System ausgeklügelt. Eine Genossenschaft wurde beauftragt, die Wälder zu verwalten und zu pflegen. Charles ist sowieso schon im Rentenalter. Sein ehemaliger »Herr« teilte ihm mit, daß das

Momentaufnahme in Bélis – eine restaurierte Scheune im Herzen Südwest-Frankreichs.

Weiter Himmel über den Landes.

geliehene Land mitsamt dem Haus nun zum Verkauf anstünde, aber natürlich habe Charles Vorkaufrecht. Charles und Arlette hatten keinesfalls genug gespart. Kreditfähig waren sie nicht. Doch konnten sie ihrem Sohn Titou eine Stelle in der waldpflegenden Genossenschaft vermitteln. Daraufhin erhielt Titou ein Darlehen. Jetzt sind Charles und Arlette stolze Besitzer des Hauses, in dem schon ihre Eltern gezeugt worden waren, das jetzt abbezahlt werden muß, denn ein Leben voller Arbeit reichte bei ihnen nicht, um Eigentum zu bilden. So geht es vielen von den alten Ureinwohnern. Arbeitsfähige Männer ziehen nach Bordeaux, Paris, Kanada, nehmen die jungen Frauen mit. Wohlhabende Franzosen aus den Großstädten kaufen Landhäuser, gestalten sie für die Wochenenderholung. Und einige Menschen (oft Pensionäre, manchmal Ausländer) planen ein dauerhaftes Leben auf dem Lande.

Die Heilige betrachtet ungerührt alle Migrationen. Die Heilige steht auf einem Sockel mit Inschrift, die verrät, daß sie mit den zum Gebet zusammengelegten Händen auserwählt ist, den Ort zu beschützen. Ihr Umhang ist blau und ihre Stirn – Krönung des Geschmacks – ist mit einem goldenen, fünfzackigen Stern geschmückt. Man findet sie in keinem Kunstführer. Wer ist die Dame? Es ist *Notre Dame*, die Jungfrau Maria. Nachdem die Statue errichtet war, betete die Gemeinde zwei Wochen lang zur Mutter Gottes um Schutz für Bélis. Dann schrieb man eine Art Vertrag auf, und dieser Vertrag steckt hinter der festverschraubten Plakette am Sockel. Da kann Maria wohl nicht mehr zurück.

Seit Generationen in Bélis ansässig ist auch die Familie Lafitte. Die Tochter studiert Deutsch, der Sohn ist Koch in Kanada, Madame und Monsieur Lafitte betreiben die örtliche Kneipe, die in den Katalogen für Feinschmeckerrestaurants fehlt. Doch ist Lafitte für mich ein unverzichtbarer Einstieg in Aquitanien. Auf einem Holzstühlchen, von dem der rote Lack ziemlich abgeplatzt ist, sitze ich vor der Tür, sehe Kirchlein, Telefonzelle und *mairie*, schlürfe einen Pastis, den Anisschnaps, der mehr zu Frankreich gehört als Champagner, mit Eis und Wasser, von dem ich nachgieße, bis das Eis geschmolzen ist. Dann hole ich mir noch einen Pastis mit frischem Eis. Abschließend trinke ich einen großen *café noir* – mein Ritual.

Und mindestens einmal während eines Aufenthaltes gehe ich zu Lafitte zum Mittagessen. Man muß sich anmelden, weil Monsieur für seine Gäste stets frisch einkauft. Alle Plätze in der Wirtsstube sind mittags von Einheimischen besetzt, so-

Wer die Landes wirklich kennenlernen will, muß in die kleinen Orte fahren – und wird zum Entdecker.

gar das kleine Ecktischchen für Nichtraucher. Da fragt, wer es nicht lassen kann, nach einem Aschenbecher und bekommt ihn selbstverständlich. Man ist nicht streng in dieser Gegend. Es gibt echte, deftige Landaiser Gerichte, mindestens vier Gänge für umgerechnet 20 bis 30 Mark pro Person. Auf dem Tisch steht Rotwein, selbst dann noch violett, wenn man ihm die dreifache Menge Wasser beimischt.

Es ist wahrlich preiswert und schmeckt immer gut, das *menu* bei Lafitte (*le menu* hat im Französischen keine Ü-Striche) – nur einmal hatten wir Pech: An einem Abend bestellte ich zu Ehren einer Freundin, die zum ersten Mal in den Landes war, einen Tisch bei Lafitte für den nächsten Tag. Gefragt nach besonderen Wünschen sagte ich, daß wir ein richtiges Landaiser Mahl speisen wollten. Da gab es *foie gras* vorab, und wir bekämpften unsere Skrupel. Als Hauptgang wurden Täubchen aufgetragen, zwar gerupft, doch blickten sie aus grauen Taubenaugen stumm auf dem ganzen Tisch herum. Außerdem war ihr Fleisch noch blutig. Unser Zögern führte dazu, daß Monsieur die Täubchen stirnrunzelnd zu Madame brachte. Diese Fremden verstehen nichts von feiner Küche! Die Täubchen müssen durchgebraten werden. Auch die durchgebratenen Täubchen schauten uns an. Wir ließen sie einpacken, nahmen sie mit, wollten sie Modis rauher Hundezunge vorlegen, doch selbst der verschmähte sie – wohl weniger wegen der Taubenaugenblicke. Wir teilten uns mit Modi einen großen Topf Spaghetti.

Bélis steht nicht in Reisebüchern, die Skulptur der Madonna in keinem Kunstführer, Lafitte fehlt in den Listen gestirnter Speisekultstätten, der besuchenswerte Friedhof ist in keinem Geschichtsbuch erwähnt. Warum ich Ihnen das trotzdem alles erzähle? Nun, Bélis ist ein für die Landes typisches Örtchen.

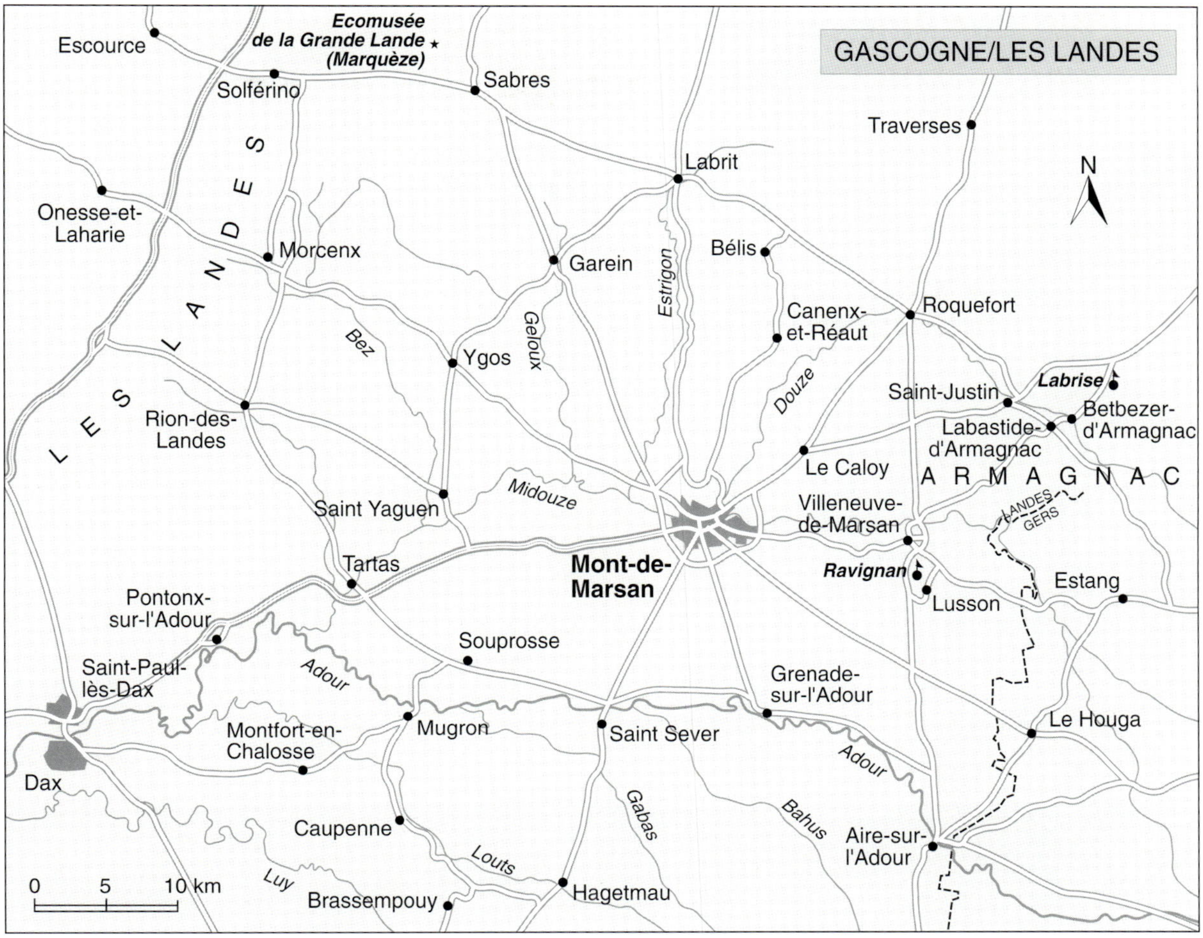

Musik – Auftakt zur *Course landaise.*

Es sind nicht die altbekannten Schlösser und Kathedralen, die ein Land wirklich zum Erlebnis machen. Die Schönheit eines Blattes, einer sich auf einen Baum verirrt habenden Margerite, einer Wurzel, die wie der Eingang zum Feenreich aussieht, der Kastanie, deren abgeblätterte Rinde die Umrisse von Amerika freigelegt hat, eines Baumes, der alt geworden ist, ohne daß Napoleon darunter geschlafen hat, muß jeder Reisende ganz allein entdecken. Die Friedhöfe, auf deren Grabplatten sich Eidechsen sonnen, erzählen Geschichten von Liebe und Heuchelei. Überall gibt es Reste von alten Mauern, Mühlen, Kirchlein, verfallene oder restaurierte Häuser, in denen nicht Mächtige lotterten, sondern normale Menschen lachten und weinten. Wenn Sie die Landes wirklich kennenlernen wollen, müssen Sie sich auf die kleinen Orte einlassen. Wer nachfragt, erfährt Historisches, Historchen, Historichtes – und wird zum Entdecker.

Wo der Pinienwald singt – Les Landes

»Gallos ab Aquitanis Garumna flumen dividit« (die Garonne trennt Gallien von Aquitanien) – nachzulesen in Cäsars *De bello Gallico* (*Über den gallischen Krieg*), vom Feldherrn erlebt im Jahre 52 vor unserer Zeitrechnung. Quellfluß der Garonne ist die noch auf spanischem Gebiet in den Pyrenäen entspringende Garona de Ruda. Als Garonne darf man sie großzügig wie eine Grenze des seit 1790 bestehenden Verwaltungsbezirks Landes ansehen. Mit der Dordogne vereint, mündet sie als Gironde nordwestlich von Bordeaux in den Atlantik. Der Atlantik mit dem südlichen Teil der Côte d'Argent, der Silberküste südlich von Arcachon bis über Capbreton hinaus, bildet eine andere, mehr als 100 Kilometer lange Grenze der fast dreieckigen Landes. Im Süden sind es die Pyrenäen, zum Teil sanft unterstützt vom Adour, die anzeigen, daß Les Landes enden. Zu Cäsars Zeiten (er nannte Les Landes Aquitanien) lebten südlich der Garonne keine Verwandten von Asterix und Obelix, keine Gallier, keine Kelten, sondern Tarbellen, Cocsaten, Boiaten, Vasaten, Lamothe, Vasconen, also Aquitaner, deren Sprachen und Kulturen im Baskischen und im Gascognischen noch heute durchschimmern und Wissenschaftlern Rätsel aufgeben.

Menschen lebten dort jedenfalls schon in der Altsteinzeit vor rund 200 000 Jahren. Und etwa 22 000 Jahre alt ist die berühmte Dame mit Kapuze, 1880 in Brassempouy entdeckt. Das Original der Elfenbeinschnitzerei ist im Museum Saint-Germain-en-Laye bei Paris zu besichtigen, in Brassempouy selbst kann man eine Kopie des zierlichen Frauenkopfes sehen (s. S. 184).

Von der Eiszeit eingedellt, von Ebbe, Flut und Flüssen dauergewellt, gesalzen, gesäuert und versumpft, regten Les Landes Reisende 1800 Jahre nach Cäsar keinesfalls zu Begeisterung an. »Hier wächst gar kein Weizen und man erntet kaum anderes Korn«, berichtete 1796 Jacques Grasset de Saint-Sauveur und fügte hinzu: »Die Bauern der Landes sind kaum zivilisiert, und das Leben, das

Typisch für die Landes – Holzschuhschnitzer. Für ihre Kunstfertigkeit besonders bekannt sind diejenigen in Roquefort.

sie führen, macht sie nicht nur rauh, sondern sogar richtig wild.«

1855 beschrieb der Philosoph und Historiker Hippolyte Taine einem Freund seine Eisenbahnfahrt auf den noch recht neuen Schienen von Bordeaux nach Bayonne so: »... endlose Ebenen, flach wie das Meer, wo Farnkraut und Sumpfpflanzen wachsen. Hier und dort erkennt man einen Hirten auf seinen Stelzen und im Stechginster verstreut einige Schafe mit dickem Fell ... Keine Häuser, kein bebautes Land: Es ist eine Wüste ... keine seltsameren Gegensätze als den zwischen der feurigen Maschine [damit meinte er die schnaufende Lokomotive], die Menschen und Gedanken befördert, und dieser toten Heidelandschaft, in der nur Stechginster und Kiefern leben ...« Auch Kaiser Napoleon I. befand, daß Les Landes nur ein Schandfleck auf der Landkarte der *Grande Nation* sei, statt Steuern nur Probleme bringe. Dumpfe Hütten hockten an versumpften Brunnen. Moore entstanden, weil Meerwind die Flußmündungen mit Sandbarrieren verstopfte. Für Postkutschen gab es wenige Wege, an deren Rändern dafür Räuber lauerten. König Armut und Königin Krankheit regierten. Andauernder Westwind schüttete vom Ozean her mit Sand ganze Ortschaften zu, drohte das gesamte gascognische Becken zu füllen ...

Und heute? Heute bedeckt Frankreichs größter Wald, ein in der Welt einzigartiger zusammenhängender Pinienwald die Grande Lande. Pläne, die Einöde nutzbar zu machen, gab es seit Ende des 18. Jahrhunderts. Kanäle sollten gegraben, Erdnüsse angebaut, Büffel gezüchtet werden. Gesellschaften, die hofften, aus dem Nichts billigen Gewinn zu erzielen, wurden gegründet. Kamele wurden importiert und starben daran. Das geringe Vorkommen an Eisenerz wurde für Kanonenkugeln geschürft ...

Der Ingenieur Nicolas Brémontier hatte bereits 1786 Pläne vorgelegt, deren Verwirklichung ernsthaft aber erst nach den Wirren der Französischen Revolution möglich war. Palisaden hielten den Sand auf, die so entstandenen Dünen wurden mit Strandgras besät, deren Wurzeln den Sand zusammenhielten. Hinter den Dünen wurden Pinien gepflanzt, die dem Boden das überflüssige Wasser entziehen sollten. Im Auftrag von Napoleon III. arbeitete Jules Chambrelent weiter am großen Werk. Er trocknete und rodete die Heide, ließ sie erfolgreich mit Korkeichen und noch mehr Pinien aufforsten.

Hirten auf Stelzen – Echasseurs

Als Les Landes noch sumpfig und sandig waren, erschienen den Reisenden die Hirten gespenstisch aus dem Nebel auf hohen Holzstelzen, häufig Schafwolle verstrickend, um die Zeit zu nutzen, bekleidet mit zotteligen Lammfellumhängen. Von so hoch oben hatten sie Sicht auf die verstreute Herde, denn die Schafe und Ziegen suchten überall in der kargen Gegend nach spärlichen Kräutlein. Auch waren die Stelzen nötig, um Morast wie sandgefüllte Kuhlen zu überwinden. Im gegenwärtigen großen Wald wären Stelzen eher hinderlich. Der heutige Besucher kann sie nur auf Postkarten und bei Folkloregruppen auf Volksfesten finden.

Hirten auf Stelzen – bei der Fête de la Madeleine in Mont-de-Marsan.

Die Pinien brachten eine goldene Zeit. Das Gold hieß Harz, verlor nicht Duft und Schönheit, aber seinen Wert. Immerhin: Eine Pinie ist nach fünfzehn Jahren erwachsen genug, gekerbt zu werden und ihr Blut zu spenden. Aus dem Harz kochte die damalige Industrie Gummizusätze, Terpentin und Kolophonium. Die Landes wurden durch die Harzernte für kurze Zeit zum reichsten Departement Frankreichs. Napoleon III. kaufte 7000 Hektar Pinienwald und gründete

Die Landes werden kilometerlang von schnurgeraden Straßen durchschnitten.

1863 als Musterkommune Solférino. Der Ort dankt es ihm noch heute (und verdankt ihm noch heute Touristen) mit dem Musée Napoléon III.

Der Reichtum schnurrte zusammen. Im südamerikanischen Regenwald entdeckte, erntete man Kautschuk und ergiebigere Harze. Zwischen den Weltkriegen erfanden die Chemiker Kunststoffe, die besser waren als Gummi. Auch für Terpentin fand man billigere Lösungen als den Saft der Pinien. Aber der Wald blieb. Ein großer Teil steht als Parc des Landes unter Naturschutz. Bis über die Mitte unseres Jahrhunderts war er dauernd durch große Brände in Gefahr. Heute ist er mit Schutzwällen durchzogen, Pisten sind angelegt, auf denen Brandherde schnell zu erreichen sind, die örtlichen Feuerwehren sind vorzüglich organisiert. Trotzdem sollten die Glücklichen, die diesen Wald besuchen, keine brennenden Zigaretten achtlos wegwerfen, keine Lagerfeuer entzünden. Wildes Campen ist in den Wäldern übrigens verboten – berechtigt, behaupte ich. Möge dieser Wald, der weniger als zweihundert Jahre jung ist, in seiner wunderbaren Vielfalt, die er jedem offenbart, der Augen, Ohren und Nase hat, für die Urenkel unserer Urenkel uralt werden.

Ein Duft der Gascogne

Viele Düfte durchziehen das Land. Einen starken Beitrag leistet ein Liliengewächs, *Allium sativum*, das von Feldern, Gärten, Küchen, Tellern, Mündern in alle Nasen weht und sie scheidet in abgewandte und zugewandte. Ja, ja, ja, oc, oc, oc, Knoblauch enthält Alliin, was gegen Verkalkung, hohen Blutdruck, Darm-, Leber- und Gallenleiden wirkt. Möglicherweise trägt Knoblauch dazu bei, daß in Aquitanien überdurchschnittlich viele Menschen um die hundert Jahre alt werden. Wer daran glaubt und den Geruch erträgt, der sollte im September ihm auf der N 215 entgegenfahren. Alljährlich findet in Sainte-Hélène die Knoblauchmesse, *la foire à l'ail* statt. Wo alle Knoblauch kauen, ist der eingefleischte Knofelianer kein Außenseiter! Wenn Ihr(e) Begleiter(in) mit Ihnen speist, können Sie auch ohne Bedenken Cèpes à la Bordelais (in Öl ausgebackene Steinpilze mit Petersilie und Knoblauch), Tourain à la Bordelais (Zwiebelsuppe mit Knoblauch), Loukinkas (baskische Knoblauchwürste) – nicht nur im September in Sainte-Hélène – genießen.

Früher gehörten sie zur »Arbeitskleidung«, heute sind sie Volksfestattraktionen: die Stelzen der Hirten.

Taubenjagd und andere Leidenschaften

Ich ging im Walde für mich hin, nichts zu suchen war mein Sinn, und deshalb fand ich nicht nur Rehe und Hasen, hörte nicht nur Käuze, sah nicht nur Eidechsen, sondern schwarzgelbe Salamander, dicke Hirschkäfer mit prächtigen Geweihen, Gottesanbeterinnen mit Dürerscher Gebärde, Hornissen …

Der Baumbestand in der Grande Lande ist nicht eintönig. Zwischen Pinien (von denen jede einzelne beim Betrachten ihren eigenen Charakter zeigt) wachsen Eichen und Maronen, von den Bauern angepflanzt als Viehfutter. Maronen allerdings schmecken auch Menschen, geröstet, wie jeder Bayer weiß. Und es gibt natürlich im Südwesten Frankreichs auch Mousse mit Maronen, Wein und Armagnac …

Wege verlassen ist in diesem Wald leicht. Die wenigen Unterholzinseln lassen sich umgehen. Wildschweinen begegnet man eher als anderen Waldwanderern. Manchmal steht man urplötzlich auf einer Lichtung, einer Rodung, gar vor einem *airial*, oft mit verlassenen, verfallenen Häusern. Mit Glück sieht man vielleicht sogar einen traditionellen Hühnerstall, unten ein ringsum geschlossener, fuchssicherer Käfig, darauf aus Latten hochgebaut der über die Hühnerleiter erreichbare Eingang (ich entdeckte einen mit hennengerechtem, doch gotischem Portal) mit gedecktem Dach gegen Regen und Raubvögel.

Aber auch noch oder neu besiedelte Flecken tauchen plötzlich zwischen den Bäumen auf. Da darf man einen Plausch halten, einen Schluck trinken, notfalls nach dem verlorenen Weg fragen. Man muß keinen Ariadnefaden von Baum zu Baum spannen, muß keine Kiesel streuen, keinesfalls Hexen fürchten. Der große Forst ist freundlich, seine Überraschungen sind selten gefährlich. Nur in der Jagdzeit muß jedermann aufpassen. Die Landaiser können vor lauter Jagdeifer blind werden.

Noch immer stößt man auf vergessene *cutchots*, Tongefäße, die von *gemmeurs*, das war die Berufsbezeichnung für Harzsammler, unter eine Wunde in die Borke der Pinie gekrallt wurden, um das Pinienharz (*la résine*) aufzufangen.

Einem Bächlein folgend stieß ich auf die Reste einer Mühle. Sie steht in keinem Geschichtsbuch. Ich kenne keine verbürgte Legende, kein Märchen übers verwunschene Gemäuer. Aber wenn man auf dem Holzbrückchen steht, auf die umwucherten Mauern schaut, sieht man die Flußfrauen sich am zerbrochenen Mühlrad halten, würde man nicht erstaunen, käme plötzlich die schöne Müllerin mit ihrem sprechenden Kater, um den wundertätigen Butt zu füttern.

Weiterstapfen über Pinienzapfen, durch Laub, Kraut und Farn, dem Rascheln lauschen, den Duft schnuppern. Es kann passieren, daß man über versteckte Schnüre stolpert. Da steht man plötzlich vor einem großen Gebilde, einem sich nur langsam zu erkennen gebenden Gebäude, rötlichbraun geflochten aus Zweigen und Ästen, mit Besenkraut bedeckt, unter Farn und Laub versteckt, wie zur Natur gehörend, wie gewachsen. Eine *palombière*!

Möglicherweise ragt daneben ein Hochsitz, verkleidet als Baum. Oder im schwankenden Wipfel der Eiche läßt sich eine Art Mastkorb ausmachen. Bestimmt findet das aufmerksam spähende Auge irgendwo in den Ästen ein Brett, beweglich befestigt – das ist eine *semerayre* –, und jetzt, lieber Leser und Aquitanienbereisender, bitte, verteufele die Landaiser nicht gleich, wenn ich's erkläre:

Die ganze Findigkeit dieser Baukunst dient einzig einer Leidenschaft der Landaiser – der Jagd auf die *palombe*, auf die Ringeltaube. Die *semerayre* kann ein empfindliches Gemüt besonders schrecken – auf diesem Brett wird eine Taube als Köder befestigt; zieht man an Schnüren, wackelt das Gerät, schlägt die Taube mit den Flügeln, verlockt – so hoffen die Ringeltaubenjäger – den Schwarm zu einem Aufenthalt hier im Wald auf dem Weg nach Spanien.

Die Jäger hocken in der *palombière* – in kleinen Dörfern gehören alle männlichen Einwohner, die laufen und trinken können, dazu; und deshalb werden auch verhältnismäßig riesige Anlagen errichtet, mit Gängen und Aufenthaltsräumen und Klappen, durch die man gucken und schießen kann, wenn es geklingelt hat. Tatsächlich, es gibt Glöckchen, kunstvoll verknüpft mit Zweigen in der Nachbarschaft, die Laut geben sollen, wenn sich Tauben niederlassen. Viele andere listige Einrichtungen zeugen von uner-

Locktaube im Palombièrengang.

schöpflichem Erfindergeist der Taubensüchtigen, beispielsweise Auslöser für Netze, in denen sich die Objekte der Begierde verfangen sollen – allerdings ist die Taubenjagd mit Netzen verboten (andererseits waren Verbote nie das richtige Mittel, Landaiser zu zähmen).

Doch keine Angst, lieber Leser und Naturliebhaber. Durch solche Jagd werden die Ringeltauben nicht ausgerottet.

Die männlichen Dorfbewohner sind das ganze Jahr über gemeinsam beschäftigt mit dem Ausbau und Umbau, mit der Entwicklung der *palombière* und der Verwicklung aller ihrer Leitungen. Werden dann in der zweiten Oktoberhälfte die Ringeltaubenschwärme erwartet, verläßt man Frauen und Kinder, begräbt Feindschaften, trifft sich, bewaffnet mit Gewehren und Flinten, Rotwein- und Armagnac-Flaschen, langen Baguettes und fetten *confits*, in den Tarngängen, bis es klingelt oder scheppert oder leuchtet, je nach den Einfällen der Baumeister. Dann aber … war es meistens blinder Alarm, ein Windstoß, eine sich scheuernde Sau … Aber irgendwann sind sie doch da, und man schwankt und schießt und trifft auch hin und wieder und schleppt schließlich mit fünfzig sich verheddernden Beinen fünfzehn Tauben heim, um ein großes Siegesfest zu feiern, bei dem erzählt wird, wie einst der Großvater von René an einem Nachmittag zweihundert, ach, was sag ich, zweitausend Tauben erlegt hat …

Und so sollte niemand es darauf anlegen, mit den gutmütigen Menschen der Landes in Streit zu geraten, weil er an *palombières* rüttelt. Betrachten und erforschen Sie diese nachwachsenden Kulturdenkmäler mit vorsichtiger Neugier und der Geduld, die von den Taubenjägern aufgebracht wird. Schon den Kindern – für die der Wald der Grande Lande ein Paradies sein kann – sollte man Erkenntnis ohne Frevel beibringen können, Toleranz vor dem, was anderen wichtig ist, selbst wenn in diesem Fall verständlicher Unverstand zum Toben lockt.

Vom Ammerschnüffeln

Auf einem alten Stich sah ich eine Tafel, um die Menschen saßen, deren Köpfe über die Tischplatte gebeugt und mit weißen Tüchern verhängt waren. Was machten sie? Sie genossen nicht die Ergebnisse der Ringeltaubenjagd, wie ich zuerst dachte. Sie delektierten sich am Ortolan, an der Fettammer, die lebendig gefangen, dann gemästet, schließlich durch Einflößen von Armagnac getötet wurde. Gerupft wurde sie langsam geköchelt, in bedeckten Schüsseln serviert, und da nicht ein Hauch der Kostbarkeit verlorengehen sollte, aß man, Kopf und Schüssel unter einem großen Tuch verborgen, atmete so den Duft des Gerichtes tief ein. Es muß ein kulinarisches Fest und keinesfalls das große Fressen gewesen sein. Der Ortolan gehört zu den bedrohten Arten, darf nicht mehr gejagt werden. Doch hin und wieder und ganz selten soll noch heute manchmal einen jagdeifrigen Feinschmecker (das sind fast alle Landaiser) das Gelüst unaufhaltsam überkommen.

City-Porträts: Mont-de-Marsan und Roquefort

Mont-de-Marsan, die Hauptstadt der Landes, erreichbar über die N 134, hat rund 32 000 Einwohner. Die Anschrift des Syndicat d'Initiative lautet: Place de la Mairie, 40 000 Mont-de-Marsan. Feine Unterkunft bietet das »Hotel La Renaissance«, Telefon 05 58 51 51 51, Route de Villeneuve, einfach und preiswert ist »Le Midou«, Telefon 05 58 75 24 26, 12, Place Porte-Campet. Die Stadt liegt am Zusammenfluß von Douze und Midou günstig für Kunstkenner, Feinschmecker, Waldläufer, Flußfahrer, Atlantikliebhaber und Bergsteiger. Von vielen Festen besonders wichtig sind die sechs Tage der Fêtes de la Madeleine in der zweiten Julihälfte. Kern der Stadt war eine Festung, die der Vicomte Pierre de Lobaner um 1130 anlegte.

Teile der Stadtmauer sowie hoch über dem Fluß ein Wehrturm aus dem 14. Jahrhundert, der Donjon Lacadaye, sind noch erhalten. Der Turm birgt heute zwei Museen, das archäologische und stadtgeschichtliche Musée Dubalen und das Musée Despiau-Wlérick, das Werke dieser beiden Bildhauer aus Mont-de-Marsan zeigt. Charles Despiau (1874–1946) und Robert Wlérick (1882–1944) sind auch die zahlreichen Skulpturen in Straßen und auf Plätzen der kleinen Stadt zu verdanken, ebenso einige im hübschen Park Jean Rameau, der wiederum nach einem Landaiser Dichter (1858–1942) benannt wurde. Die gotische Kirche Sainte Madeleine birgt einen kostbaren Hochaltar aus Marmor, geschaffen von den aus der Schweiz stammenden Brüdern Mazetti, die während der zweiten Hälfte des 18. Jahrhunderts in vielen Kirchen der Landes arbeiteten. Lohnend ist ein Spaziergang am alten Hafen mit seinen kleinen Sträßchen wie der Cale de l'Abreuvoir oder der Cale de la Marine (*les cales* = die Schiffdocks); oder in der Rue Dulamon, deren prächtige Villen noch vom Reichtum hier ansässiger Kaufleute im 18. Jahrhundert zeugen.

Roquefort ist nicht der Herkunftsort des berühmten Käses! Roqueforts gibt es einige in Frankreich. Bei einer Reise wollte ich von Paris aus nach Roquefort telefonieren, fragte den Postbeamten nach der Vorwahl. Der lachte nur höhnisch. Inzwischen weiß ich natürlich, daß dieses Roquefort zu den Landes gehört, daß es »Rokefor« gesprochen wird. Das »R« rollt wie Steine, das »k« knallt hart, das »e« bleibt klein und ohne Glanz, das »r« rumpelt schwach nach. Und so wirkt sie auch, diese steinstarke Festung, die noch immer entschlossen scheint, Bedrohliches aus ihren Mauern herauszuhalten – allerdings glaube ich nicht, daß aus diesem Grund kaum Touristen dem wie mildes Moos wilde Felsen bedeckenden Charme nachspüren. Kampfbereit scheint die Kirche Notre-Dame-de Roquefort mit ihren Schießscharten noch heute. Trotzklotztürme wachen. Romanik und Gotik haben ihre wuchtigsten Elemente verschränkt. Im trutzigen Festungsgraben wächst hier Gras, da Gemüse, spielen oft possierliche Katzen, spazieren zärtliche Liebespaare ... – der auf den ersten Blick so rauh anmutende Ort zeigt auf den zweiten Blick ein heiteres Herz.

Das Wahrzeichen von Mont-de-Marsan: der Wehrturm.

Bei der *Course landaise* fließt eher Menschen- als Tierblut, obwohl statt eines wilden Stiers eine mindestens ebenso wilde Kuh dem Sport dient. Kein mörderischer Matador mit Degen tritt ihr entgegen, sondern Springer *(sauteurs)* und Ausweicher (*écarteurs)* reizen sie. Eine Jury bewertet Geschicklichkeit, Eleganz und Mut der hochtrainierten menschlichen Teilnehmer. Leider haben Touristen für diese unblutige Variante des Stierkampfs nicht das richtige Verständnis, weshalb die Veranstaltungen immer häufiger mit Ulkerei und Clownerie aufgepeppt werden.

Vokabular zum Mitreden in der Arena

aficion	Leidenschaft für Kämpfe mit Hornvieh
alguaciles	Schiedsrichter bei der Corrida
corrida	Stierkampf, der mit Töten des Tieres endet
Course landaise	Kuhkampf, bei dem die Kuh nicht getötet wird
Course mixte	touristischer als die *Course formelle,* nach dem »klassischen« Teil kommen die Clowns
cuadrilla	Begleitgruppe des Matadors
écarteur	Akrobat, der bei der *Course landaise* nur durch Körperdrehung und Hüftschwung den Hörnern der rasenden Kuh ausweicht
muleta	das rote Tuch
novillada	Stierkampf mit jungen Stieren und jungen Matadoren (findet statt in Hagetmau, Mont-de-Marsan, Parentis, Roquefort etc.)
paseo	Einzug der Matadore mit ihrer *cuadrilla*
rejoneador	Stierkämpfer zu Pferd
sauteur	Artist, der bei der *Course landaise* über die rasende Kuh hinwegspringt
tarde	Ausklang des Festes mit Stier- oder Kuhkampf
tertulia	anhaltendes Palaver über Kämpfe mit Rindvieh
Véronique	Position bei der *corrida*, bei der hinter der *capa* der Matador dem Stier knapp ausweicht (nach dem Schweißtuch der Veronika, mit dem die Heilige Blut vom Gesicht Christi wischte)

Von der Kirche zum Wasser führt eine Straße. Der Estampon sucht in Roquefort die Douze. Vom Brückchen aus sieht man von Bäumen geheimnisvoll gedunkeltes Wasser zwischen Felswänden, die durch stetes Strömen getrennt wurden. Dieser Nordteil des Städtchens wird von Fremden fast gar nicht besucht; die folgen meistens der heftig befahrenen Verkehrsstraße und landen auf dem Markt- und (inzwischen gleichzeitig) Parkplatz. Wer aber den Spaziergang abseits vom Hauptweg wagt, findet wunderschöne Häuser aus dem 18. Jahrhundert (und das Finanzamt).

Und wer der Strömung des Flusses etwa zwei Stunden lang entgegengeht, erreicht eine Stelle, zu der bis vor gar nicht ferner Zeit die jungen Frauen des Ortes pilgerten, um Geschenke wie Schinken und Hühnerfleisch abzulegen. Nahmen die Geister die Gaben, wurden die Frauen fruchtbar – noch vor wenigen Jahren erstrebenswert. Das Fleisch verschwand immer (wahrscheinlich nährten sich die Füchse der Gegend davon). Uralt war die Sitte. Hexen sollen an diesem Ort getanzt haben. Eine Grotte (in dieser Landschaft selten) gab es. Die Grotte ist eingestürzt, der Brauch eingestellt, die Füchse müssen sich anders ernähren, Kinder werden sowieso groß und ziehen weg. Aber der alte Mann, der eine Angel ins fließende Wasser hält, erinnert sich noch gut. Auch er hatte elf Kinder. »Geister haben die nicht allein gemacht«, grinst er. »Ich habe geholfen.« Dann ernst: »Sie sind alle fort, in Bordeaux, in Paris, London, Zürich, ein Sohn sogar in Canberra bei den Känguruhs ...«

Zurück in Roquefort folge ich von der Kirche aus doch der Hauptstraße bis zum großen Platz, betrete ihn noch nicht, halte mich halblinks, stromere durch den neueren Teil, sehe so auch die Arena, die für Tage, an denen eine *Course landaise*, ein Kuhkampf, stattfindet, festlich geschmückt wird. (Eine solche Arena hat in dieser Gegend ziemlich jeder Ort, der etwas auf sich hält.) Nun gehe ich doch auf den Marktplatz, denn im Straßencafé treffen sich Durchreisende und Einheimische, die im kleinen Supermarkt gegenüber oder im großen Supermarkt in der Seitenstraße, im Textilladen an der Ecke, in der Metzgerei, Bäckerei, Apotheke, Post oder Bank ihre Geschäfte getätigt haben. Und hier lerne ich den Bruder des Kuhkämpfers kennen. Monsieur schlürft neben mir seinen Pastis und erzählt mit von starker Bewunderung überdecktem Bedauern von seinem Bruder. »Er hat es im Blut«, sagt er. »Er ist ein *écarteur*.« Aha, ein Akrobat, und natürlich – es ist mir sofort klar – nicht in einem Zirkus, sondern für die *Course landaise*. Tröpfchen davon hat hier fast jeder im Blut. Es muß bei diesem Bruder mehr sein. Ich bin neugierig, bestelle zwei Pastis, lasse mir erzählen: Vierzig Jahre ist der Bruder alt, und seine große Leidenschaft ist es, über Kühe zu springen. Dabei hatte er eine gute Anstellung bei der Post. Da hat er sich frühpensionieren lassen. Seine Frau hat sich von ihm getrennt. Außerdem fehlen dem Bruder drei Zähne und zwei Zehen, dafür hat er vier gebrochene und wieder gerichtete Rippen und eine Kniescheibe aus Plastik. Verdienen tut er kaum etwas mit seiner Berufung, nur manchmal bekommt er ein Auftrittsgeld, hin und wieder sogar ein Preisgeld. Aber er säuft vor allen Kämpfen, denn er hat auch Angst. Aber da kann man nichts machen. Er hat es im Blut, wenn auch verdünnt durch Alkohol.

Informationen: Les Landes – Tips für Trips

Den **Courses landaises** gewidmet sind **Museum und Kapelle von Bascons**. Hier darf man der Heiligen Kuh huldigen. Dokumente, Kostüme, Trophäen sind gegen Eintrittsgeld vom 15. Mai bis zum 15. Oktober zwischen 14 Uhr 30 und 18 Uhr 30 zu besichtigen. Telefonisch anmelden kann man sich unter der Nummer 05 58 52 91 67. Bascons findet man von Mont-de-Marsan auf der N 124 Richtung Grenade-sur-l'Adour fahrend, nach Lartigue abbiegend, zwischen Lartigue und Maurrin.

Les Bandas

Unverzichtbar für Volksfeste, *Courses landaises*, Basket-ball- und Rugby-Spiele wie tausendundeins andere Anlässe sind les Bandas. Diese unermüdlichen Musikgruppen aus 20 bis 40 Menschen, die alt genug oder noch nicht zu alt sind, ein Instrument zu halten, können bei gegebenem Anlaß einen Tag und eine Nacht durchspielen. Die Mitglieder stammen oft zum größten Teil aus den örtlichen Musikschulen und füllen Hallen, Straßen, Plätze mit heimischen oder fremden Klängen, treiben ihre Töne in baskischen, okzitanischen, folkloristischen, jazzigen, südamerikanischen Rhythmus, haben Spaß und machen Spaß. Man kann die Bandas auch pur genießen, also ohne Kühe, Lederbälle und Rummel drumherum, nämlich zu den Nächten der Bandas beispielsweise am 3. Juli in Dax, am 10. Juli in Parentis ...

Sportarten zum Selbermachen in Les Landes

• Mit dem Boot die liebliche Midouze erkunden. Mieten kann man sie im alten Hafen von Mont-de-Marsan, telefonisch im Juli und August unter 05 58 06 90 91 und das ganze Jahr über unter 05 58 06 36 00.

• Boote mieten kann man ebenfalls im Hafen von Dax, um den Adour kennenzulernen. Die Leyre hat viele Haltestationen für Wasserfahrzeuge, während ihre Schwester, la Petite Leyre, die sich bei Moustey mit der großen vereint, den Anglern vorbehalten ist.

• **Zu Pferde** läßt sich die Grande Lande gut erkunden. Einige Verleiher:
Centre équestre Port d'Albret, 40140 Soustons,
Tel.: 05 58 48 26 19
Centre équestre La Petite Leyre, 40410 Belhade,
Tel.: 05 58 07 77 19
Ferme équestre Ous Pins, 40400 Tartas,
Tel.: 05 58 73 40 61

• **Golfplätze** findet man viele, unter anderem in Hagetmau, Tel.: 05 58 79 36 36 (40 Francs pro Tag), Mont-de-Marsan, Tel.: 05 58 75 63 05 (160 Francs die Woche), Sabres, Tel.: 05 58 07 51 88

• **Thermal- und Gesundheitsbäder** sprudeln z. B. in Dax (alt wie die Zeitrechnung, mit Wassern gegen Rheumatismus, Arthrose u. a.): BP 177, Place Thiers, 40100 Dax Cédex
Eugenié-les-Bains (empfohlen u. a. von Urologen): Syndicat d'Initiative, 40320 Eugénie-les-Bains
Préchacq-les-Bains (gegen Neuralgien u. a.): Syndicat des établissements thermaux des Landes, BP 364, 40108 Dax Cédex

Museen

• Das **Museum Despiau-Wlérick in Mont-de-Marsan** ist das ganze Jahr (außer dienstags und an Feiertagen) gegen 12 Francs für jeden Erwachsenen und 8 Francs für jedes Kind zu besichtigen. Sondertarife für Gruppen und andere Auskünfte lassen sich telefonisch einholen unter der Nummer 05 58 57 00 45.

• Das **Museum in Solférino** (wo hauptsächlich **Napoleon III**. geehrt wird, aber auch volkskundliche Objekte der Landes ausgestellt sind) hat vom 15. Juni bis zum 15. September vormittags zwischen 10 und 12 Uhr, nachmittags zwischen 15 und 18 Uhr geöffnet. Die Telefonnummer des Museums ist 05 58 07 21 08, aber auch im Rathaus von Solférino werden Auskünfte unter der Nummer 05 58 07 21 08 erteilt.

• Das **Museum für Vorgeschichte in Brassempouy** ist im Juli und August täglich, im Juni und September samstags und sonntags zwischen 15 und 18 Uhr geöffnet. Führungen durch die 1894 entdeckte Grotte, in der das 22 000 Jahre alte und schön gebliebene Antlitz einer Steinzeitdame gefunden wurde, finden zwischen 7. Juli und 22. August montags, mittwochs und freitags um 17 Uhr statt. Auskünfte werden im Rathaus unter der Nummer 05 58 89 02 47 oder vom Anrufbeantworter unter 05 58 89 04 23 erteilt.

• Das **Ecomusée** (Freilichtmuseum) **de la Grande Lande** sollte niemand aussparen, der sich wirklich für Natur und Kultur der Region interessiert. Es ist den Gesamtpreis (Fahrt mit der dampfenden Eisenbahn über das Gelände und Besuch der Häuser) von 65 Francs pro Erwachsenen und 35 Francs pro Kind wert. Es gibt ein Restaurant (Telefon: 05 58 07 50 47 – zur Saison sollte man, will man mittags dort essen, einen Tisch vorbestellen), einen Getränkestand, im Holzofen gebackenes Brot, aber auch Platz zum Verzehren eines mitgebrachten Picknicks. Geöffnet ist es vom 28. März bis zum 1. November. Von März bis Mai, im Oktober und am 1. November schnauft der Zug ab Sabres werktags um 14.30 Uhr, samstags um 14 und um 17.20 Uhr, an Sonn- und Feiertagen und von Juni bis September stündlich zwischen 10.10 Uhr und 20.10 Uhr. Gruppen kann man unter der Nummer 05 58 07 52 70 anmelden.

Erholsam und stimmungsvoll – der Wald von Les Landes.

Wer im fremden Land Schlösser und Kirchen besichtigt, kann über Ereignisse der Geschichte und das Leben der Reichen und Mächtigen vieles erfahren. Wer Menschen kennenlernen will, muß dahin gehen, wo er sie sehen und mit ihnen reden kann. »Volkscharakter« (es gibt ihn statistisch durchaus, nur weicht jedes Individuum ab) läßt sich aus nicht für Touristen gemachter Folklore, aus Trachten, Tänzen, Liedern … und Märchen ablesen. Deshalb möchte ich Ihnen wenigstens ein gascognisches Märchen anbieten. Es handelt von Jeannille, so heißen (das ist typisch!) nicht Königs- oder Grafensöhne, sondern Handwerker- und Bauernsöhne. Unser Held ist zupackend, nicht zimperlich, sehr von sich überzeugt, dennoch bereit, andere mit ihrer Dummheit leben zu lassen – also ein echtes Kind der Gascogne (statistisch gesehen, Ähnlichkeiten mit einer bestimmten Person sind zufällig).

Jeannille, oder – der Abstecher ins Märchenland

Es lebte und webte ein Leineweber, der hieß Jeannille. Er war klug und wußte es. Als er jung war, machte ihn die Dummheit der anderen noch jähzornig. Davon heilten ihn seine Frau und seine Schwiegermutter, und das kam so: Jeannille saß am Webstuhl und arbeitete. Weil er Durst hatte, wünschte er von seiner Frau: »Hole mir am nahen Brunnen einen Krug Wasser, denn Wein ist keiner im Haus.«

Die Frau ging und kam nicht zurück. Jeannille bat seine Schwiegermutter: »Geh und schau, was deine Tochter am Brunnen treibt. Ich sterbe vor Durst.« Die Schwiegermutter fand ihre Tochter sinnend auf dem Brunnenrand sitzend. »Was ist, Kind?« fragte sie. Die Antwort war: »Wenn ich einen Sohn kriege, habe ich keine Wiege. Darüber muß ich nachdenken.« Die Mutter seufzte und setzte sich neben die Tochter, und beide grübelten und schwafelten über alte und neue Wiegen, bis schließlich Jeannille selbst kam und wissen wollte: »Warum bringt ihr mir kein Wasser?« Die Frauen berichteten ihm von ihrer gemeinsamen Sorge. Wütend sagte Jeannille zu seiner Frau: »Du hast keinen Sohn. Keiner steckt in deinem Bauch. Es kann auch keiner hineinkommen, wenn du deinen Mann austrocknest. Mit Weibern, so dämlich wie ihr es seid, mag ich nicht leben. Ich verlasse euch und das Land.« Und er tat es.

Kaum hatte er das Land verlassen, sah er eine Frau, die mit einem dicken Knüppel ihre Sau verhaute. »Warum prügelt Ihr das Tier?« fragte Jeannille. »Dieses Schwein ist so blöde, daß es unter den Eichbäumen wartet, bis die Früchte herabfallen, statt hinaufzuklettern und Eicheln zu pflücken«, keuchte die Frau. Jeannille nahm ihr den Prügel ab, schlug damit einen halben Zentner Eicheln vom Baum, erklärte: »Ein Schwein ist kein Eichhörnchen. Lernt etwas daraus.« Und er wanderte weiter. Aus einem Haus hörte er Geschrei und Geplärre. Er ging hinein und sah einen alten, halblahmen Mann auf dem Tisch stehen. Vor dem Tisch hielt ein junger Mann eine Hose und schimpfte: »Nun spring doch endlich mit beiden Beinen zugleich hinein, Vater. Hundertelfmal bist du schon vorbeigesprungen.« Der alte Mann sprang und stürzte wohl zum hundertzwölften Mal. Jeannille nahm dem jungen

»… wer Menschen kennenlernen will, muß dahin gehen, wo er mit ihnen reden kann.« – ›Kinder‹ der Gascogne am Straßenrand.

Mann die Hose ab und zeigte den beiden, wie man eine Hose anzieht, erklärte: »Eine Hose ist kein Fluß. Lernt etwas daraus.« Und er wanderte einige Schritte weiter.

Dann setzte er sich unter einen Baum und dachte: »Kaum hatte ich mein Land verlassen, schon begegneten mir Menschen, die dümmer waren als meine Frau, deren Mutter und alle meine Nachbarn. Meine weise Mutter hatte recht, als sie mir sagte: Die Welt ist groß, in ihr regieren die Toren. Das wird nicht aufhören, solange sie sich dreht. Es nutzt auch nichts, wenn du versuchst, die Grashalme auf der Wiese zu zählen, den Fluß leer zu trinken, alle Hohlköpfe zu füllen und sämtliche Esel das Lesen zu lehren. Lebe mit den Lebenden, denn allein hält es selbst der Klügste nicht aus.«

Jeannille ging in sein Land, in sein Dorf, in sein Heim, zu seiner Frau zurück und lächelte nur noch heimlich, wenn sich jemand zu dumm anstellte.

Nun können Sie ahnen, was der Mann in der Gascogne denkt, der Ihnen freundlich rät, wie man die Sau zu den Eicheln bringt, der Ihnen bereitwillig hilft, in die Hosen zu steigen, wenn er gleichzeitig verschmitzt (beiseite – wie auf der Bühne) lächelt.

Das Auge trinkt, die Lippen schlürfen – Armagnac

Am Marktplatz von Roquefort muß man die Vorfahrtstraße verlassen, um auf der D 626 nach Saint-Justin zu kommen, und schon ist man im Armagnac, genauer im Bas-Armagnac. Armagnac ist eine Landschaft im weiteren Pyrenäenvorland, aus deren kalkigen und kieseligen Böden kräftige Rebstöcke wachsen, deren Trauben durch Pinienwälder gefilterte Meeresluft vom Atlantik atmen und die Ehre haben, Grundlage für einen wunderbaren Weinbrand zu sein. Nennen Sie ihn nie Cognac, denn damit beleidigen Sie den Kenner!

Ursprünglich siedelten hier Kelten. Im Jahre 53 vor unserer Zeitrechnung wurde »Pagus Armanicus« Teil der römischen Provinz Aquitanien, später Grafschaft mit wegen ihrer Plünderungen gefürchteten Soldaten, den Armagnaken. Und so wird leider die schöne Legende, die hin und wieder im Lande erzählt wird, unglaubwürdig, daß nämlich im 7. Jahrhundert ein Ritter mit Namen Hermann (lateinisch Arminius, was dann zu Arminiacus geworden sein soll), der nach dem Trinken eines besonderen Saftes zu sagenhafter Tapferkeit neigte, Gegend und Getränk den Namen gab.

Unser Thema von den insgesamt etwa 13 000 Hektar Weinbauland soll hier weniger Ténarèze sein, wo auch gebrannt wird, kaum das Haut-Armagnac, das fast vollständig zum Departement Gers gehört, sondern hauptsächlich das Bas-Armagnac, Teil der Gascogne, melodisch durchflossen von Adour und Midour, in Moll von Douze und Gélise, komponiert im Tertiär.

Echter Armagnac wird seit dem 17. Jahrhundert einzig in den genannten Regionen aus Weißweinen bestimmter Rebsorten gewonnen. Der Wein darf keinerlei Zusatzstoffe, nicht Zucker noch Schwefel enthalten. Der Bodensatz wird nicht entzogen, der Rebensaft über Winter in Apparaten aus gehämmertem Kupfer destilliert. Dieser Vorgang muß – so will es die bewährte Tradition – spätestens am auf die Lese folgenden 30. April abgeschlossen sein. Was der Brenner entläßt, ist farblos, hat bis zu 72 Prozent Alkohol, schmeckt roh und rauh, muß in auch heute noch von Hand gefertigten Eichenholzfässern im Keller bei positiven 12 Grad Celsius reifen, entwickelt allmählich Farbe, Geschmack und Duft. Nach zwei Jahren ist der Wilde milder geworden, hat noch 40 Prozent Alkoholgehalt, darf Armagnac genannt werden. Aber längst ist er nicht das, was er werden kann.

Wer auf dem Etikett einer Flasche, in der Armagnac sein soll, das Zeichen XXX findet, sollte diese Flasche nur kaufen, wenn er einen Rachenputzer für harte Gaumen benötigt, wenn er nach einem Lottogewinn dem ungeliebten Chef ein Abschiedsgeschenk machen möchte, wenn er einen Rausschmeißer für besonders hartnäckige Gäste braucht – meine ich; es gibt allerdings sogar drachenblutgurgelnde Fans mit hürnener Mundschleimhaut für dieses Fakirgetränk. XXX auf der Armagnac-Flasche bedeutet, daß der Inhalt knapp zwei Jahre gereift ist. Angemerkt sei, daß bei einem Verschnitt von jüngeren mit älteren Bränden stets das jüngste

Destillat die Appellation bestimmt, daß also hinter einem XXX auch ein Anteil von erwachsenem Armagnac das allzu Ungebärdige zähmen kann.

Für mich beginnt die Genießbarkeit bei VSOP, dem Hinweis auf mindestens vier Jahre Lagerung im Faß, der Genuß bei den Tropfen mit der Garantie für fünfjährige Reifezeit. Was aber wirklich die Geschmacksknospen zum Blühen bringt, das ist Armagnac, der zehn, zwanzig, dreißig Jahre vom Eichenwald träumen durfte. Und man kann ihn bekommen.

In der Anbaugegend Armagnac findet man bereits in Supermärkten eine Auswahl, mehr noch bei den Herstellern selbst. Die hegen manchmal gar Ernten aus der ersten Hälfte des 20. Jahrhunderts in ihren Fässern – ein Kapital, das sich ruhend selbst verzinst. Doch lohnt sich nicht die List, für seine Urenkel einige Flaschen zu kaufen. In Flaschen entwickelt Armagnac sich nicht weiter. Er wird natürlich auch nicht schlechter, wenn man ihn möglichst bei gleichbleibenden 12 Grad verwahrt. Die Flaschen sollten übrigens aufrecht stehen, das Getränk nicht mit dem Korken in Berührung kommen.

Auf Armagnac-Grundlage wird der Floc-de-Gascogne hergestellt. Das ist ein süßer Aperitif, den man auf Früchten mit Champagner als köstlichen Auftakt eines Festmahls in Restaurants bestellen oder daheim servieren kann.

Der Armagnac selbst ist ein Digestif, vorzugsweise also nach dem Essen zu trinken. Kredenzt werden sollte er in Schalen, die Genießer mit den Handflächen wärmen, langsam schwenkend, damit die bernsteinhelle oder herbstlaubdunkle Flüssigkeit das Glas innen an jeder Stelle benetzt, sich in Freudentränen wieder auf dem Grund sammelt, um dann durch kurze, beherzte Schlucke vom Zäpfchen zum Magen befördert zu werden, dabei den ganzen Leib erheiternd. Und anschließend schwebt ein unerklärbarer Duft nach Pflaumen, Veilchen und Vanille im Raum.

Wir aber sind noch in Saint-Justin, gegründet anno 1280. Betritt man die verlockende Kirche des Ortes, riecht es wie in einem modrigen Kartoffelkeller. Dagegen ist auch die breitmäulige Entfeuchtungsanlage aus Blech, die klotzig den Gesamteindruck stört, machtlos. Vor der Kirche kann man eine Tür sehen, durch die selbst ein Liliputaner gebückt gehen müßte. Es ist das *chambre d'arrêt*, die alte Arrestzelle für irgendwelche Sünder.

Die Festungsanlage war einst zweifellos trutzig. Jetzt erscheint sie durch Blumen entschärft. Häuslein stehen im Festungsgraben, und an manchen hängt ein Schild. »A vendre« – zu verkaufen. Hier gibt es keine Industrie. Die jungen Leute sind nicht zufrieden mit köstlichem Armagnac zum trockenen Abendbrot. Ihnen reicht nicht der Reiz der drei achteckigen Festungstürme, der Charme der mit hölzernen oder steinernen Wappenschildern geschmückten ehrwürdigen Häuser.

A vendre scheint auch fast ganz Labastide-d'Armagnac, vier Kilometer östlich von Saint-Justin, 1291 gegründet vom Grafen Bernard IV d'Armagnac und Edward I von England. »Königlich« nennt man den wunderschönen Kirchplatz, der allerdings heute zum Parkplatz degradiert ist. Mindestens einmal im Jahr, nämlich im September, müssen die Autos vor der Stadt bleiben, die Besucher keine hundert Schritte zu Fuß gehen, denn dann findet ein historisches Fest statt, immer zu einem anderen Thema, und man kann sich um einige Dornröschenschlafzeiten zurückversetzt fühlen. Unter den noch von der Gründungszeit gebliebenen Arkaden der Place Royale läßt sich selbst mittags im Sommer die Sonne ertragen, noch kühler ist es in der Kirche. Nach meiner Erfahrung muß man, wenn die Kirche verschlossen ist, nur einige Male die Türe berühren, dann naht aus dem Touristenbüro eine hübsche, lächelnde Fee mit riesigem Schlüssel und gewährt Eintritt. Garantieren kann ich es nicht. Bestehen bleibt selbst hier, wo man glauben könnte, die Zeit stünde still, der Satz aus dem Studentenlied: »Quae mutatio rerum!« – Wie sich die Dinge ändern!

Knapp zwei Kilometer östlich von Labastide wartet die Kapelle von Géon oder Notre-Dame-des-Cyclistes auf Radfahrer und andere Besucher. Dort wurde eine Prunkvilla aus dem 4. Jahrhundert entdeckt, teilweise, vor allem mit Resten ihrer Fußbodenmosaiken, freigelegt. Einige der Steine dieser Villa wurden wohl im 11. Jahrhundert benutzt, um die Chapelle de Géon zu bauen. Die damaligen Bauleute konnten keinesfalls ahnen, was alles noch im Inneren ihres Werkes sich sammeln würde; neben einer Madonna aus dem 16. und einer aus dem 18. Jahrhundert findet man heute schweiß- und ruhmgetränkte Trikots mehr oder weniger erfolgreicher Radler.

Südwestlich von Labastide liegt, höchstens doppelt so weit entfernt wie Géon, das Château Garreau, und im dortigen Musée du Vigneron ist vieles über die Geschichte des Armagnacs zu besichtigen. Gekauft und sogar – was noch wichtiger für den werdenden Liebhaber – vorher probiert werden kann das Feuerwasser dort auch.

In der Gegend findet man in bezaubernder Landschaft mit oft zum Träumen einladenden Ansiedlungen ohne große Mühe immer wieder kleinere Armagnac-Brennereien. Auch dort wird man Probetröpfchen bekommen, ehe man sich für den Kauf entscheidet. An manchen alten Häusermauern erkennt man von außen bei genauem, suchendem Hinsehen einen schwachen Belag. Das sind Pilze, die nur dort entstehen, wo über viele Jahre Armagnac hergestellt wird.

Umkreisen Sie weiter Labastide. Sie werden vieles entdecken. Villeneuve-de-Marsan beispielsweise hat nicht nur eine alte Wehrkirche, in deren Innerem Fresken aus dem 16. Jahrhundert vom Leben der heiligen Katharina künden, der Ort ist außerdem mit berühmten Restaurants ein Ziel für Feinschmecker. Verschweigen möchte ich, tue es aber nicht, daß immer wieder mittwochs mit Stopfleberständen Einkäufer auf den Markt gelockt werden.

Das zauberhafte Schloß von Ravignan empfehle ich lieber als den Markt mit den Produkten aus Geflügelqualen. Es ist von außen und innen betrachtenswert. Und es werden von Madame Ravignan manchmal hörenswerte Konzerte und sehenswerte Ausstellungen organisiert.

Lassen Sie im Land des Armagnacs das Auge trinken, was die Wimper hält, die Lippen schlürfen, was der Magen hält. Lassen Sie die Seele baumeln und die Sinne taumeln, fühlen Sie sich wie ein schwebender Engel, aber fallen Sie nach Möglichkeit nicht um. Der Armagnac hat einen kleinen Kobold in sich, der lange lieblich kitzelt und plötzlich kräftig pufft.

Nicht selten anzutreffen – der Wiedehopf.

Informationen: Für Hobbyköche

Hobbyköchen und Leckermäulern sei mitgeteilt: Armagnac verfeinert Saucen. Mit Armagnac kann man flambieren.
Wer die Adressen von **Feinschmeckerrestaurants** in den Landes einschließlich Bas-Armagnac haben möchte, wende sich an die
Association des cuisiniers landais C.C.I.L., 293, avenue Maréchal Foch, 40000 Mont-de-Marsan.
Auch **Kochkurse** werden angeboten, beispielsweise über
[i] Les Hôteliers du Sud Adour, Mairie de Mugron, 40250 Mugron.

Probieren Sie als Nachtisch *Tourtière à l'Armagnac*, eine Blätterteigpastete mit Armagnac.
Mehr über die kulinarischen Produkte Aquitaniens steht in einem Sammelwerk mit Hinweisen auf die Kochkunst der Regionen. Man bekommt es und auf Anfrage auch weitere Auskünfte beim
[i] Comité Aquitaine de Promotion des Produits de l'Agro Alimentaire, 57, cours Xavier Arnozan, 33000 Bordeaux.
Übrigens kann man auch über den **Armagnac** mehr erfahren, sogar Bezugsquellen, etwa bei der
[i] Domaine départemental d'Ognoas, 40190 Arthez d'Armagnac.
Und probieren Sie die in Armagnac eingelegten Trockenpflaumen aus dem Agenais.

Lot-et-Garonne, Dordogne und Périgord

Umweg zu den Pflaumenbäumen – Agen an der Garonne

Suchen wir die Pflaumen zum Armagnac. Vermuten wir sie zuerst in Agen an der Garonne. Samstags findet man sie auf dem Markt vor dem Rathaus. Je nach Jahreszeit gibt es an den Ständen Blumen, Maronen, Pilze, Muskattrauben, Pfirsiche, Pflaumen und andere Produkte aus dem vom Klima gesegneten Umland. Trockenpflaumen und Wein allerdings bekommt man immer. Erreicht haben wir die Hauptstadt des Departements über die N 113, und weil wir klug waren, haben wir gar nicht erst versucht, in der Innenstadt einen sowieso teuren Parkplatz zu finden, haben das Auto gratis an der Esplanade du Gravier abgestellt, von wo es mit großen Scheinwerferaugen die Garonne sehen kann. Zum Kern des Ortes sind es nur wenige Schritte.

Beim Bummeln durch die Altstadt sehen wir üppige Gärten und einige hübsche Häuser, *maisons à colombage*, Fachwerk mit Ziegeln gefüllt. Hier wohnten vielleicht vor über zweihundert Jahren Gerber, Handschuhmacher, Segeltuchweber – inzwischen sind diese Berufe *passé*. Die Menschen sind freundlich, reden gerne mit dem Fremden, und wenn er ihre Sprache versteht, hat er auch etwas davon.

Früher war wohl manchmal die Freundlichkeit heftiger gefordert, angegriffen, strapaziert in der Stadt. Als im 9. Jahrhundert wilde Wikinger Inseln vor der aquitanischen Küste besetzten, plündernd durch das Land zogen, erstürmten sie nicht nur Bordeaux, sondern im Jahre 864 auch Agen. Sie waren nicht als Touristen gegen die Strömung der Garonne gekommen mit

Fast orientalisch wirkt die Kathedrale von Périgueux mit ihren vielen Kuppeln.

Typische *auberge* an einer Landstraße im Lot-et-Garonne.

ihren Drakkars, den schnellen Booten mit Drachenköpfen – deshalb wird der Drache an romanischen Bauwerken in Aquitanien noch heute als sichtbares Zeichen des Bösen verstanden. Während der Religionskriege im 16. und 17. Jahrhundert hatten reformierte Untergrundkämpfer in Agen einen Stützpunkt, und auch die Kriege im 19. Jahrhundert spielten der Stadt übel mit. Die nachfolgende Kontinentalblockade ruinierte Agen schließlich als Handelsstadt.

Intellektuell war es auch sehr lebendig im Renaissance-Städtchen. Der Dominikaner Matteo Bandello schrieb hier seine 214 Novellen, darunter die mit jener Geschichte, aus der Shakespeare dann die Liebestode von Romeo und Julia unsterblich machte. Auch Lope de Vega, Alfred de Musset und Gabriele d'Annunzio übernahmen von ihm Stoffe für ihre Träume. Ebenfalls wohnten hier die Scaligers. Jules-César, Arzt und Rabelais-Gegner, schuf eine Poetik, die auf Opitz und Klopstock wirkte. Sein Sohn Joseph-Juste wurde 1540 in Agen geboren und anschließend ein Humanist, Sprachgelehrter, Historiker und Astronom von Bedeutung. Erwähnt sein soll, daß auch der Naturwissenschaftler, Schriftsteller und Politiker Lacépède (1756–1825) in Agen zur Welt kam.

In jüngerer Zeit sind es vor allem zwei Autoren, die mir im Zusammenhang mit Aquitanien bemerkenswert erscheinen: Jacques Boé, genannt Jasmin, der *poète officiel de la Gascogne* (1798–1864), und Jacques Amblard (1884–1954). Das Besondere an den beiden: Sie verfaßten ihre Werke in Okzitanisch.

Von den kriegerischen und geistigen Kämpfen merken wir wenig, wenn wir an der Garonne entlangspazieren, den Boule-Spielern zuschauen, die über einen gelungenen Wurf wie satte Säuglinge lächeln, die nach einem mißlungenen Wurf weder sich noch anderen die Haare raufen. Irgendwie verstehen wir, daß die Stadt Agen 1990 die seltsame Auszeichnung »glücklichste Stadt Frankreichs« bekam. Es stellt sich allerdings die Frage, ob Glück für Zuschauer auf Dauer spannend ist. Vielleicht ist es bei einem langen Urlaub ansteckend – das wäre doch was. Und es wäre einen Forschungsauftrag wert, zu untersuchen, wie eine ganze Stadt glücklich wird.

Wir haben beim Spaziergang den Pont-Canal erreicht, eine 1843 fertiggestellte, 539 Meter lange Brücke auf 23 Bögen, die den Canal Latéral über den Fluß Garonne führt. Dieser Kanal, auf dem die Schiffe neben der Garonne fuhren, wo der Fluß das Befahren nicht erlaubte, galt lange als konkurrenzloser Höhepunkt des Wassertransportwesens. Heute ist er für Touristen da, die sich beispielsweise am Quai de Dunkerque ein Boot mieten. Wir verlassen den Canal Latéral, überqueren den Boulevard, wählen die Rue Raspail, gelangen zur Cathédrale Saint-Caprais, deren harmonische Fassade mit interessanten Skulpturen und rhythmischen Säulen ringsum, dazu mit einem gotischen Portal im Westen, sehr schön ist. Vom Haupteingang der Kirche im Süden wenden wir uns nach rechts, biegen links in die Rue Arago ein, die an der Place Barbes in die Rue Cornières übergeht. Auf dieser traditionellen Geschäftsstraße kann man auf beiden Seiten unter Arkaden wandeln bis zur Place des Laitiers, die ebenfalls von Arkaden umgeben ist. Jetzt noch ein Stückchen die Rue des Juifs entlang, und wir sind an dem Ziel, das jeder Besucher von Agen unbedingt ansteuern sollte: das Museum!

Das ist nun wahrlich kein Provinzmuseum. Bereits die Place du Docteur-Esquirol, wo es sich wie auch das Theater Ducourneau und das Rathaus aus dem 17. Jahrhundert befindet, ist die Reise wert. Untergebracht ist das Museum in vier prächtigen Villen aus dem 16. und 17. Jahrhundert, die wir vorerst nur von außen bewundern, denn wir wissen, daß die Sammlung nicht im Eiltempo zu genießen ist. Wir verschieben unseren Besuch auf den nächsten Tag und überlegen (vielleicht in der »Crêperie l'Aubade«, nicht weit vom Museum bei Notre-Dame-du-Bourg, der aus Ziegeln erbauten Kapelle mit einer eigenartigen Glockenunterbringung), ob wir edel und teuer im »Hotel-Château des Jacobins« übernachten wollen (dazu müßten wir 05 53 47 03 31 anrufen, könnten auch einige Blicke auf die aus Ziegelsteinen errichtete Eglise des Jacobins werfen, die nicht so heißt, weil die Jakobiner sie als Gefängnis nutzten, sondern weil man in Frankreich die Dominikaner *Jacobins* nennt) oder ob wir preiswerter im »Hôtel des Ambans« (05 53 66 28 60) oder gar hinterm Kanal in der Jugendherberge nächtigen (05 53 66 18 98; man könnte mit dem Bus hinfahren, die Haltestelle heißt Léon Blum).

Und am nächsten Vormittag betreten wir das Musée des Beaux-Arts durch den Eingang im Hôtel d'Estrades. (*Hôtel* heißt hier Villa.)

Es würde wirklich den Rahmen dieses Buches sprengen, die spannenden Objekte auch nur kurz zu benennen, die sich hier finden lassen. Mittelalterliches, im Keller auch die Ketten für Straftäter (denn hier war einmal das Stadtgefängnis), Funde aus der Römerzeit (darunter im vierten Saal des Hôtel de Vaurs eine Sammlung, die von Leben und Tod römischer Damen in Gallien berichtet), Tapeten, antike und neuere Tonarbeiten, Möbel aus fast allen Epochen, Porzellan, Apothekergefäße, Ätzungen und Einlegearbeiten in Kristall des in Agen geborenen Honoré Boudon de Saint-Amans im Hôtel Montluc … Das Wichtigste aber sind Bilder, Bilder, Bilder im Hôtel de Vergès und im Hôtel Montluc: Flämische Schule, Schüler Raffaels, Goya, Dufy, Impressionisten … Schauen Sie selbst diese Schätze!

Und dann kann man Agen mit einem glücklichen Lächeln verlassen.

***Pigeonnier,* Taubenschlag, im Lot-et-Garonne – einer von hunderten in den Tälern von Baïse und Gélise.**

Der Obstgarten Aquitaniens – Pays d'Albret

In der historischen Provinz Gascogne, verwaltungstechnisch im Departement Lot-et-Garonne, in den Pays d'Albret, den Ländern der Familie Albret, deren berühmtester Sohn als Henri IV König von Frankreich wurde, wachsen die berühmten Pflaumen, die *Pruneaux d'Agen*, aber auch Pfirsiche – an den Ufern des Lot liegt der Obstgarten Aquitaniens.

Eine Legende berichtet, daß die pflaumenblau vom Baum baumelnden Eier von den Templern aus Palästina eingeführt worden seien, von Herren jener »Armen Ritterschaft Christi vom Salomon« mit dem roten Kreuz auf dem weißen Gewand, die so reich geworden waren, daß König Philipp der Schöne von Frankreich ihnen aus Neid Vorwürfe etwa der Unzucht, den Prozeß und schließlich den Garaus machte. Der Templerorden verging, doch die Pflaumen blühen in jedem Frühjahr neu auf einer Fläche von rund 7000 Hektar an den Ufern des Lot.

Wer sich pflaumenschlau machen möchte, muß im Musée du Pruneau von Granges-sur-Lot beginnen. Sie finden das Pflaumenparadies an der D 911 (zwischen Tonneins und Villeneuve-sur-Lot). In allen Räumen des Museums locken leckere, klebrige Schrumpfköpfchen, und für die Steine stehen Spucknäpfe bereit. Im Prospekt wird extra auf den »Bloc sanitaire moderne«, also auf moderne Toiletten, hingewiesen. Und wenn Sie zum Ende des Besuchs noch nicht genug haben, können Sie im Verkaufsraum weiter köstliches Zwetschgenfleisch, versteckt in Schokolade oder badend in Armagnac, probieren.

Natürlich gibt es auch von Schmausemusen inspirierte Variationen an gaumenschmusendem Pflaumenmus. Überhaupt: Was man alles mit Fantasie und frischen oder getrockneten *prunes* zubereiten kann, erfährt man beim Reisen in weiteren Kreisen ums Museum herum. Die Früchte vertragen sich mit vielen Gewürzen, tauchen in Pralinen und Kuchen, in geistigen Getränken und fleischlichen Speisen, süßen wie sauren wie salzigen, in Saucen und Dosen auf. Empfehlenswerte Spezialitäten der Region sind *Lapin aux Pruneaux*, Kaninchen mit Pflaume, und *Dinde Farcie aux Pruneaux*, Putenragout mit (nun raten Sie mal, womit!).

Besuchen Sie also Ort um Ort zwischen Pflaumenplantagen, lassen Sie Villeneuve-sur-Lot nicht aus, wo seit 1962 im Vorort Bias viele Algerier leben, die im Befreiungskrieg auf französischer Seite kämpften. Sie erwecken im Straßenbild des Städtchens eine optische Täuschung von Internationalität. Wirklicher ist die Place Lafayette mit Arkaden und geschichtsträchtigen Häusern und alten Laternen, die bei Dunkelheit mit sanftem, süßem, quittengelbem Schein leuchten. Mehr als Pflaumen duften in der Rue des Haras Äpfel, und zwar solche, die nicht weit vom Pferd fallen. Hier ist nämlich eine Pferdezucht zu besichtigen. In den Boxen schnauben Sieger großer Rennen. Aber auch wer nicht bereit ist, einen Blumentopf für ein Pferd zu geben, wird Freude haben an den schmucken Ziegelbauten.

Bei einem Besuch im Pflaumenland sollten Sie Monflanquin nicht übersehen, eine Bilderbuchbastide, ungefähr 17 Kilometer von Villeneuve auf der D 676 entfernt.

Nérac, der Hauptort des Pays d'Albret – Bilderbuchblick über die Baïse auf die Altstadt (Seite 56/57).

Klöpplerin im Village du Bournat westlich von Les Eyzies.

Auf Fotopirsch – Kirche mit »Schwalbennest«, eines von vielen lohnenden Motiven am Wegesrand.

Auch Pujols ist zwar klein, doch oho. Zum Ort gelangt man von Villeneuve-sur-Lot aus, indem man die Stadt bei der Tour de Pujols verläßt, einem Wachturm am Südausgang, der leider stark vom Zahn der Zeit benagt ist (die Tour de Paris, sein restauriertes Gegenstück, wacht seit einigen hundert Jahren im Norden). Nach etwas mehr als zwei Kilometern kann man dann durch das Stadttor aus dem 15. Jahrhundert, das gleichzeitig Glockenturm ist, Pujols betreten und ist auch sofort auf der Place Saint-Nicolas, wo eine Markthalle seit dem Mittelalter Verkäufer und Käufer (natürlich auch von Pflaumen) empfängt. In wenigen, winzigen Gassen künden schöne Häuser mit gepflegten Gärten vom Reichtum der Bewohner. Was man sich aber auf keinen Fall entgehen lassen darf, ist der Ausblick, den man vom Stadttor aus über den Lot und die ihn säumenden Pflaumenbäume hat.

In einer Biegung des Lot liegt Lustrac mit einer im Jahre 1296 erbauten Mühle. Und in Penne d'Agenais wohnen, schaffen und verkaufen Künstler und Kunsthandwerker.

Und dann gibt es noch an der N 21 in Richtung Agen Saint-Antoine-de-Ficalba, einst Station der Pilger, mit interessanten Holzarkaden. Und bei diesem Ort in einem Tal das schöne Château de Fontirou. Und daneben die Grotten von Fontirou, bestehend aus sieben Sälen, die man unter der Erde hintereinander mit ihren Stalaktiten und Stalagmiten wie ein Feenreich bestaunen kann. In diesen Höhlen fand man den Eckzahn eines Säbelzahntigers und andere urige Knochen. Das inspirierte zu einem *Zoo préhistorique*, in dem Sauriermodelle in ihrer einstigen Größe aufgebaut sind. Was für ein Glück, daß Bracchiosaurus ausgestorben ist, denn er würde wahrscheinlich sämtliche Bäume der Pflaumenplantagen in kürzester Zeit weggeweidet haben.

Nur 15 Kilometer weiter auf der D 212 in Richtung Sainte-Colombe erreicht man die Grotten von Lastournelle, Tropfsteinhöhlen, die zum Träumen einladen.

Nun soll aber keiner glauben, ich hätte das Lot-Tal ausführlich beschrieben. Es gibt noch ge-

Informationen: Der Obstgarten Aquitaniens

[i] Wer im Land der ungezählten Obstgärten ruhigen Urlaub verbringen, dabei das Familienleben der Albrets, die für Frankreichs Geschichte wichtig waren, kennenlernen, möglicherweise Tagesausflüge nach Mont-de-Marsan, Bordeaux, Bergerac, Toulouse, Auch oder gar Lourdes (alle außerhalb von Lot-et-Garonne) machen möchte, bekommt Listen von Campingplätzen, Jugendherbergen, Bauernhöfen, steinalten und betonneuen Hotels beim
Comité Départemental du Tourisme de Lot-et-Garonne, 4, rue André-Chénier, B. P. 158, 47005 Agen Cédex (Tel. 05 53 66 14 14/Fax 05 53 68 25 24).

Abstecher: Automatenmuseum
Wenn Sie doch schon in der Gegend sind, können Sie sich ein paar schnurrig schnarrende Stunden in der »Abtei für Automaten« machen. L'Abbaye des Automates liegt so etwa zwischen dem Pflaumenmuseum und der Zigarettenmetropole – die Adresse: L'Abbaye des Automates, 47320 Clairac (Tel. 05 53 79 34 81). Im Gebäude am Ufer des Lot schnurren, klingeln, rattern, zucken, wackeln ungefähr 250 Figuren. Speziell für Kinder sind es Zauberer, Fee und andere Märchengestalten, aber wahrscheinlich haben die Kleinen wie die Großen auch Spaß an Mönchen und weiteren mittelalterlichen Szenen, zum Teil aus der lokalen Tradition.

Informationen: Mit dem Hausboot unterwegs

von Otmar Steinbicker

Die Einweisung an der Bootsstation in Agen verläuft knapp, aber präzise und in deutscher Sprache. Nach gelungener Anlegeübung übergibt der Vermieter die Schlüssel, und Gepäck und Proviant können an Bord der *Pénichette* verstaut werden.

Ein wahrer Höhepunkt der Reise ist schon nach wenigen hundert Metern erreicht: die Kanalbrücke über die Garonne. Die schmale Wasserstraße verläuft auf einer riesigen Brücke hoch über dem Fluß.

Dann aber heißt es arbeiten. In einer endlos erscheinenden Schleusentreppe wird der Kanal zu Tal geführt. Und an jeder Schleuse müssen zwei Mitfahrer hinausspringen, sich an den Sprossen einer Eisenleiter die Schleusenwand hochhangeln und das Boot an Tauen halten, während die Wassermassen aus der Schleusenkammer schießen, bis der Wasserstand des Talschleusentors erreicht ist.

Der Anstrengung folgt die Erholung. Gemächlich tuckert das Boot auf dem nun schnurgeraden Seitenkanal der Garonne – genau die richtige Therapie gegen Alltagsstreß. Nur der Käpt'n kümmert sich jetzt noch um das Fortkommen, für den Rest der Besatzung ist ein Sonnenbad an Deck angesagt.

In Buzet lockt ein Abstecher auf den kleinen Fluß Baïse, der seit wenigen Jahren auf einer Länge von 45 Kilometern wieder schiffbar gemacht wurde. In unendlich vielen Windungen eröffnet dieser Fluß immer neue Perspektiven, und verträumte kleine Orte am Ufer laden zur Besichtigung ein. **Vianne** zum Beispiel, das im Hundertjährigen Krieg von den Engländern in quadratischer Form als militärische Bastide angelegt wurde, oder das wesentlich ältere **Nérac** mit seinen mittelalterlichen Gassen, den wunderschönen Renaissancehäusern und dem Schloß der Könige von Navarra (s. S. 65). Und was gibt es Schöneres, als abends in einem kleinen Restaurant am Hafen zu sitzen und die Küche wie die südliche Atmosphäre zu genießen.

Abenteuer Marktplatz: Köstlichkeiten (hier Meeresfrüchte) gibt es für jeden Anlaß.

Südwest-Frankreich ist ein beliebtes Ziel für Hausboottouren. Ein Netz von 200 Kilometern Wasserstraßen durchzieht allein das zentral gelegene Departement Lot-et-Garonne, und wem das nicht reicht, der findet von hier aus Anschluß: auf dem Seitenkanal der Garonne und auf dem Canal du Midi bis an die Küste des Mittelmeers. Auch wer noch nie das Steuerruder eines Schiffes in der Hand gehalten hat, darf in Frankreich sein eigener Skipper sein. Im Unterschied zu Deutschland wird kein Sportbootführerschein verlangt.

Pénichette, »Lastkähnchen«, so werden die flachen Boote gern genannt, auf denen je nach Größe bis zu zwölf Personen Platz haben. In diesem schwimmenden Domizil ist der nötige Komfort auch für längere Reisen zu finden. Die Kabinen haben große Fenster und ausreichend Stauraum, allerdings sollte man statt sperriger Koffer besser Sport- oder Reisetaschen mitnehmen. Da Betten überall dort eingebaut wurden, wo es irgend möglich ist, gibt es neben dem komfortablen Schlafzimmer auch schlichte Einzelbetten im Durchgang. Alle Betten sind aber groß genug und auch mit komplettem Bettzeug ausgerüstet. Das Bad ist relativ geräumig. Für die Warmwasserversorgung sorgt der Schiffsmotor. Bis zu zwölf Stunden bleibt das Wasser warm. Die Bordküche entspricht dem Standard einer Ferienwohnung. Geschirr, Besteck, Gläser und Töpfe sind in ausreichender Zahl vorhanden. Trotz allem Komfort wirken die Boote keinesfalls klobig und sind überdies bedienungsfreundlich.

[i] (Anbieter)
Locaboat Plaisance GmbH, Ludwigstr. 1,
79104 Freiburg, Tel. 07 61/38 10 85, Fax 07 61/38 11 56.
Kuhnle-Tours, Nagelstr. 4, 70182 Stuttgart,
Tel. 07 11/16 482-0.
Hausboot Böckl, Dachauer Str. 78, 80335 München,
Tel. 089/54 29 01 09.

Angeboten werden unterschiedliche Boote für zwei bis maximal zwölf Personen. Die Mietpreise sind nach Bootsgröße und Saison gestaffelt und liegen in der absoluten Hauptsaison zwischen 2400,– und 5500,– DM pro Woche, in der Nebensaison zwischen 1800,– und 4500,– DM und sinken weiter außerhalb der Saisonzeiten. Der Mietpreis schließt die Ausstattung mit Geschirr und Bettzeug ebenso ein wie Versicherungen und technische Hilfe. Zusätzlich wird eine Betriebskostenpauschale nach Motorstunden erhoben.

Urlaub wie im Bilderbuch – Hausboottour auf der Baïse.

BAISE
BAISE

nug zu entdecken, etliche schöne Orte, die auf Besuch warten. Nennen will ich jedoch noch, um den Kreis aus Pflaumenkernen zu schließen, Le Temple-sur-Lot, im 12. Jahrhundert von Templern bewohnt, die allerdings nicht so oft Pflaumen klauen und kauen konnten wie wir Fahrenden der Gegenwart, denn die eigentliche Tradition des Anbaus und der Verwertung des traumblauen Obstes begann erst im 16. Jahrhundert.

Pflaumpfederpferse

Ach, wärst Du eine Pflaume aus Agen
Und ich ein Armagnac in meinem Alter,
Ich würde Dich umspülen und durchdringen
Und mit Dir blaue Liebeslieder singen.

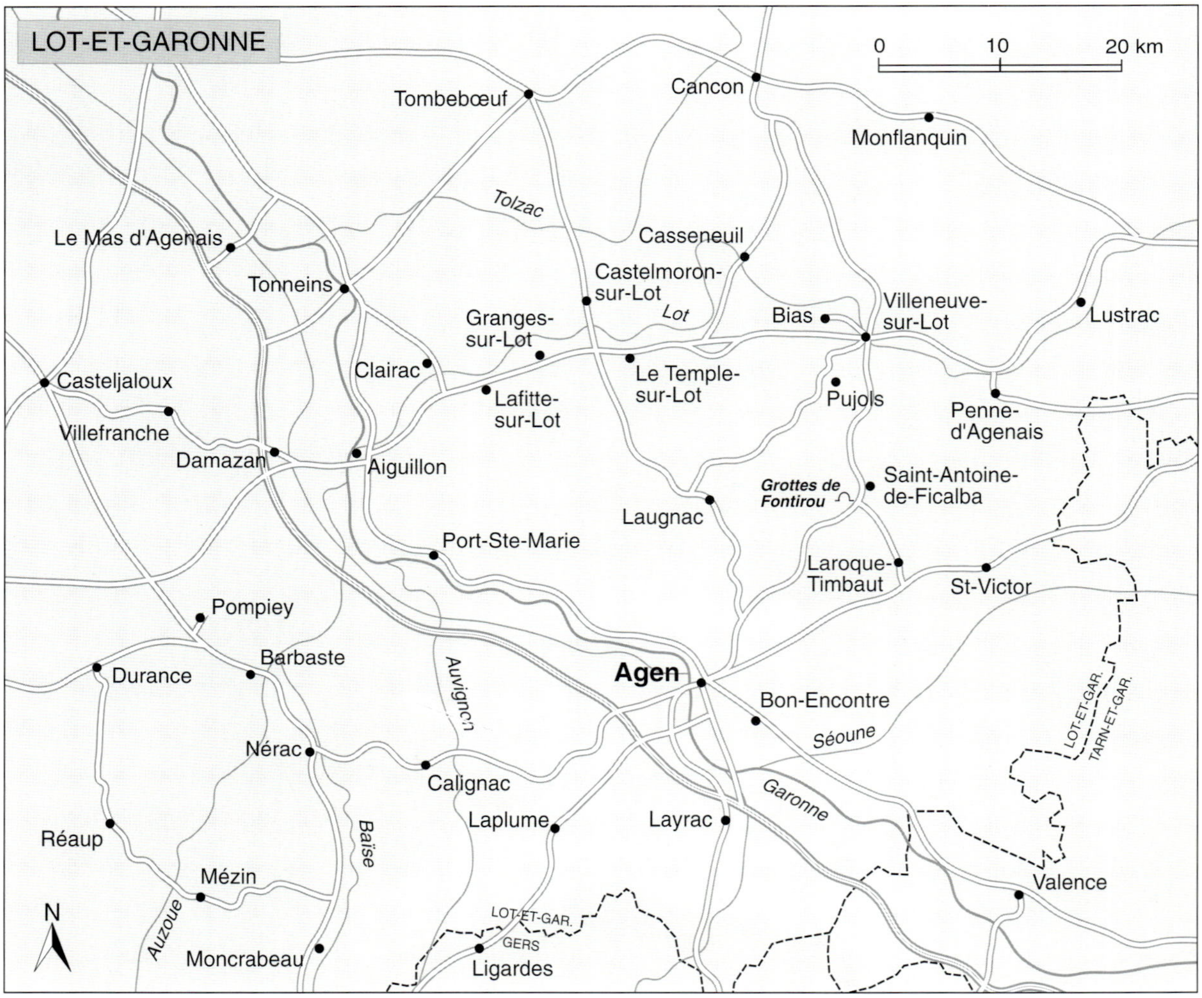

Heimat der Gauloise

Gauloises und Gitanes sind die berühmten Zigarettenmarken Frankreichs. Das Wort *Gitane* ist abgeleitet von *Gitan* = Zigeuner. *Gaulois* bedeutet nicht nur gallisch, sondern auch gepfeffert, saftig, derb; *l'esprit gaulois* ist der gallische Witz, und *une gauloiserie* ist eine Zote.

Würde man von Agen auf der N 113 nach Aiguillon fahren, dort vielleicht die hübsche Fassade des Schlosses anschauen, dann weiter in Richtung Marmande sich bewegen, käme man nach Tonneins, der Hauptstadt der Gauloise. Seit 1721 hat die Stadt die königliche Erlaubnis zur Tabakverarbeitung, und inzwischen werden dort jährlich mindestens 10 Milliarden Zigaretten hergestellt, Gauloises und Gitanes. An die 3000 Tonnen Tabak aus Aquitanien, dem Elsaß und natürlich aus Osteuropa, Afrika, Südamerika und Asien werden dafür fermentiert und gemischt. Manche Maschinen spucken 8000 Zigaretten pro Minute aus, und Nikotinfreunde wie -feinde können die Herstellung bis zum Päckchen voller gelungener Lungenpatronen besichtigen. Absprachen zum Besuch trifft man unter der Telefonnummer 05 53 84 11 00.

Die »Weltmetropole der Lügner« und andere Schätze

Nein«, sagte Lisa. »Du kennst das Land der Familie d'Albret nicht, solange Du nur zwischen Lot und Garonne nach Pflaumen gesucht hast.« Recht hatte sie, denn südlich der namengebenden Flüsse – so erfuhr ich – flirtet die charmante Baïse mit ihren Ufern, küßt Nérac, ehe sie ab Lavardac, der alten Bastide, mit der Gélise vereint in die Garonne fließt.

Um mir das und vor allem Nérac zu zeigen, lotste Lisa mich von Bélis nach Saint-Justin und weiter auf der D 933 bis zur D 665 über Boussès hinaus. Daß in Boussès die Kirche aus dem 15. Jahrhundert und der Friedhof, gegen Lebende befestigt und mit Schießscharten bewehrt, durchaus einen scheuen Blick wert ist, war mir auf dieser Reise nicht klar. Überhaupt entdeckt man bei jeder Fahrt Neues, auf dieser war es erst einmal Durance.

Eigentlich wollten wir uns nur eine kleine Pause mit Milchkaffee und einem Croissant zum Stippen (ein französisches Frühstück) gönnen, und dann wanderten wir in diesem kleinen, verschlafenen Ort von Turm zu Turm (es sind noch zwei), weckten Hunde, die laut bellten, so wenig bissen wie die dräuenden Mauerreste, die vollständig im 13. Jahrhundert ganz bestimmt Feinde erschrecken konnten. Eine Frau ließ sich vom Kläffen aus dem Haus locken, schaute ungeniert neugierig, doch freundlich. Ein alter Mann mit Baskenmütze grüßte grinsend und mehr gütig als höflich. Psst! Weckt Durance nicht auf. Es sieht so friedlich aus.

Dabei war es in seiner Jugendzeit zu kämpferischer Verteidigung bereit. Hier stiegen die Herren von Albret ab, wenn sie im Wald und Moor des Parc de Durance jagen wollten, natürlich auch Heinrich von Navarra, der spätere Henri IV von Frankreich. Einmal soll, erzählte mir ein Kenner der Gegend in Moncrabeau, Henri sich, als er zu Pferd ein Wildschwein verfolgte, verirrt haben. Die Nacht überfiel ihn, so berichtete der ältere Herr, und Henri erreichte sehr erschöpft die armselige Hütte des Köhlers Capchicot (sogar der Name ist bekannt und wurde genannt). Frau Capchicot sei übrigens knackjung und wildschön gewesen … Und – echte Französin – ihre Kochkunst wird noch heute gerühmt; sie servierte dem abgerissenen und unerkannten Fremden einen frischen, zarten, delikat zubereiteten Wildschweinbraten, nachdem er versprochen hatte, es »*Grand-Nas*« (*Grand-Nez* = Großnase – so nannten die Untertanen König Henri in der Region) unter keinen Umständen zu verraten, denn dem einfachen Volk war die Wildschweinjagd strengstens verboten.

Einige Tage darauf erkannten sich Capchicot und Henri in Nérac auf dem Markt. Des Köhlers Furcht war unberechtigt, denn »Grand-Nas« bat ihn an seine Tafel und erwiderte die erlebte Gastfreundschaft nach den besten Kräften seiner Köche und befreite schließlich alle Köhler von sämtlichen Gebühren auf dem Markt von Nérac.

Nahe bei Durance an der D 154 steht übrigens, so sagte mein Gewährsmann, das Château de Capchicot. Es sei, so sagte er, im 16. Jahrhundert neben der Kate des Köhlers und für ihn erbaut worden und ist immer noch oder wieder in Privatbesitz. »Und alles für einen Wildschweinbraten?« fragte ich. »Cherchez la femme«, lächelte der Erzähler faltig und französisch. Doch Lisa und ich waren noch nicht in Moncrabeau, nicht einmal in Nérac, verließen Durance ohne Enttäuschung, aber durstig, weil wir keinen Kaffeeausschank gefunden hatten.

Den fanden wir auf unserem Weg nach Nérac in Barbaste, kurz nachdem die D 665 zur D 655 geworden, kurz bevor wir den Fluß Baïse erreicht hatten. Und hier trafen wir wieder auf Wehrhaftes – diesmal eine Mühle! Diese Anlage aus dem jederzeit zur Verteidigung bereiten 13. Jahrhundert wird »Tours de Barbaste« genannt, denn sie wird bewacht von vier Türmen (*tours*) unterschiedlicher Größe. Später, in Moncrabeau, erfuhr ich den einleuchtenden Grund: Der Müller hatte halt vier Söhne, einen langen, einen kurzen, zwei dazwischen, und für jeden Sohn baute er den passenden Turm. Eine Brücke aus der gleichen Zeit mit zehn Brückenbögen gehört ebenfalls zu Barbaste.

Ganz nah (genaugenommen ein Stück zurück) ist Pompiey mit einer Kirche aus dem 11. Jahrhundert und dem Château de Guillery, das Eigentum der Familie Dudevant war. Sie kennen die Familie nicht? Auch nicht die Dame, die 1822 in Paris den Baron François Casimir Dudevant heiratete? Ihr Mädchenname war Aurore Dupin. 1825 und 1826

lebte sie einige Monate hier. Sie spazierte unter Pinien und Korkeichen, zwischen deren Nachkommen auch heutige Besucher rätsellösend lustwandeln können, was man nachlesen kann in *Histoire de ma vie*, dem Buch, das sie unter ihrem Künstlernamen George Sand schrieb.

Wir verließen die fast touristenfreie Gegend und erreichten, von der D 655 rechts auf die D 930 abbiegend, bald Nérac. Auch diese Großstadt mit wenig mehr als 7500 Einwohnern ist an Wochentagen nervenschonend, hat höchstens an Sonn-, Feier- und Ferientagen bemerkbar viele Besucher. Dabei kann sie nicht nur Royalisten bezaubern.

Marguerite d'Angoulême, Königin von Navarra und Großmutter des immer wieder genannten Henri, wählte die Stadt an der Baïse für ihren Hof. Aquitanien hat bedeutende Frauen. Natürlich ist Aliénor die unbestrittene Königin des Nordens. Für mich ist Marguerite die Königin des Südens! 1527 heiratete die in Angoulême geborene Schwester des französischen Königs François I (Franz I.) zum zweiten Mal, und zwar einen Henri d'Albret. Sie war eine hochgebildete Frau, hatte Kontakte zu den großen Geistern ihrer Zeit, beispielsweise zu Rabelais, war selbst eine bedeutende Lyrikerin. Als Autorin bekannt ist sie bis in die Gegenwart durch *Das Heptameron*, die Sammlung von 72 durch eine in Sarrance angesiedelte Rahmenhandlung verknüpfte Novellen.

Eine ganz besonders hervorragende Eigenschaft der königlichen Autorin aber war ihre Toleranz. Sie blieb katholisch, gewährte trotzdem Glaubensflüchtlingen Asyl – auch an ihrem Hof in Nérac. Und so wurde dieser Hof Sammelpunkt wichtiger Philosophen und Poeten ihrer Zeit. Toleranz und Bildung gab sie weiter an ihre Tochter Jeanne und ihren Enkel Henri – auch wenn sich wahrscheinlich solche Ideale von Generation zu Generation abschleifen.

Auf Marguerites, Jeannes und des jungen Henris Spuren darf wähnen zu wandeln, wer durch den im 16. Jahrhundert entlang der Baïse angelegten königlichen Waldpark La Garenne mit seinen Brunnen und Skulpturen streift, wie Lisa und ich es taten. Neben dem heiter plätschernden Brunnen Saint-Jean erwartete uns in Stein gehauen von Daniel Champagne eine der hübschesten Wasserleichen der Welt, »Fleurette noyée«, die ertrunkene Fleurette. Fleurette war – erzählte mir später der Mann in Moncrabeau – die rehschöne Tochter des königlichen Gärtners, drei Jahre jünger als Prinz Heinrich. Kurz nach ihrem 16. Geburtstag begegneten sich hinterm Rosenstrauch unterm Pflaumenbaum die Jungfrau aus dem Volk und der Jüngling aus dem Schloß. Die beiderseitige erste Liebe war groß, heiß, wild und ohne Zukunft. Sie verlor Hymen und Leben, letzteres am 22. August 1592, wie sich in der von Isaac Pérés aufgeschriebenen Chronik Néracs nachlesen läßt.

Ungewöhnliche Perspektive – die Kirche von Nérac.

Es ist weder bei Tag noch bei Nacht kaum möglich, in Nérac das Schloß zu übersehen. Es beherrscht auf angenehme Weise die Stadt. Auf seinen breiten Stufen läßt es sich rasten. Wir umkreisten es mehrmals, denn es ist von allen Seiten betrachtenswert. Letztlich entschieden wir für uns, daß die Südseite mit der Arkadengalerie besonders reizvoll, das Betrachten der Ostseite aber, weil man dabei die Baïse im Rücken spüren kann, besonders erholsam ist. Für an Architektur Interessierte sei noch darauf hingewiesen, daß dieses Schloß den Anfang der Renaissance in Frankreich eindrucksvoll manifestiert. Natürlich gingen wir auch hinein, beschauten Ausgrabungsfunde, die von Galliern und Römern in Nérac künden, Möbel aus Heinrichs Zeiten, Bilder aus dem 16. und 17. Jahrhundert, aber auch solche von uns zeitlich näheren Künstlern wie etwa Turner und Vernet.

Anschließend stromerten wir einfach in der Stadt herum, ließen unsere Augen erst von der neuen Brücke, dann von der alten Brücke weiden, wurden im Maison du Tourisme von einer eifrigen Dame auf Moncrabeau hingewiesen, speisten in einem kleinen Restaurant preiswert und schmackhaft auch frische Steinpilze als eine Spezialität der Gegend, probierten in einer Ausstellung der »Chocolaterie La Cigale« in der Rue Calvin Numero 2 Süßes, sahen Magnolien vor dem Rathaus, Zedern, gepflegte Blumen in öffentlichen Anlagen, sahen aber auch in Freiheit gewachsene Pflanzen an Mauern und in Winkeln, dachten uns aus, wie es gewesen sein mag, als die Gerber in der Rue Séderie am Fluß mit Fellen hantierten, als aus dem Lagerhaus an der Schleuse von fleißigen Menschen Schiffe beladen wurden …

Wir hätten uns für 30 Francs pro Person eine Stunde von einem kundigen Führer auf der Baïse im eckigen, luftigen Schiff fahren und uns das alte Nérac, den königlichen Park und vieles mehr, vor allem fast alles über Prinz Henri, erklären lassen können, aber bei diesem Trip taten wir es nicht. Allerdings lohnt die Bootsfahrt durchaus. Jedoch legt das Schiff nur ab, wenn mindestens sechs Erwachsene zum Zahlen bereit sind. Im Juli und August ist die Tour sogar abends möglich, Abfahrt 22 Uhr am Quai de la Baïse.

Wir fuhren also an diesem Tag nicht mit dem Schiff, dafür mit dem Auto noch nach Moncrabeau.

Was soll ich über Moncrabeau berichten? Die dortige Kirche hat ein Portal aus dem 13. Jahrhundert, einige schöne Steinhäuser flankieren Spaziergänger in wenigen engen Gassen, Schwimmen, Wandern, mit dem Kanu auf Wasser und mit dem Fahrrad querfeldein fahren macht um den Ort herum Spaß, Tennis-, Boule-, Golf- und Campingplätze, Hotel und Restaurant mit feiner Traditionsküche der Gascogne, im Rathaus ein Museum für gutgeschnittene Grimassen gibt es ... – das alles können, dürfen, sollen Sie mir glauben!

Spielplatz Natur – auf dem Weg nach Brantôme.

Wenn ich Ihnen weiterhin erzähle, daß sich der Himmel verdunkelte, weil ein gewaltiger Vogel niederkam, um vor Lisas Füßen ein goldenes Ei zu legen, daß Obelix mir kameradschaftlich auf den Rücken haute und ich drei Wochen lang nur noch 80 Zentimeter groß war, daß gebratene gallische Wildschweine mit Messer und Gabel hinter den Ohren im Brunnen voller Rotwein badend auf uns warteten, daß Feen für uns tanzten, die tolle Margarethe uns ihre 73. Novelle erzählte und Gargantua einen Zentner Walnüsse mit Schalen mampfte, daß die drei Musketiere uns ihre unveröffentlichten Abenteuer vorspielten mit Gesichtern, beweglicher als frische Gummihandschuhe, dann sollte ich Ihnen zusätzlich verraten, daß die etwa 800 Einwohner den Beinamen ihres Ortes »Capitale Mondiale des Menteurs« (Welthauptstadt der Lügner) mit Stolz als Ehrenbezeichnung entgegennehmen.

In Moncrabeau wird alljährlich am ersten Sonntag im August von der Akademie der Lügner bei einem Lügenfestival der Lügenkönig feierlich ermittelt und geweiht, außerdem in jedem dritten Jahr die Weltmeisterschaft im Grimassenschneiden ausgetragen, und das seit dem 18. Jahrhundert mit wachsendem Erfolg. Die »Académie des Menteurs« hat vierzig Damen und Herren zu Mitgliedern, deren Tracht sehr feierlich und sehr rot ist.

Flunker- wie Fratzenfest sind international. Den Austragungsort und den Stein der Wahrheit kann man zu jeder Jahreszeit besichtigen. Zu den Wettbewerben sollte man sich als Aufschneider, Lügner, Märchenerzähler, Maulverzerrer, Nasenfalter, kurz als Teilnehmer, aber mehr noch als Schaubummler und Horchlustiger rechtzeitig anmelden, denn beispielsweise hat die angenehme Campinganlage am Ufer der Baïse zwar Fernsehen, Fahrräder, Kanus, bietet samstags ungelogen ein gascognisches Gratisfrühstück, jedoch nur 40 Stellplätze.

Ausflug in die Pays de Duras

Von der Familie d'Albret und dem berühmten Henri wurde berichtet. Nérac ist vorgestellt und – in anderem Zusammenhang – Agen. Villeneuve-sur-Lot hat als ein Etappenziel der Tour de France zusätzliche Bekanntheit gewonnen. Ehe wir das Departement Lot-et-Garonne endgültig verlassen, sollen noch einige Hinweise auf die Pays de Duras im Nordzipfel des lieblichen Obst- und Gemüsegartens, auf der Landkarte über Marmande, gegeben sein. Die Familie Durfort von Duras war während des Hundertjährigen Krieges englandtreu gewesen, bezahlte dafür mit Verlust von Gütern und Exil. Aber Louis XI vergab 1476 großzügig, ließ die Familie auf ihren Besitz zurückkehren. Sie dankte es damit, daß sie dem französischen Königshaus einige diplomatische und militärische Talente schenkte. Stolz war die Familie auf ihre Verwandtschaft mit dem Papst Clemens V., ich aber finde, daß Emanuel-Félicité im 18. Jahrhundert der bemerkenswerteste Sproß des Geschlechtes war. Emanuel-Félicité war anerkanntermaßen ein begnadeter Faulpelz, der seine gesamte Kraft nur einsetzte zum Schlemmen, Verführen und Prahlen, es damit bis zum Generalfeldmarschall brachte, ohne je eine Armee befehligt zu haben, um schließlich seinen Marschallstab einzutauschen gegen die Ehre, Mitglied der Académie française zu werden, ohne je eine literarische oder wissenschaftliche Zeile geschrieben zu haben. Das nenne ich Karriere! Ihm ist ein in seinem Landstrich bekanntes Epigramm gewidmet:

»Phoebus lui dit: je te fais maréchal;

Mars lui donna sa place à l'académie.«

(»Phoebus [Apoll, der Gott der Künste] sagte ihm: Ich mache dich zum General;

Mars [der Gott des Krieges] schenkte ihm seinen Platz in der Akademie.«)

Stammsitz dieser Familie ist Duras mit weniger als 1500 Einwohnern, erreichbar über die R 110. Vom Sonnenkönig Louis soll der Satz stammen: *»Si je n'avais Versailles, je voudrais avoir Duras.«* (»Besäße ich nicht Versailles, würde ich mir Duras wünschen.«) Auch ich wäre mit Duras an der Dropt zufrieden. Es ist ein hübscher, ruhiger Ort mit einem sehenswerten und gegen Eintritt besuchbaren Schloß, dessen Bau im 12. Jahrhundert begonnen wurde.

In der Umgebung sind Esclottes mit einer bereits 1076 genannten, im 13. Jahrhundert rekonstruierten Kirche, mehr noch Eymet, eine 1271 gegründete Bastide mit einem schönen Brunnen aus dem 17. Jahrhundert auf der Place des Arcades, und das herrlich gelegene Lauzun des Anschauens wert.

In das Schloß von Lauzun darf man leider nicht hinein. In diesem Schloß wurde 1632 Antoine Nompar de Caumont als Herzogskind mit dem Aussehen einer gehäuteten Katze, der Stroh aus dem Kopf wächst (so kann man zeitgenössische Berichte zusammenfassen), geboren. Dieser Jüngling entsprach einem Geschmacksanteil des Sonnenkönigs Ludwig und wurde für einige Zeit dessen Günstling.

Aber auch Damen des königlichen Hofes fanden den hergezogenen Herzog mit der traurigen Gestalt niedlich, sogar solche, die der Machthaber als sein Eigentum betrachtete, darunter gar die sonnige, königliche Nichte. Das Schlimmste aber war, daß der Strohkopf sich erwischen ließ, was den Hofstaat entrüstete. Eine unstandesgemäße Ehe zwischen zwei ihm nahestehenden Personen unterschiedlichen Geschlechtes mochte der prächtige Ludwig nicht dulden, doch Lauzun und das edle Fräulein trauten sich ohne Trauung, was aber nicht taugte, denn er war flatterhaft, und sie war eifersüchtig. Die vornehme Geliebte starb 1693. Der Herzog heiratete zwei Jahre später als 62jähriger eine (der Sage und der Schreibe nach) hübsche 15jährige, die wahrscheinlich hoffte, bald als angesehene Witwe zu überleben. Der häßliche Herzog Antoine Nompar de Caumont von Lauzun jedoch wurde 90 Jahre alt.

Und dieses Schloß der gewonnenen und zerronnenen Lieben, der Leidenschaften, die zum Brunnen gingen, bis sie zerbrachen, dieses Schloß ist für Besucher nicht offen. Schade. So gern hätte ich mit geschlossenen Augen im ehemaligen Schlafzimmer vorsichtig die lustgeschwängerte, tränengewürzte Luft geatmet.

Informationen: Tips für Trips im Lot-et-Garonne

Für Feinschmecker

• Wenn Sie im Lot-et-Garonne Zeit verbringen, wenn Sie dazu Feinschmecker sind, der Schnecken nicht verachtet, besuchen Sie im Agenais zwischen Juni und September Bernadette und Liliane Barran, Hameau de Serres, 47480 Bajamont (Tel. 05 53 67 54 53).

• Wenn Sie Ziegen und deren Käse mögen, müssen Sie auf der RN 113 von Agen aus etwa 10 Kilometer Richtung Bordeaux zur Familie Bordin fahren, 47450 Saint Hilaire de Lusignan (Tel. 05 53 67 62 08).

• Wenn Sie sich für blonde Kühe (die Rinderrasse *Blonde d'Aquitaine*) interessieren, können Sie ihnen und ihren Produkten an mehreren Orten begegnen, die man erfährt bei Blonde Génétique, B.P. 45, 47002 Agen Cédex (Tel. 05 53 96 00 89, Fax 05 53 96 62 09). Schafe, aber auch Ziegen, dazu alles, was zur Landwirtschaft der Gegend gehört, lernen Sie kennen bei Le Chaudron Magique, 47260 Brugnac (Tel. 05 53 88 80 77, Fax 05 53 88 91 63) nördlich von Clairac.

• Wenn Ihnen das Pflaumenparadies im Pflaumenmuseum nicht reicht, Sie Ihren Pflaumenhorizont erweitern möchten, finden Sie andere Pflaumereien bei den Calmels, Labarthe, 47260 Coulx (Tel. 05 53 88 85 05) an der D 667, aber auch bei Monsieur Jean Marcel Messine im Maison du Pruneau, 47320 Lafitte-sur-Lot (Tel. 05 53 84 04 17, Fax 05 53 84 23 09) westlich von Clairac.

• In Marmande, dem Dorf, das mit nicht einmal 20 000 Einwohnern zur Stadt wurde, der Stadt, die dörflich blieb, deren Historie nicht nur mit Richard Löwenherz verknüpft ist, können Sie berühmte Tomaten (*les tomates de Marmande*) probieren, die guten roten Weine des Marmandais bei der Coopérative de Cocument (Tel. 05 53 94 50 21) kosten und einkaufen.

Räuber als Delikatesse – Hai auf dem Markttisch.

• Sollten Sie Ihre Genüsse ökologisch lieben, müssen Sie die D 706 befahren, um Les Jardins du Dropt, Beaucalais, 47120 Duras (Tel. 05 53 83 75 51, Fax 05 53 83 75 02) zu erreichen, wo man Ihnen garantiert, daß alle angebotenen Gemüse, Früchte, Milchprodukte, Gewürze, Weine, Säfte kontrolliert biologisch entstanden sind.

• Von Duras über die D 668, dann D 227, dann D 145, dann D 124 (was sich länger liest, als es weit ist) erreichen Sie die traditionelle Charcuterie du Terroir, Terre Blanque Moulinet, 47290 Cancon (Tel. 05 53 01 72 46), wo Eliane und Sylvain Jaffrenou das Wissen südwestfranzösischer Großmütter nutzen, um köstliche Ferkeleien und andere qualitätvolle Fleischwaren herzustellen.

Verschweigen will ich nicht, daß es an vielen Orten *foie gras* (die Leber von Enten und Gänsen) gibt, und wenn Sie nicht widerstehen können, besuchen Sie das Musée du Foie Gras, Souleilles Terre du Foie Gras, 47140 Fresprech (Tel. 05 53 41 23 24, Fax 05 53 41 31 90) an der D 710, wo Sie für 15 Francs Eintritt die (ich kann es nicht leugnen) wohlschmeckenden Innereien degustieren dürfen, allerlei über die Geschichte der Lebergerichte, über ihre Zubereitung bei Ägyptern, Römern, Juden, an den fürstlichen Tafeln des 18. Jahrhunderts, aber nichts über die Qual des Federviehs erfahren dürfen.

Reiterferien

Als Pferdefan können Sie etwa 20 Kilometer entfernt von Marmande einen zünftigen Reiterurlaub in der Ferme de Lassence von André Lagardère, 47180 Saint-Sauveur-de-Meilhan (Tel. 05 53 94 32 43) machen.

Die Lügenmetropole Moncrabeau

Wer Moncrabeau besuchen will, sollte sich telefonisch anmelden unter 05 53 65 43 28, oder senden Sie ein Fax an die Nummer 05 53 65 21 78. Das Hôtel Le Phare hat die Telefonnummer 05 53 65 42 08, und das Syndicat d' Initiative, Mairie, 47600 Moncrabeau, vermittelt auch Privatunterkünfte, ist telefonisch erreichbar unter 05 53 65 42 11 und anzufaxen unter 05 53 65 21 78 – und wenn nicht gerade Lügensaison ist, bekommt man in diesem hübschen Ort, der Ausgangspunkt für Erkundungen nicht nur in Lot-et-Garonne, sondern auch im Ger sein kann, ziemlich sicher eine Unterkunft. Am ersten Wochenende im August allerdings wäre jede vorgegebene Sicherheit geflunkert.

[i] Über mehr Schlösser, Attraktionen, Museen, Angelgelegenheiten, Golfplätze, Badeplätze, Ferienwohnmöglichkeiten, als ich hier aufzählen kann, lassen sich Auskünfte einholen im Maison du Tourisme, 4, rue André Chénier, BP 304, 47008 Agen Cédex (Tel. 05 53 66 14 14, Fax 05 53 68 25 42).

Die Regionen des Périgord sind
Schwarz vom Eichenlaub,
Purpurn vom Weinlaub,
Grün durch Felder und Wiesen,
Weiß wegen der Klarheit des Horizontes.

Schätze im Périgord

Es kann, wer mag, die Spurensuche nach aquitanischer Geschichte, die zur europäischen gehört, im Poitou, in Poitiers, vorm heutigen Palais de Justice, in dessen Halle einst die Wilhelme Hof hielten, beginnen. Ich setze diese Reise anders fort, fahre auf der N 10 über Angoulême in das Périgord ein und nach Périgueux an der Isle, Hauptstadt des Departements Dordogne und mit rund 40 000 Einwohnern die größte Stadt im Périgord.

Auch hier wohnten zweifellos bereits zur Steinzeit Menschen. Und um das Jahr 100 unserer Zeitrechnung, als Augustus die Provinz Aquitanien gründete, wurde der Ort nach einer keltischen Göttin Vesunna genannt. Die Siedlung Vesunna umfaßte viel Raum mit vielen Römern und vielen Eingeborenen. Vesunna schrumpfte, wurde christianisiert und Périgueux bedeutungslos, im 11. Jahrhundert dann Knotenpunkt des Pilgerwegs (hier trafen englische Jakobsbrüder aus dem Norden mit ungarischen aus dem Osten zusammen), und so war die Stadt in Reichtum wiedergeboren zur Renaissance (was heutige Besucher mit prächtigen Häusern in der Altstadt, in der Rue Limogeanne und Rue de la Miséricorde, Rue de la Constitution, an der Place Saint-Louis erfreut), wurde im 19. Jahrhundert erneut mächtig aufgeblasen, so daß die Außenbezirke aussehen, wie Außenbezirke von Industriestädten eben aussehen: langweilig und trostlos.

Aber im Kern lohnt das planlose Bummeln. Er ist Fußgängerzone und überschaubar. Man findet darin auch mühelos das Musée du Périgord und die Kathedrale Saint-Front. Saint Front, Namensgeber der Kathedrale, war der Missionar des Périgord: Das Gebäude ist älter als San Marco in Venedig, berichten mit Stolz die Einheimischen. Die byzantinisch aussehenden Kuppeln weisen darauf hin, daß der Bauherr Kreuzfahrer war und die Apostelkirche in Konstantinopel als Vorbild genommen hat. Wie sie allerdings im 12. Jahrhundert wirkte, kann ich mir nicht vorstellen. Die Kirche ist im 19. Jahrhundert von Paul Abadie völlig umgestaltet worden, jenem Architekten, der auch Sacré-Cœur in Paris zu Ruhm verhalf und hier dafür offenbar ein wenig »geübt« hat. Die Lüster im Inneren, die ebenfalls Paul Abadie entwarf und einbrachte, erscheinen – wie vieles an dem Gebäude – zu pathetisch, obwohl sie in passenderem Raum reizvoll wären, es isoliert betrachtet sind.

Das Museum im ehemaligen Augustinerkloster präsentiert manches, auch ein beachtliches Mosaik aus dem 4. Jahrhundert, das wahrscheinlich zur Karolingerzeit renoviert wurde, und aus dem 2. Jahrhundert einen Altar mit Stierkopf für Kybele, die ursprünglich phrygische Göttermutter.

Zwischen der Kathedrale und der Kuppelkirche Saint-Etienne steht die Tour Mataguerre, der letzte von einst 28 Wehrtürmen der Stadt, und dort befindet sich auch das Maison du Tourisme (26, place Francheville, 24000 Périgueux, Tel. 05 53 53 10 63).

Kuppelkirchen findet man im Südwesten Frankreichs mehrere, schließlich haben die Aquitanier ihre Beiträge zu den Kreuzzügen geleistet. Die romanische Eglise Saint-Etienne de la Cité war bis 1669 die Kathedrale der Stadt und gilt als älteste Kirche des Périgord. Sie beeindruckt durch Kargheit, die jedem Detail einen tragenden Ton zuweist. Früher hatte sie vier Kuppeln, zwei davon fielen in den Hugenottenkriegen. Erbaut ist sie über einem ehemaligen Tempel, der dem Mars gewidmet war.

Vom Marstempel waren es wenige Schritte zum Amphitheater. Von der Kirche sind es wenige Schritte zum Amphitheater. Geht man in die entgegengesetzte Richtung, erreicht man bald die Tour de Vésone. Römer mordeten zwar Anführer eroberter Völker, nicht aber Götter. Anders die christlichen Missionare. Die unterwarfen nicht nur Ungläubige, sondern deren ganze Kultur. Eine Bresche in den Vesona-Turm, so wird erzählt, hat Saint Front, der Evangelisator des Périgord, geschlagen. Er wollte die heidnischen Götzen endgültig aus der Welt schaffen, und als die nicht weichen wollten, hob er eines Tages die mächtigste Waffe der Christen, ein Kreuz, gegen den Turm, und – Wumm! – es barsten die 1,70 Meter dicken Mauern. Man begrub den Heiligen später auf einer Anhöhe außerhalb von Vesunna, damit er dem Himmel näher war. Um sein Grab herum siedelten fromme Menschen, bauten sich erst ein Kirchlein, dann an seiner Stelle immer größere Kirchen. Eine zweite Stadt entstand, die sich 1240 mit der alten zu Périgueux verband.

Von Périgueux noch einmal nordwärts gelangt man vom Weißen Périgord ins Grüne nach Brantôme. Der Mais von den Feldern, an denen man vorbeikommt, ist – der Südwestfrankreichkenner ahnt es – zum Stopfen für Enten und Gänse bestimmt. Als Beweis schnattern Herden wunderschöner Gänse fröhlich durch die Gegend, nicht wissend, was sie nach der unbeschwerten Jugendzeit erwartet. Auch Tabak wird angebaut.

Ich erzähle Ihnen das sozusagen auf der Reise von Périgueux nach Brantôme, aber es gilt für das gesamte Périgord: Außer *foie gras* und *confit* (das zur Zubereitung von *cassoulet*, einem schmackhaften Ragout mit Bohnen, unerläßlich ist) erwarten den Gott, der in Frankreich sich gemäß speisen möchte, Maronen, Steinpilze, Walnüsse (aus denen viele Naschereien gezaubert werden, aber auch wunderbares Walnußöl, manchmal noch traditionell kalt gepreßt in Mühlen) und Trüffeln.

Nach dieser kurzen Vorrede sehen wir bereits Brantôme, umspült von der Dronne, denn es ist eine Inselstadt mitten im Strom, und dahinter, am anderen Flußufer, die mächtige Benediktinerabtei, mit der es begann.

Kein Geringerer als Charlemagne, unser Karl der Große, soll es mal wieder gewesen sein, der die Knochen von Saint Sicaire, der ein Sklave des Herodes und trotzdem zum Christentum konvertiert war, im Jahre 796 hier ablegte. Drumherum wurde die Abtei gebaut, und 804 trat dann sogar der Papst persönlich, nämlich Leo III., an, diese Stätte zu weihen. Von der ursprünglichen Klosteranlage steht nur noch ein Glockenturm, Wehrturm gegen die Normannen, schroff auf harten Fels gestellt – karolingisch und frühromanisch.

An den harten Fels hat Jahrzigtausende von innen eine Wasserader gepocht und es irgendwann bis zur Fontaine Saint-Sicaire gebracht, einer mineralhaltigen Quelle, der man Heilkraft nachsagt.

Andere Wasser, unterstützt von Winden, haben über Jahrhunderttausende stetig den Stein benagt, Höhlen und Grotten hineingeknabbert. Die Grotten dienten früher als Vorratskammern, aber auch als Schutzräume, wenn Feinde kamen. Und Christen nutzten die natürlichen Räume, haben rätselhafte Reliefs in die Felswand geschlagen, wahrscheinlich im 15. Jahrhundert – da sieht man Engel und Richter des Jüngsten Gerichts. Eine Kreuzigung ist wohl im 16. Jahrhundert dazugekommen. Zeit hat graue Steingesichter würdevoll altern lassen, ihnen Charakter und zusätzliche Geheimnisse gegeben. Heute finden in der Grotte des Jüngsten Gerichts manchmal Theateraufführungen statt.

Es gibt noch einen Brunnen neben der Abtei, la Fontaine Médicis. Die Kirche steht getrennt vom alten Turm wie die Abtei, in der ein Treppenhaus aus dem 17. Jahrhundert zum ehemaligen Schlafsaal der Mönche führt, ein weiteres Treppenhaus aus dem 19. Jahrhundert zu begehen ist. Wer in letzterem hinaufsteigt, begegnet dem Abt von Brantôme, genauer seinem Porträt.

Dieser Pierre de Bourdeille, Seigneur de Brantôme, war ein toller Hecht; wenigstens behauptete er das selbst in seinen Memoiren, an denen er seit 1589 schrieb, deren erster Band 1665 (51 Jahre nach seinem Tod) unter dem Titel *Vies des dames illustres* publiziert wurde. Ein Vorläufer Casanovas, nicht nur der Damen, sondern des ganzen dargestellten abenteuerlichen Lebens wegen. Er war überall in Europa gewesen und ist mir ein alter Bekannter, weil er einst auch Maria Stuart in Schottland mit seinem Besuch beehrt hatte. Wahrscheinlich haben sich Dich-

Malerische Straßenzeile in Brantôme. Die Stadt, auf einer Insel inmitten der Dronne gelegen, ist während der Renaissance gewachsen.

tung und Wahrheit in dem Werk durchdrungen, aber ein deutliches Bild seiner Zeit liefert es jedenfalls.

Die Stadt Brantôme ist in ihren für den Besucher interessantesten Gebäuden während der Renaissance gewachsen und sehr fotogen. Die Burg Bourdeilles ist nahe, wurde im 13. Jahrhundert auf einem Kalkfelsen an der Dronne gebaut, ist deshalb an ihrem Turm schon von weitem zu erkennen und gleichermaßen fotogen. Einen Ort mit Namen Bourdeilles hat die Burg vor sich hingekrümelt. Wer so weit gekommen ist, sollte unbedingt noch ins Château des Sénéchaux hineingehen, Möbel und Bilder (Renaissance, einige wunderschöne Stücke), die Kapelle und den Empfangssaal ansehen. Daß das Schloß nicht ganz fertig wurde, daß der Empfangssaal den Zweck, für den er prunkt, nie erfüllen durfte, macht nichts. Katharina von Medici hatte damals ihren Besuch angesagt. Dafür wurde das Schloß gebaut und eingerichtet, bis die hohe Dame absagte. Das war Gastlichkeit, die nicht für jeden galt, von der wir heute profitieren.

Noch ein von Brantôme aus besuchenswertes Schloß will ich nennen: Le Château de Richemont, zu erreichen, wenn man von Brantôme über die D 939 fährt und dann nach rechts dem Hinweis auf Saint-Crépin-de-Richemont folgt.

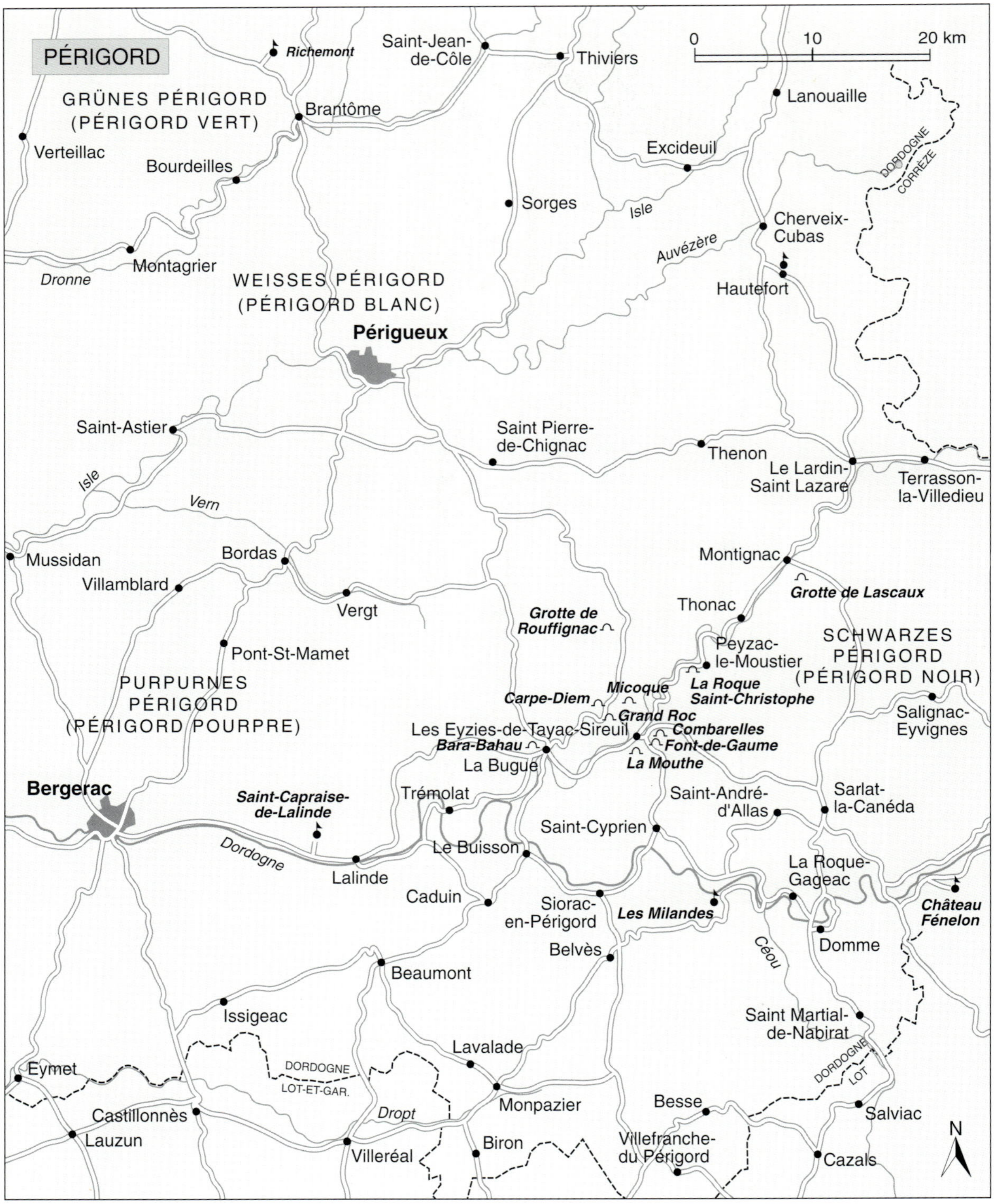
PÉRIGORD
0
10
20 km
Richemont
Saint-Jean-de-Côle
Thiviers
Lanouaille
GRÜNES PÉRIGORD (PÉRIGORD VERT)
Brantôme
Verteillac
Bourdeilles
Excideuil
DORDOGNE
CORRÈZE
Sorges
Isle
Cherveix-Cubas
Auvézère
Montagrier
Dronne
WEISSES PÉRIGORD (PÉRIGORD BLANC)
Hautefort
Périgueux
Saint-Astier
Saint Pierre-de-Chignac
Thenon
Le Lardin-Saint Lazare
Terrasson-la-Villedieu
Isle
Vern
Mussidan
Bordas
Montignac
Villamblard
Vergt
Grotte de Lascaux
Thonac
Grotte de Rouffignac
Pont-St-Mamet
Peyzac-le-Moustier
SCHWARZES PÉRIGORD (PÉRIGORD NOIR)
PURPURNES PÉRIGORD (PÉRIGORD POURPRE)
Micoque
La Roque Saint-Christophe
Carpe-Diem
Salignac-Eyvignes
Grand Roc
Les Eyzies-de-Tayac-Sireuil
Combarelles
Font-de-Gaume
Bara-Bahau
La Mouthe
La Bugue
Bergerac
Saint-Capraise-de-Lalinde
Trémolat
Saint-André-d'Allas
Sarlat-la-Canéda
Saint-Cyprien
Dordogne
Le Buisson
La Roque-Gageac
Lalinde
Caduin
Siorac-en-Périgord
Les Milandes
Château Fénelon
Domme
Belvès
Céou
Beaumont
Issigeac
Saint Martial-de-Nabirat
Lavalade
Eymet
DORDOGNE
LOT-ET-GAR.
DORDOGNE
LOT
Monpazier
Besse
Salviac
Castillonnès
Dropt
Lauzun
Biron
Villeréal
Villefranche-du Périgord
Cazals
N

Die malerisch von Flüssen umgebene »Inselstadt« Brantôme hat ihre Ursprünge bereits im 8. Jahrhundert, als hier eine Abtei enstand.

Köstlichkeiten: Trüffeln

Bekannt im Land und »Schwarzer Diamant« genannt: Trüffel (vom altprovenzalischen *trufa* = Beule, Geschwulst). Trüffeln sind die edelsten Gewürzpilze, selten und teuer. Der Trüffel, nach Gewicht verkauft, ist ein Zehntel des Goldpreises wert. Im Périgord kann die kugelige, warzige, schwarzbraune Périgord-Trüffel (*Tuber melanosporum*) billiger sein. Frisch gibt es sie im Spätherbst. Wer Trüffeln frisch schnabuliert hat, wird konservierte nur noch wie der Teufel die Fliegen essen. Will er dennoch daheimgebliebenen Lieben eine Kostprobe mitbringen, fülle er in ein Glas mit gutem Verschluß trockenen Reis, bette Trüffeln hinein, schütte vorsichtig Reis auf, schließe das Glas fest und luftdicht. So behalten Trüffeln eine Weile ihren urtümlichen Geschmack. Vorgekocht, in Butter oder Wein eingelegt, werden sie oft verwahrt, aber das nimmt ihnen viel. Die beste Zubereitung sei möglichst unaufwendig: Rührei, vorm Servieren mit Trüffelscheiben bestreut; weich gekochte Eier im Glas mit Trüffelstücken; Soße aus wenig Walnußöl, einem Hauch Knoblauch und Trüffeln zu gebratener Hühnerbrust ..., dieser Art sind die Gerichte, die aus Ihrer Mundhöhle einen Festsaal machen. Trüffeln enthalten wertvolle Mineralien, haben einen hohen Proteingehalt.

Trüffelgeschichten

Bereits der Pharao Cheops soll in Gänseschmalz geschwenkte Trüffeln (empfehlenswert!) als Delikatesse geachtet haben. Pythagoras soll, wie nach ihm Claudius Galenus, Leibarzt Marc Aurels, Philosoph auf dem Kaiserthron, Trüffeln als nahrhaft und der Manneskraft dienlich bezeichnet haben. So geriet die Knolle in den Geruch eines Aphrodisiakums. Im mächtigen Rom, kurz vor dem Untergang, weihte man Trüffeln der Liebesgöttin Venus. Ärzte verordneten sie gegen Impotenz, doch waren sie nur für ganz Reiche im reichen Reich erreichbar – und für findige Wildschweine.

Selbstverständlich ließ der genäschige Konsul Lucius Licinius Lucullus Trüffeln zu seinen lukullischen Festen anbieten. Ebenso selbstverständlich wurde der Schlauchpilz, der die Sinne beschäftigt, im frühen Mittelalter von der Kirche als teuflische Ausgeburt der Hölle verdammt. Aber seit dem 13. Jahrhundert wuchs sein Ansehen schneller als er selbst. So wurde er bis heute immer rarer. Anbauen wie Erdbeeren (übrigens auch kulinarische Spezialität im Périgord) läßt er sich nicht. Aber der Trüffel lebt gerne mit Eich-, Walnuß- und Kastanienbäumen, denen er Wasser gibt, dafür Kohlehydrate nimmt. Mit dieser Erkenntnis erleichtert man im Périgord Trüffeln das Wachsen durch Hege genehmer Umwelt. Den Trüffelsuchern helfen schlaue Schweine und kluge Hunde, allerdings mehr Hunde, weil die Schweine zu schlau sind; sie fressen schnell die gefundenen Pilze selbst. Die klugen Hunde haben eine lange Ausbildung im Trüffelschnüffeln hinter sich und lieben ihre Herren mehr als das eigene Wohlbehagen – Liebe konnte halt selbst den weisen Aristoteles verblöden. Und da Trüffeln angeblich die Liebe fördern, schließt sich hier der Kreis.

Abstecher mit Charakteren – Schloß Hautefort

Von Brantôme oder Périgueux sollte man ostwärts einen Abstecher zum Schloß von Hautefort machen. Über den Burggraben führt eine Zugbrücke. Durch die Eingangspforte gelangt man in einen zum Beeindrucken von Gästen gerüsteten Ehrenhof, hat vor sich das Hauptgebäude, sieht Seitenteile, die von kräftigen Rundtürmen flankiert sind. Zwei Pavillons vollenden die perfekte Symmetrie. Mehr gibt es dort zu entdecken. Es ist ein herrschaftliches Schloß mit herrlichem Park. Ausschlaggebend für meine dringende Empfehlung aber sind dort gelebt habende Menschen.

Zuerst nenne ich Bertran de Born, dem mit Bernard de Ventadour berühmtesten Troubadour aus der Zeit um 1200. Bertran besang nicht nur schöne Frauen, er war vor allem »Zwietrachtsäer« – so nannte ihn Dante, der den Machthungrigen in der *Göttlichen Komödie* berechtigt ins Fegefeuer schickt.

1610 wurde hier Jacques-François geboren, den Molière als *Harpagnon* unsterblich machte. Er soll so geizig gewesen sein, daß ihm – berichtet die Marquise de Sévigné – im Sterben die Medizin zu teuer war und er – als man sie ihm zum Sonderpreis anbot – mit den Worten »zu viel« sein Leben aushauchte.

Von der Sonne geprägt – ein Gesicht Südwest-Frankreichs.

Anderen Charakters war Marie d'Hautefort, die von 1616 bis 1691 lebte, mit ihrer Schönheit Louis XIII wie die Männer des Hofes in Paris betörte, Anmut, Frömmigkeit und vielleicht sogar Keuschheit für ihre Intrigen einsetzte, nach und nach doch an Beliebtheit verlor, ins Kloster ging, wieder austrat, um zu heiraten und bald darauf als Witwe barmherzig gegen die Armen zu werden.

Und 1836 wurde im Schloß als Sohn des Verwalters Eugène Le Roy geboren, der früh die sozialen Mißstände wahrnahm. Nach seinem Dienst in der Armee wurde er Steuereintreiber und lernte die Nöte der Bauern kennen. Er schrieb Bücher, aus denen man alles über das Leben der Armen im Périgord im 19. Jahrhundert erfahren kann. Der bemerkenswerteste Roman ist sicherlich *Le Moulin du Frau*, berühmter sind die fürs Fernsehen verfilmten *L'Ennemi de la Mort* und *Jacquou le Croquant*. Le Roy starb 1907. Jacquou le Croquant werden wir noch einige Male im Périgord begegnen:

Jacquou le Croquant erschien zuerst als Fortsetzungsroman unter dem Titel *La Forêt Barade* in einer Lokalzeitschrift. Zufällig las der Senator Alcide Dusolier ein Kapitel während einer Eisenbahnfahrt, war begeistert und sorgte dafür, daß das melodramatische Werk 1897 in Paris publiziert wurde. Die Geschichte spielt Anfang des 19. Jahrhunderts. Die zu einem Schloß gehörenden Bauern werden vom Grafen und dessen Verwalter drangsaliert. Der Vater des Titelhelden tötet den bösen und ungerechten Verwalter, wird zu Zwangsarbeit verurteilt, stirbt ebenso daran wie seine Frau, die Mutter von Jacquou, die vorher den Sohn Rache schwören läßt. Und es geschehen mehr schreckliche Dinge. Jacquou wird eingekerkert, seine Braut Lina in den Selbstmord getrieben, ehe er endlich die Bauern der Nachbarschaft aufruft, das Schloß zu stürmen und anzuzünden. Aus dem Gefängnis wird Jacquou durch die Revolution von 1830 befreit. Sein Leben beschließt er friedlich in dem Dorf, das zum Schloß gehörte.

Jacquou ist erfunden, aber für die Bauern im Périgord lebendig geworden als Kämpfer gegen Ungerechtigkeit.

Spritziges Vergnügen – Kanufahrt auf einem der vielen Flüsse des Périgord.

Kostbarkeiten an den Ufern der Dordogne

Von Brantôme nach Perigueux, dann auf der N 21 erreicht man schnell Bergerac an der Dordogne im Bergeraçois, zum Purpurnen Périgord gehörend, zweitgrößte Stadt im Departement mit Industrie und Wissenschaft; eines der größten Unternehmen im Périgord, die Nationale Pulverfabrik, hat hier ebenso ihren Sitz wie das Forschungszentrum des nationalen Tabakinstitutes. Interessant ist in jedem Fall und sogar für Nichtraucher das Tabakmuseum, in dem man sich über Geschichte des Anbaus, Utensilien für Raucher, Kunst zum Thema ... umfassend informieren kann. Bestimmt sind hier einst (nichtrauchende) Steinzeitmenschen vorbeigekommen. Außerdem darf man an allen Ecken natürlich wieder Wein degustieren, beispielsweise den Saussignac, den Rabelais so süffig beschrieb.

Nach Spuren des Savinien de Cyrano de Bergerac, dieses burlesken Satirikers aus dem 17. Jahrhundert, dessen Nase und andere Waffen Edmond Rostand berühmt gemacht hat, der vielen sofort bei Nennung der Stadt einfällt, sucht man vergeblich, denn er war nie hier, nahm den Zunamen an, weil sein Familienbesitz zufällig auch so hieß. Aber einigen Erinnerungen an Jeanne d'Albret und Henri IV kann man nachgehen.

Fahren wir gegen den Strom neben der Dordogne (man kann es gut mit der Eisenbahn), lernen wir bald Saint-Capraise-de-Lalinde kennen, ein angenehmes ehemaliges Fischerdorf, dessen Häuser sich dicht an den Fluß wagen, und da deren Dächer so steil sind, müßten sie nur wenig verlängert werden, um als Wasserrutschbahnen zu dienen. Vor Lalinde hauste in den Strudeln der Dordogne die Couloubre, eine Fischer und Schiffer verschlingende Seeschlange, die von Saint Front gezähmt wurde, dessen Kapelle noch immer wacht.

Ich schlage nun einen Schlenker vor, der auf der D 660 von der Dordogne weg südwärts über Beaumont, Lavalade bis Monpazier (!!!) und weiter nach Biron führt. Über die genannten wie über viele ungenannte Orte, die auf der Strecke bleiben, wäre Merkenswertes zu berichten.

Ich habe Biron nicht nur wegen des mit seinen Kunstausstellungen begehbaren Schlosses zur Erwähnung ausgewählt, sondern weil im Ort seit dem 13. Juli 1996 ein interessantes Konzept des deutschen Erinnerungskünstlers Jochen Geertz verwirklicht ist. Am Objekt sind auf Emailletäfelchen Aussagen der Einwohner von Biron lesbar gemacht, Aussagen, die den Krieg, das Verhältnis zu den Deutschen, aber auch einfach Gedanken zum Leben betreffen. Ich denke, daß dieses Werk eine besonders gute und sich echter Versöhnung nähernde Aufarbeitung von Vergangenheit ohne Verdrängung ist. Daß dieses Kunstwerk am 13. Juli der Öffentlichkeit übergeben wurde, hat einen durchaus französischen Grund. Am 14. Juli ist Nationalfeiertag. Alle bedeutenden Menschen sind zu bedeutenden Veranstaltungen an bedeutenden Stätten eingeladen. Die kleineren Orte begehen daher oft den offiziellen Teil des Nationalfeiertages ohne jeden Aberglauben schon am 13., damit die wichtigen Redner Zeit zum Besuch haben.

Da ich Sie nun schon wie der Wolf das Rotkäppchen von geraden Wegen gelockt habe, empfehle ich Ihnen, sich eine besondere Überraschung zu bieten: Schlagen Sie sich von Biron auf schmalen Pfaden durch, etwa über Soulaures, Capdrot, Caravelle. Überqueren Sie die breite Schneise der D 770, etwa in Richtung Trappe. Tasten Sie sich eventuell nach Lavidalle durch (von wo man auch Villefranche-du-Périgord besuchen kann, obwohl meine Vorstellung von diesem romantischen Vorschlag nicht dahin zielt), und peilen Sie Besse an.

Auf der gesamten Fahrt werden Ihnen geduckte Häuser mit Ziegeldächern in sämtlichen Rottönen begegnen. Sie werden auf alte Gemäuer treffen, die zum Träumen einladen. Sie durchfahren Felder und Wälder, bis plötzlich zwischen Maronenbäumen Besse auftaucht, übriggeblieben aus dem 11. Jahrhundert, mittendrin ein spitzgegiebeltes Kirchlein mit einem Portal, darüber naive Kunst, Affen und Gaukler und Gott, der gerade Adam und Eva aus dem Paradies verabschiedet, Handschlag für ihn, dem das Apfelbißchen noch in der Kehle kratzt, wie sein Griff an die eigene Gurgel anzudeuten scheint. In der Kirche auf der Empore durften damals in Heu und Stroh die Jakobsbrüder schlafen.

Wählen Sie weiterhin krumme Wege, denn auf die befahreneren müssen wir später sowieso. Von Besse über Campagnac, Segonzac, Bouzic, Gaumier nach Saint Martial de Nabirat. Dann fahren Sie auf der Hauptstraße durch letztgenannten Ort, und plötzlich tauchen sie auf, die beiden Monumente, auf die der Ort stolz ist, weshalb er sich »Village aux deux Monuments« nennt. Da steht gewaltig die hölzerne Faust von Jacquou le Croquant mit der Mistgabel als Waffe, nicht weit davon reckt eine ebenfalls sehr hohe Dame aus Holz spitze Brüste der Sonne entgegen. Die beiden Skulpturen befreite Mic Bertincourt, ein Bildhauer dieser Region, aus ihren Klötzen, Jacquous Faust aus dem Stamm einer zweihundertjährigen Ulme. In den rauhen Rindenärmel hat der Künstler eine Nische geschlagen, in der unser Jacquou klein und im Ganzen auftaucht, darunter ist auf einer Tafel in hoffnungsgrüner Schrift ein Auszug aus dem Roman von Eugène Le Roy zu lesen, in dem es um *Liberté et Pain*, um Freiheit und Brot, geht.

Das Städtchen hat etliches mehr zu bieten, was Sie in Ruhe genießen können, ehe wir uns wieder unter Leute begeben müssen, denn Domme darf man wirklich nicht auslassen.

Fahren wir also einfach die D 46 von Saint Martial bergauf nach Domme. Domme war im Hundertjährigen Krieg die nördlichste Wehrstadt der Franzosen, Monpazier die südlichste der Engländer. Auch Festungen gehören zum Périgord. Die Dordogne war Verteidigungslinie und Grenzfluß im 11. Jahrhundert, und an beiden Ufern, aber auch im vom Strom entfernteren Land, errichteten Engländer und Franzosen Imponierfestungen, Bastiden, die heute, in nichtkriegerischem Zustand, reizvoll für die Betrachter sind.

Die Bastide Domme, hoch wie der Horst eines Adlers über der Dordogne, scheint noch heute kaum einnehmbar. Dennoch haben die Touristen

Zarte Töne in einer trutzigen Bastide – Straßenmusikanten in Domme.

sie so erobert, daß man kaum einen Parkplatz findet, daß auf den Hauptwegen ein schweres Durchkommen zwischen den Menschen ist. Der Charme der Stadt im Schwarzen Périgord ist entdeckt und wie ein von einem hungrigen Ameisenheer eroberter Käsekuchen in Gefahr, kleiner zu werden.

Aber ich kann ebensowenig vom Besuch abraten, wie die Festungsmauern mit ihren drohenden Tortürmen, die seit dem 13. Jahrhundert gewiß Feinden und Freunden Respekt eingeflößt haben, heute abschreckend wirken. Domme ist eindrucksvoll! Außen und innen. Und obwohl es streng begrenzt durch Lage und Mauern ist, klumpen die Touristen und folglich die Andenkenläden sich in der Mitte, so daß Sie beim Spazierengehen Dinge sehen, die denen mit den richtungweisenden Reiseführern in der Hand verborgen bleiben.

Allerdings können Sie sich einige Knotenpunkte nicht ersparen. Nur auf für Fremdenverkehr gebahnten Wechseln können Sie noch einem von Bertincourt geschnitzten Jacquou begegnen, was vielleicht nicht unbedingt nötig ist. Aber den wirklich einmaligen Ausblick auf die Dordogne vom Belvédère aus sollten Sie genießen, sich keinesfalls von vielen Mitguckern vermiesen und verdrießen lassen.

Hübsch und liebevoll betreut ist das Musée d'Art et de Tradition Populaire. Mir gefiel besonders gut ein pfiffiger Schrank: Von außen sieht er aus, als habe er Türen, durch die man höchstens ein Baby schieben könne, dazu Schubladen. Die Schubladen aber sind keine, so daß ein erwachsener Mann, sei er Soldat, Verbrecher oder Liebhaber, sich in dem Möbel verstecken kann.

Von Domme nach Sarlat-la-Canéda ist's nur ein Katzensprung, den Sie allerdings genußvoll auskosten sollten. Und für die wunderbare Stadt Sarlat ist ein eigenes Kapitel unabwendbar.

Edel-Steine: Sarlat

Steinzeitmenschen müssen hier gewesen sein. Aber das, was wir heute in Sarlat sehen dürfen, verdanken wir André Malraux, dessen frühexistentialistische Romane Heldentum preisen, der nach seiner Flucht aus deutscher Gefangenschaft als Mitglied der Résistance auch im Périgord gegen von Faschisten geschickte Soldaten kämpfte, der schließlich als Kultusminister am 4. August 1962 ein Gesetz zur Restaurierung historischer Orte ratifizierte, durch das Sarlat als eine von vier Städten in Frankreich an die Mittel kam, sich neu in alter Schönheit zu präsentieren.

So kommt man also in eine wunderbare mittelalterliche Stadt mit romantisch gekrümmten Straßen und Gassen, an denen auf engstem Raum 68 weltweit als bedeutend anerkannte historische Monumente sich etwas über die Vergangenheit zuflüstern.

Dabei ist Sarlat für südwestfranzösische Verhältnisse gar nicht besonders alt. Gesiedelt haben sollen an dieser Stelle zwar bereits in galloromanischer Zeit Menschen, aber die Stadt taucht erst zu Beginn des 9. Jahrhunderts aus dem Schatten der Geschichte und der Eichenwälder auf, als nämlich Benediktinermönche ein Kloster gründeten, das sich im Jahre 937 den Cluniazensern anschloß. 1147 kam der eilige und heilige Bernhard vorbei und tat schnell ein Wunder. Es herrschte nämlich die Pest, und Bernhard gab den Bewohnern der Stadt geweihtes Brot, und alle wurden gesund.

Auf diese Geschichte weist die Totenlaterne, *Lanterne des morts,* Wahrzeichen der Stadt, hin. Es ist ein eigenartiges Gebäude, interessant und bedrohlich wirkend wie eine plumpe Rakete vor dem Abflug in die ewige Vergänglichkeit. Unübersehbar steht dieser Sankt-Bernhard-Turm hinter der Kathedrale Saint-Sacerdos auf dem ersten Friedhof von Sarlat. Auch die Kathedrale ist eine reizvolle Rätseltante. Als Bischofssitz entstand sie aus der Benediktinerabtei, die aus Resten eines karolingischen Baus wuchs, und sie sieht aus, als habe sie ihren endgültigen Zustand noch immer nicht erreicht. Und über dem Portal warten fünf Statuen auf den Experten, der ihre unbekannte Herkunft klärt. Das Innere der Kathedrale ist prächtig und ansehenswert, vor allem aber hat die von Cliquot gebaute Orgel einen mächtigen und anhörenswerten Klang! Es lohnt sich also, zu den Musikfestspielen nach Sarlat zu reisen. Ebenso zum seit 1962 jährlich durchgeführten Theaterfestival! (Termine erfahren Sie im Office de Tourisme.)

Sie merken es: Ich hüpfe! Ich hüpfe vor Begeisterung in dieser kleinen Stadt Sarlat über Raum und Zeit. Zurück zu Bernhard, dessen Knochen hier verwahrt wurden, bis in den Religionskriegen die Protestanten sie verstreuten. Überall stecken in Geschichten aus der Geschichte Grausamkeiten (und wenn man sich umschaut, stellt man fest, daß sie nicht überwunden sind). Im Hundertjährigen Krieg wurde trotz Pest die Stadt nie von Engländern genommen. Darauf sind die Einwohner noch heute stolz. Einmal plante ein Mann mit dem Namen Donadei Verrat, aber sein Treiben wurde rechtzeitig aufgedeckt, er selbst in einen Sack genäht und in die Cuze geworfen. Nein, nie verloren sie den Kampf gegen die

Sarlat – eine Stadt wie eine Filmkulisse.

Auf engstem Raum erzählen historische Bauten von Sarlats großer Vergangenheit.

Engländer. Allerdings wurde Sarlat wie der ganze Südwesten Frankreichs 1360 im Abkommen von Bretigny Edward III. von England als Entschädigung für dessen Verzicht auf die französische Krone zugesprochen. Bereits zehn Jahre später wurden die Engländer aus der Stadt vertrieben.

Seine Blütezeit erlebte Sarlat im 16., 17. und 18. Jahrhundert, dann schlief es länger als Dornröschen, träumte vom Prinzen, der kam in Gestalt von André Malraux auf einem Amtsschimmel und sorgte für ein Wiedererwachen. Deshalb können wir heute staunend herumschlendern, uns in einer Märchenwelt fühlen oder in einer Filmkulisse – und die war es inzwischen über dreißig Mal. So kann nicht verwundern, daß in jedem November ein audio-visuelles Festival abgehalten wird.

Dabei sind nicht nur alte Zeiten, ganz Sarlat ist richtig erwacht. Konservenfabriken für die Produkte der Region sind entstanden, Industrie produziert und verkauft medizinische Geräte und anderes, der Einzelhandel ist rege, die Tourismusbranche blüht und sorgt für dreißig Prozent der Arbeitsplätze. Unternehmerischem Geist entspricht auch, daß Sarlat im Juli 1989 als erste Stadt überhaupt beschloß, Noten und Münzen der zwölf Mitgliedstaaten der Europäischen Gemeinschaft als Zahlungsmittel anzunehmen.

Sie ist nicht nur historische Stadt, Kunststadt, unternehmerische Stadt, sondern auch eine Stadt für Feinschmecker. Der Besucher sollte sich rechtzeitig einen angenehmen Platz in einem der vielen Lokale suchen, einen mit Ausblick auf das Vorbeitreiben der Menschen oder auf eines der architektonischen Meisterwerke oder in einem malerischen Hof, um von dort mit allen Sinnen einen Abend zu genießen.

Auch dazu lädt Sarlat ein: Abendessen zwischen Wänden, die Geschichte atmen.

Man bekommt im Office de Tourisme ausreichend Informationsmaterial. Und man kann auch ohne Kenntnis aller Zusammenhänge einfach das Leben auf den Plätzen genießen, wo fast immer etwas los ist, Jongleure, Musiker, Clowns gaukeln, immer wieder und vor allem samstags, wenn Markt ist. Man kann Katzen auf den Mauern liegen sehen, kann die Türen und Fenster der Häuser betrachten, sollte seine Blicke nach oben wenden, wo es Laternen, Erker, Winkel, Giebel, Nischen, Statuen, Dächer zu entdecken gilt.

Von einem alten Haus will ich noch erzählen. Es steht gegenüber der Kathedrale und ist ein Prachtstück. Am 1. November 1530 wurde darin Etienne de La Boëtie geboren. Über ihn wird immer berichtet, daß er ein Freund Montaignes war. Das ist auch richtig, und die Freundschaft war eng. Die beiden wollten sogar gemeinsam nach Amerika auswandern. Ebenso richtig ist, daß La Boëtie selbst Gedichte schrieb, mehr noch ein großer Denker war, der mit seinem *Discours sur la servitude volontaire* das erste scharfsinnige und scharfzüngige Pamphlet gegen die »freiwillige« Knechtschaft, einen flammenden Aufruf zur Freiheit schrieb. Mancher mag sich vorstellen, daß die Freundschaft zwischen Montaigne und La Boëtie darin bestand, daß der kleine Etienne den großen Michel verehrte. Doch tatsächlich bewunderte der heute so berühmte den inzwischen wenig bekannten Philosophen, und Montaigne teilte über den drei Jahre älteren Freund mit: »Er übertraf mich mit unendlichem Abstand.« Als La Boëtie am 18. August 1563 an der Pest starb, war Montaigne bei ihm.

Informationen: Andere Schätze des Périgord

[i] Sarlat:
Office de Tourisme, Place de la Liberté, 24203 Sarlat-la-Canéda, Tel. 05 53 59 27 67, Fax 05 53 59 19 44.

• **Hotels** gibt es viele in und bei Sarlat. Es gibt sie zwischen berechtigt dreigesternt bis schlicht. Vor allem wer zur Ferienzeit oder während irgendwelcher Festival-Tage dort übernachten möchte, sollte sich vorher mit dem Office de Tourisme in Verbindung setzen.

• **Camping Les Périèrs**, 24200 Sarlat (Tel. 05 53 59 05 84 und Fax: 05 53 28 57 51) hat 90 Plätze und vier Sterne.

• Ein letzter Hinweis anderer Art: Wer die edel geschichteten Steine leid ist, wer sich an Zwei- und Vierbeinern satt gesehen hat, mag sich eine Weile im **Musée Aquarium de Sarlat** auf der Rue du Commandant Maratuel erholen. Hinter Scheiben schwimmen Fische der Dordogne. In einer volkskundlichen Ausstellung und per Video erfährt der Besucher eine Menge darüber, wie es mit Fischerei und Flußschiffahrt war und ist.

Wandern, Radeln, Paddeln
Die Täler der Dordogne, Vézère, Dronne, der beiden Beune, Isle sind nicht nur wegen der prähistorischen Fundstätten interessant. Es gibt Schlösser, Burgen, Bastiden, Dolmen und abwechslungsreiche Landschaften. Beim Wandern, Radeln, Paddeln (Fahrräder und Boote sind zu leihen) kann man den Menschenmassen entkommen und die Schönheiten genießen.
Nicht steinzeitlich, wenn auch die Bassins in Kalkfelsen geschnitten sind, dennoch sehenswert ist das **Aquarium in Le Bugue,** wo ein Riesenwels Kinder und Erwachsene erfreut. Im **Préhistoparc von Tursac** dagegen ist wieder neolithischer Alltag einen Besuch wert; lebensgroße Szenen zeigen, wie es gewesen sein könnte.

Schlösser im Périgord
Von Sarlat aus zu besuchen sind neben vielen anderen

• **Château Les Milandes**, 1489 erbaut, Mischung aus Gotik und Renaissance, nach dem Krieg Wohnsitz von Josephine Baker, die hier Le Village du Monde, ihr internationales Kinderzentrum zur Überwindung von Rassenschranken, einrichtete, das Schloß schließlich aus Armut verkaufen mußte (und für die Armut muß nicht Josephine sich schämen, sondern alle anderen Menschen) und

• **Château Fénelon** bei **Sainte-Mondane**, einst abwehrstark mit drei Wällen, heute offen für Besucher eines besonderen Bauwerkes aus dem 17. Jahrhundert und des Ortes, an dem am 6. August 1651 François de Salignac de La Mothe-Fénelon geboren wurde, der als Fénelon und Erzbischof von Cambrai, als Erzieher eines Prinzen, vor allem aber durch den für seinen Schüler geschriebenen Erziehungsroman *Les Aventures de Télémaque* (1717 wegen fortschrittlicher Ideen verboten) bekannt ist.

Häuser ohne Mörtel: Cabanes
Architektonische Gegenstücke zu den Schlössern sind die **Bories** oder **Cabanes**. Reste ähnlicher Gebäude sah ich in Italien und in Schottland, aber nur als vereinzelte, zusammengefallene, einzig durch Vorstellungskraft zu Bauten aufrichtbare Steinhaufen. Die **Cabanes du Breuil**, bei **Saint-André d'Allas,** etwa 12 Kilometer von Sarlat, stehen als einzigartiges, eindrucksvolles und gepflegtes Ensemble, als kleines Dorf in der Landschaft. Solche Häuser bauten sich Menschen schon vor 5000 Jahren, aber auch noch Schäfer und Jäger vor etwa 500 Jahren als Unterschlupf. Die Errichtung bedarf großen Geschicks und eines Gefühls für Statik, das uns verlorengegangen ist – auch dieses Gefühl ersetzten unsere Väter durch Rechenschieber, ersetzen unsere Kinder durch Computer.
Steine werden ohne Mörtel, ohne Lehm, ohne jedes Bindemittel fugendicht geschichtet. Zuerst müssen Grundsteine gelegt werden, darauf Stein auf Stein auf Stein, und die Steine müssen sich gegenseitig stützen und zu einem Dach schließen. Die Baumeister der Megalith-Kultur, vor deren Dolmen und Menhiren, deren Kunstwerken wir staunend (beispielsweise in Carnac) stehen, beweisen ihre eigentliche Vollkommenheit in diesen Nutzbauten.
Die Cabanes du Breuil werden bewirtschaftet. Hühner und Gänse ziehen durchs Dorf. Es wird gekocht und gekehrt. Einige der Steinhütten sind kleine Museen, in denen man im Dreivierteldunkel steinalte Gebrauchsgegenstände betrachten darf. Ein Video erzählt Wahrheit und Legenden über *les Cabanes*. Und immer wieder im August wird ein Spektakulum aufgeführt, »La Légende des Cabanes«.

Bauten wie aus der Megalith-Kultur: Cabanes du Breuil.

Urstraße der Menschheit: das Tal der Vézère

Wahnsinn! Dieses Gefühl, mit den Wurzeln des *Homo sapiens*, des *Homo ludens* verbunden zu sein. Hier soll die Kunst entstanden sein. Selbst wenn es nicht stimmt (und seit 1994, nach der Entdeckung der Grotte Chauvet im Tal der Ardèche, haben Zweifel neue Nahrung), bleibt, daß Funde in solcher Dichte wie im Tal der Vézère, Urstraße der Menschheit, nirgends mehr zusammenkommen.

Es bleibt auch, daß die Terminologie der Prähistorie von hiesigen Fundorten geprägt ist, die Kulturen des *Micoquien* nach La Micoque, des *Moustérien* nach Peyzac-le-Moustier, des *Périgordien* nach dem Périgord, des *Magdalénien* nach La Madeleine, sogar der Cromagnontypus nach Cro-Magnon, Teil von Les Eyzies-de-Tayac, benannt sind.

Ob die ersten Maler in der Höhle von Lascaux oder anderswo das erste Pferd porträtierten, ob sich die Technik der Darstellung mit Farben verbreitete oder, was wahrscheinlicher ist, an vielen weit auseinanderliegenden Orten gleichzeitig entwickelte, werden Menschen mit absoluter Sicherheit nie wissen. Man kennt die Grundrichtung, aber jede Entdeckung korrigiert ein bißchen, bis die nächste Entdeckung die Korrektur korrigiert. So bleibt der faustische Wissensdrang erhalten, und das ist wahrlich keine Tragödie.

Man steht und schaut, wie der anmutige Fluß Vézère sich biegt und windet, wie er glitzert und tändelt, unschuldig, jungfräulich tut, dabei hat er sich durch die Felsen gefressen, doch auch die sind schöner dabei geworden, vielfältiger, einsichtiger. Da kann man denken, daß unser Vorfahre Cromagnon, dieser erste Künstler, sich die Landschaft aus ästhetischen Gründen ausgesucht hat. Ich bin sicher, daß der Prozeß umgekehrt verlief. Unser Urahn hat die Landschaft aus praktischen Erwägungen gewählt. Es gab Wasser, Fische darin, am Ufer Wild und eßbare Pflanzen, die Felsen schützten, boten Schlupflöcher gegen Wind und Raubtiere, von oben einen guten Überblick, und wir Erben empfinden das, was den Vorvätern Sicherheit gab, inzwischen als Ästhetik. Die allererste Kunst des Menschen nämlich war – davon bin ich überzeugt – die Kunst des Überlebens.

Noch ein Vorteil der Gegend: Silex, ein kristalliner Quarz, kommt in der Dordogne häufig vor. Aus Silexknollen verfertigte der Cromagnon Werkzeuge. Ich denke, er hatte ursprünglich nicht viel Zeit (obwohl er Zeit, diesen Tick, von dem wir uns heute hetzen lassen, kaum kennen, bestimmt nicht nennen konnte), die Landschaft zu genießen. Er machte nicht Urlaub, pflückte es höchstens, sich eine wärmere Lagerstatt damit zu richten. Es war kalt damals, vor dreißig- oder vierzigtausend Jahren (auf ein paar tausend Jahre kommt es wirklich nicht mehr an), winters durchschnittlich zehn Grad unter, sommers bis zwölf Grad über Null.

Es wuchs nicht Wald, der uns erfreut, sondern Tundra mit mickerigen Birken und Kiefern, Sträuchern und Gras. Aber es lebten neben nahrhaftem Krabbelvieh Fleischdepots wie Mammuts, Wildpferde, Rentiere, Bisons, Rehe, Antilopen, Gemsen, Steinböcke, Tarpans, Kulans (Halbesel), Höhlenbären, Schnee-Eulen, Enten, Schwäne, Gänse, Füchse, Hasen … Geschickte Sammler und Jäger konnten satt werden. Und wenn sich mehrere Jäger zusammenschlossen, organisierten, gemeinsam eine Herde in einen Abgrund trieben, konnten sie unten Fleisch einsammeln und Vorrat anlegen. Das schuf Zeit. Erst kommt das Fressen, dann die Malerei. In diesem Sinne waren Vézère und Dordogne künstlerisch anregend.

Die Menschen wohnten damals nicht in Höhlen, sondern in den Abris, Nischen unter Felsüberhängen. Solchen Schutz nutzten bereits die Vorfahren der Vorfahren in Afrika. Auch die Neandertaler hatten das gleiche Bedürfnis, suchten Abris, möglichst windabgewandt und mit viel Sonneneinstrahlung. Es existierten genug solcher natürlichen Behausungen, so daß die Cromagnon und die gleichzeitig in diesem Gebiet lebenden Neandertaler kaum darum streiten mußten. Es gibt übrigens überhaupt keine Funde, die auf eine Auseinandersetzung zwischen unseren direkten Ahnen und den von der Evolution entfernten Verwandten deuten.

Im Abri Audi und im Abri Chadourne hinterließen Neandertaler ihre Spuren. Im Abri Cro-Magnon in Les Eyzies-de-Tayac-Sireuil (dicht beim heutigen Hotel Cro-Magnon) wurden 1866

Eingang zur Grotte Font de Gaume, einer der schönsten besuchbaren Höhlen. Damit die Wandmalereien nicht beeinträchtigt werden, sind nur Besuchergruppen bis zu zwölf Personen zugelassen.

fünf von Schmuck umgebene Skelette entdeckt, deren Träger, so fand man heraus, einen dem unseren vergleichbaren Schädelumfang hatten und etwa 1,80 Meter groß, also unsere Uropas waren.

Im Tal Gorge d'Enfer, Höllenhals, darf man mehrere Abris besichtigen. Hier fanden Archäologen Steine mit Resten von Bemalung, im Abri Poisson (noch immer im genannten Tal) an der Decke das vor über 20 000 Jahren gestaltete Relief eines großen Lachses (daher die Benennung *poisson* = Fisch). Nicht weit entfernt ist das Oreille d'Enfer, Höllenohr, wo ein Steinblock mit eingravierten Tieren gefunden wurde. Im Abri Pataud hat ein alter Meister einen Steinbock und eine Frau in die Wand graviert. (Die aufmerksamen Leser haben es gemerkt: Wenn hier die Kunst erfunden worden ist, geschah das nach und nach und vielfältig; Forscher fanden und finden heute Dekoratives – oder Symbolisches –, Darstellungen von fruchtbaren Frauen, seltener Männern, Tieren in Malerei, Gravur und Relief.)

Das noch immer über 22 Meter lange Abri Laugerie-Haute lieferte den Prähistorikern 42 erkennbare Schichten und half damit bei der Erstellung einer Chronologie zur Zuordnung von Ausgegrabenem. Vor mehr als 15 000 Jahren war es rund 200 Meter lang und 35 Meter tief, eine große Siedlung, aber irgendwann stürzte die Plattform vor dem Abri ab, und die Menschen zogen um. Die Grotte von Les Eyzies (oder Grotte Richard) wurde 1862 entdeckt und ist ein Meilenstein in der Geschichte der Archäologie, weil sie 1864 Lartet zur ersten modernen (vorsichtig, mit Ziel und Verstand durchgeführten) Ausgrabung veranlaßte. Mag ja sein, daß sich jemand nicht für die Wohn- und Schlafräume ohne WCs und Einbauküchen interessiert, in denen die Vorläufer Picassos lebten, in denen unser aller Gene gemischt wurden. Doch selbst ein solcher Mitmensch, und hätte er nur einen Staubbelag von Fantasie auf unbeleuchteter Seele, wird beeindruckt sein, wenn er die Felswände sieht und mit schwach schwelender Vorstellung sich erinnert, daß daran Menschen sich bewegten.

Tief hat die zarte Vézère ihr Bett gegraben. Fast 80 Meter über dem Ufer ragt der von der UNESCO zum Weltkulturerbe erklärte Roque Saint-Christophe. 900 Meter lang soll die Wand sein. Auf fünf Etagen gibt es mindestens hundert von Urströmen hergerichtete Unterkünfte. Bis zu 3000 Menschen konnten an dieser Wand arbeiten, denken, essen, lieben, schlafen. Bäume und Sträucher in Grüntönen zwischen Gelb und Blau ließen nicht zu allen Zeiten die Wand leichter scheinen. Manchmal hat sie als schwere Festung gedroht.

Hier wohnten vor 40 000, 30 000, 20 000 Jahren Menschen, aber auch während der neueren, aufgeschriebenen Geschichte unserer Zeitrechnung spielte die von der Natur geschaffene Mauer eine Rolle. Aus den Behausungen der Frühmenschen wurden befestigte Forts zum Schutz gegen die Normannen. Die im Stein erscheinende Geschichtsphilosophie erzählt von der Erfindung der Kunst und des Faustkeils, von der Entwicklung zur Werbung und zur Lanze, dem, der genau hinhört, von der Verfeinerung zur Demagogie und zur Bombe, vom Ursprung und möglichen Ende der Menschheit.

Aber es sind nicht nur die Abris, die eigentlich jeden zu seinen Ursprüngen locken müßten. Dazu kommen die Höhlen, in denen vor circa 20 000 Jahren Kunst entstand, die keinesfalls primitiv, naiv, unmodern, überholt ist. Die Menschen lebten nicht in den Höhlen, betraten sie, um an Malereien zu arbeiten, wahrscheinlich, um die Gemälde zu sehen, vielleicht, um eine Religion auszuüben.

Die Maler machten es sich nicht leicht. Bis zu vier Meter hohe Bilder schufen sie in Gelb, Braun, Rot, Violett .... Mehr als zwölf Farbabstufungen lassen sich unterscheiden. Sie benutzten natürliches Ocker, pulverisierte Eisenoxyde, Manganerde, machten aus Holzkohle ein fettiges Schwarz, brannten Ton und gewannen aus zermahlenen Scherben Farben. Warum? Hatten sie Gehilfen? Arbeiteten sie frei oder im Auftrag? Aus innerem oder äußerem Zwang? Waren sie Künstler aus Berufung? Von Beruf? In spanischen Höhlen wurden Muscheln mit Farbresten gefunden. Hier in Kalkmulden. Die Künstler hatten wohl eine Art Farbkasten. Farben dienten auch der Körperbemalung. Bei der Höhlenmalerei wurde Farbe bewußt und gekonnt eingesetzt, um plastische Wirkung zu erzeugen.

Es ist mehr als verblüffend, welche Techniken die Könner beherrschten. Sie zeichneten mit Fingern, aber auch mit Steinknollen und Holzstäben, trugen Farben mit Händen, Haarbüscheln, Pflanzenkissen auf, wischten, tupften und stempelten, sprühten durch Blasrohre aus Röhrenknochen, brachen den Farbstrahl durch davorgehaltene Gegenstände und Geflechte, arbeiteten mit Schablonen, nutzten vorgefundene Strukturen, schlugen Unpassendes weg, ritzten, kratzten, modellierten, punzten, rauhten, polierten...

Die alten Meister spielten mit den Reizen der Symmetrie, kannten sich mit der Perspektive aus, eine Kenntnis, die nachgekommene Kollegen wieder verloren haben. Sie arbeiteten naturalistisch, setzten aber auch Zeichen, deren Bedeutungen für uns nicht entzifferbar sind. Symbole? Eine frühe Art der Abstraktion, die der Schrift nahekommt? An vielen Wänden tauchen Rechtecke wie Gitter auf. Sind es Fallen? Fallen waren wahrscheinlich die frühesten Jagdwaffen. Es gibt von allen Forschern als weibliche oder männliche Sinnbilder gedeutete Formen, Dreiecke für die Scham, Aufragendes für den Phallus. Gehören sie zu einem Fruchtbarkeitskult? Oder waren sie Ausdrücke der sinnlichen Lust der Künstler? Die Höhle selbst läßt sich leicht als weiblich interpretieren.

Wurde vor den Bildern in den Höhlen ein Kult, eine Religion zelebriert? Getanzt? Gesungen? Wurden Liturgien gesprochen? Mir gefällt der Gedanke, daß Lieder, Gebete, Gedichte erklangen, vielleicht rhythmisch und poetisch eine Göttin beschworen, die große Bärin gerufen, mystische, mythische, vielleicht aber sogar realistische Geschichten erzählt wurden. Wurden Düfte einbezogen in die Feier?

Von Wirkung verstanden sie jedenfalls etwas,

die ersten Künstler. Viele Tierfettlampen wurden bei Ausgrabungen gefunden. In manchen Höhlen werden Besucher durch den Trick mit dem (inzwischen elektrischen) Licht beeindruckt. Man sieht nichts. Ein Licht geht an. Plötzlich springen Pferde von der Höhlenwand in den Blick des staunenden, des ergriffenen Betrachters. Oder der Führer läßt seine Taschenlampe raffiniert in berechnetem Winkel zittern. Bestimmt haben unsere Ahnen ihre flackernden Talglichter eingesetzt, Tiere zu beleben, Stimmung zu erzeugen, Gefühle zu kitzeln, zu zaubern.

Informationen: Höhlen, Grotten und Museen

Nicht alle entdeckten Orte darf der Normalsterbliche betreten. Atem und Licht und andere Einflüsse zerstören die Kunstwerke. Der nicht von Forscherdrang besessene Reisende wird auch kaum den Eintritt für alle Grotten, Höhlen, Museen aufbringen. Ich nenne im Folgenden die für Besucher geöffneten Stätten im Périgord, bezeichne mit (!), welche ich subjektiv davon empfehle:

Montignac	= Lascaux 2 (!!!) und Regourdou
Thonac	= Le Thot (!!)
Rouffignac	= Les Cent Mammouths (!!!)
Sergeac	= Castelmerle
Peyzac	= Le Moustier (!), La Roque Saint-Christophe (!!!)
Tursac	= La Madeleine (!!), Le Ruth, Préhistoparc (!!)
Meyrals	= Bernifal, La Rhonie
Marquay	= Cap Blanc (!), La Grèze
Les Eyzies	= Nationalmuseum für Prähistorie (!!!!!), La Mouthe, Font-de-Gaume (!!!), Le Poisson (!!), Grand Roc (!), Oreille d'Enfer (!!), Gorge d'Enfer (!!), Les Combarelles (!), Laugerie-Haute (!!), Laugerie-Basse, Pataud (!), Roc de Tayac (!), Carpe Diem (!)
Saint Cirq-du-Bugue	= Grotte du Sorcier (!!), Bara Bahau (!), Proumeyssac
Gourdon	= Cougnac (!)
Domme	= Le Jubilé, Museum Paul Reclus
Beynac	= Musée de Protohistoire
Le Coux	= Evbral
Eymet	= Musée
Périgueux	= Musée de Périgord (!!)
Villars	= Grotte de Cluzeau (!)
Brantôme	= Musée (!)
Teyjat	= La Mairie
Montferrant	= Musée (!)
Saint Foy la Grande	= Musée

Lascaux
Die weltberühmte Kathedrale der Kunst, die 17 070 vor Christi (nach der Radiokarbonmethode) modern war und heute noch Gültigkeit hat, ist krank, mußte 1963 geschlossen werden. 1980 begann man in natürlicher Größe und so detailgetreu wie möglich mit einer Rekonstruktion. 1983 wurde in einem riesigen Betonbunker **Lascaux 2** als geniale und legale Fälschung eröffnet.

Les Eyzies
Zwei Schauer laufen einem den Rücken abwärts in Les Eyzies, das sich durchaus berechtigt Welthauptstadt der Prähistorie nennt. Der erste Schauer ist von Ehrfurcht erweckt: Ich bin hier an einem Ort, der seit etwa 40 000 Jahren ununterbrochen von Menschen besiedelt ist! Den zweiten Schauer verursachen die Menschenmengen und Autoschlangen, die sich über die einzige richtige Straße der Stadt zwischen Vézère und Felswand drängeln.
Über hundert Fundstellen gibt es um Les Eyzies. Das ist etwa die Hälfte der Fundstellen im Périgord. Und das Périgord ist die Region, die, gemessen an der Zahl der Ausgrabungen, in der Welt nicht viele vergleichbare findet.

• Die Exponate im **Musée National de la Préhistoire** sind vorzüglich präsentiert. Schautafeln begleiten und erläutern. Der Besucher bekommt einen klaren, nicht verwirrenden Überblick über zigtausend Jahre Vorgeschichte. Es gibt in richtiger Reihenfolge primitive Faustkeile, handwerkliche Schmuckstücke, künstlerische Gravuren, Grabfunde, Skelette. Es herrschen Liebe, Sachverstand und didaktisches Geschick. Es ist klug, seine Reise in die Vergangenheit hier zu beginnen.

• Außerdem ist das hiesige **Syndicat d'Initiative**, 24620 Les Eyzies (Tel. 05 53 06 97 05), zwar meistens voll, trotzdem die richtige Anlaufstelle, um alle Informationen (auch über Bootsverleih, andere Grotten, Veranstaltungen, Führungen in den Flußtälern) zu bekommen. Vor allem liegt Material in mehreren Sprachen aus, man kann Wanderkarten, Bücher und Eintrittskarten kaufen, Unterkünfte buchen, soweit es noch welche gibt.

D'ESTOURNEL
COS

Der Médoc und Bordeaux

Von Loustesse nach Norden

Loustesse gehört zu Bélis bei Roquefort in der Nähe von Mont-de-Marsan und liegt ziemlich in der Mitte von Aquitanien, ist also nicht nur subjektiv gefühlsmäßig, sondern beinahe objektiv geographisch der Nabel dieser vielfältigen Region. Für einige schöne Stunden am Atlantik überlegen wir üblicherweise vormittags, welchen Strand, welches Restaurant, welche Besonderheit wir genießen wollen und fahren gezielt dahin. Um aber die Küste von Norden nach Süden vorzustellen, mußte ich über Arcachon hinaus zur Pointe de Grave. Natürlich hätte ich gut ausgebaute Straßen, sogar Nationalstraßen nutzen können, aber ich wählte kleine und kleinere, immer noch ordentliche Straßen für eine beschauliche Fahrt durch die Gascogne nach Arcachon.

Wer nämlich nur schnell mit dem Auto brettert, Tacho und Landkarte im Blick, dem werden die Orte eintönig, der bemerkt nicht viel, vielleicht nicht einmal, daß die Kirchen schlanker werden, das Unterholz im Wald an beiden Straßenrändern dichter, daß immer häufiger an Fensterläden statt Baskenbraun oder gedämpften Farben Bordeauxrot oder helle Farben auftauchen. Wer von Sehenswürdigkeit zu Sehenswürdigkeit saust, kann möglicherweise später mitreden, über Bildungsgespräche seine Soße gießen. Die richtige Würze aber bekommt das Erleben, wenn man die Orte ganz langsam einatmet, sich in den engsten Straßen verliert.

So kam ich zu einem Schloß, dessen wuchtige Außenmauern unerwartet rechts neben der Fahrspur hinter einer Baustelle auftauchten. Ich parkte und staunte, reiste mit dem Finger auf der Landkarte meine bisherige Route nach, ich war also auf der D 114, hatte nach Lucmau Préchac durchfahren, mußte also in Villandraut sein. Villandraut ist nicht unbedeutend, in manchen Reiseführern kann man es finden, in anderen

Die edlen Tropfen brachten den Wohlstand.

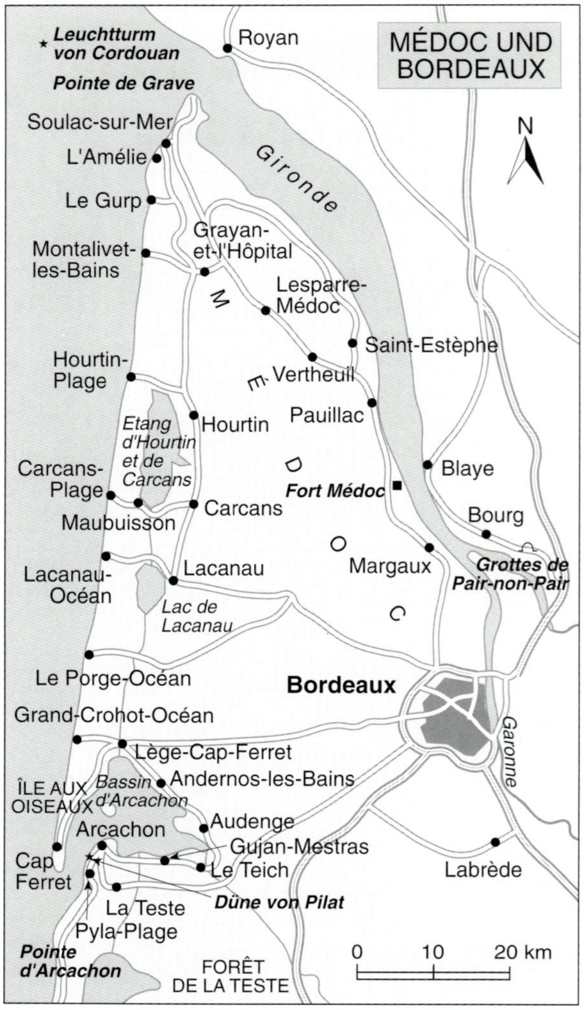

nicht. Gezielt fahren es wahrscheinlich wenige Touristen an, und so schlummert der steinalte Ort mit sehenswerten Häusern aus dem 18. Jahrhundert am Marktplatz mit freundlichem Schlafmützengesicht.

Aber ich stand vor dem Schloß, dessen Bau zwischen 1306 und 1308 durch Papst Clemens V. veranlaßt worden war. Dieser 1305 zum Papst Clemens oder Clément V gewordene, in der Gascogne nicht weit von Villandraut geborene Bertrand de Got war ab 1299 Erzbischof von Bordeaux und begründete 1309 das Exil in Avignon. Vorher aber plante der in Rom unbeliebte Kirchenführer seine Residenz in Villandraut – und das war der Grund für den Bau des Schlosses. Weinkennern fällt zu diesem Papst eher eine berühmte Abfüllung aus Pessac ein: Pape Clément.

Ich aber war vom Château überrascht worden. Es sieht heute noch von der Straße her uneinnehmbar aus. Die Außenmauern drohen jedem, der davorsteht. Einst brauchten Päpste gewaltigen Schutz. Ich umkreiste die Anlage. An die Rückseite des Schlosses reicht der Wald. Einige Reste kündeten von Picknicks aus jüngster Zeit (waren es verspätete Papstgegner, die ihren Dreck lästerlich liegen ließen, oder waren es nur rücksichtslose Nichtdenker?). Dann trat ich durch das Tor.

Innen sind Wände von Zähnen der Zeit weggenagt, von Menschen, die für ihre Häuser Steine brauchten, stückeweise abgetragen. So entstand aus Innenhof und ehemaligen Räumen eine Fläche. In diesem großen, umschlossenen Hof waren junge Franzosen damit beschäftigt, eine Bühne und etliche kleine Verkaufsstände abzubauen, andere packten Instrumente ein, eine junge Frau jonglierte am Rande mit fünf bunten Bällen. Es war eine Schauspielertruppe, von der ich erfuhr, daß in diesen von einem Papst hinterlassenen Gemäuern heutigentags zu besonderen Anlässen Musik gemacht, Freilichttheater gespielt wird.

Niemandem ist zu garantieren, daß er im Schloß von Villandraut bei schönem Wetter Claire (so hieß die jonglierende Dame) begegnet, daß ihr von den Kollegen Urlaub gewährt wird, damit sie dem Fremden den Ort zeigen kann. So ist das mit dem Reisen. Das Unerwartete ist das Erlebnis, das Erwartete enttäuscht oft. Ich jedenfalls reiste an diesem Dienstag glücklich weiter, westwärts nun, näher an die Seen vor der Küste.

Ein heiteres Flüßchen stellte sich durch Hinweisschild am Brückenanfang vor: Hure. Richtig spricht man es *ü:r* (und der Doppelpunkt steht für ein längeres Ü) und bedeutet Fischkopf, auch Wildschweinkopf, umgangssprachlich Birne im Sinne von Kopf mit besonderer Form, vulgär wäre es mit Fresse zu übersetzen. Wieder hielt ich an, stieg aus, lauschte ihrem Quasseln, verstand die alten Weisheiten ohne Wörterbuch: »Alles fließt«, »Niemand steigt in den gleichen Fluß«, »Ich bin ständig neu zwischen alten Ufern« … Mich hetzten keine Termine, ich wurde nicht um eine bestimmte Zeit an der Pointe de Grave erwartet, ich hätte sogar jetzt noch ein ganz anderes Ziel wählen können. Auch das macht Entdecken erst möglich.

Ich disponierte nicht um, zickzackte mich nordwestlich durch den großen Wald und einige kleine Orte. Um das Becken von Arcachon herum

Menschen mit Weitblick – am Strand der Côte d'Argent.

werden die Orte länger, langen sie nacheinander, haken ineinander. Der Verkehr wird dichter, die Hinweise für Touristen häufiger, »Eß wirt deutsch gesprocken«, »We speech Anglish«... Ich wählte die Seenstraße, spürte, wie sich die Luft entspannte und die Pinien wieder gelassen lächelten, bevor ich merkte, daß die Orte wieder Abstand hielten, die plumpen Touristenlockungen hinter mir geblieben waren.

In einem Restaurant am Rande der Straße trank ich schwarzen Kaffee, knabberte dazu Salat mit geräucherter Entenbrust und würzigen Croutons, freundlich gereicht von einem fransenbärtigen Franzosen. Im Garten hinter dem Restaurant war ein Stand mit Weinen aus der Region in Plastikkanistern. Es war nicht der erste, den ich an diesem Tag gesehen hatte. Ich kaufte ein tiefrotes, fast schwarzes, herrlich herbes Gesöff. Für den Transport schenkte Fransenbart mir Wasserflaschen aus Plastik. Wein in Plastik, in diesem Land der Kenner nicht ungewöhnlich. Ich mag mich nicht daran gewöhnen. Da können gewiefte Händler noch so häufig versichern, daß es dem Wein nicht schade. Man schmeckt's! Aus Plastik sollte man den Wein schleunigst befreien. Seit dieser Reise habe ich, wenn ich in Südfrankreich unterwegs bin, immer einige leere Glasflaschen mit Verschlüssen im Auto. Ihnen empfehle ich das auch.

In Hourtin überraschte mich ein ganz kleiner Markt, auf dem es natürlich guten Wein, aber auch wunderbaren Käse und verlockende Kuchen zu kaufen gab – ein liebendes Rotkäppchen hätte hier für seine Großmutter einen Korb prächtig füllen können. Hourtin gibt es dreimal: Hourtin-Plage, eine Siedlung am Atlantik mit Ferienhäusern, Restaurant und Supermarkt, Hourtin-Port am See mit allem, was Touristen glauben, nötig zu haben (allerdings hier lobenswerterweise besonders mütterfreundlich mit einer über zwei Brücken erreichbaren Insel, auf der ein Schloß aus Holz und einige Spielplätze Kinder erwarten, mit einem Kinderhaus auf dem Festland für die ganz Kleinen, die hier betreut werden können, während die Eltern etwas anderes tun), und dem Hourtin, das noch vor dem Binnensee im Landesinneren liegt, wo die Kirche noch mitten im Dorf steht, wo echte Einwohner in normalen Geschäften ihr tägliches Baguette kaufen.

Ich war also im meiner Aufzählung nach dritten Hourtin, verließ es, um noch weiter gen Norden vorzudringen, freute mich auf die Pointe de Grave, auf den Phare de Cordouan, glaubte nämlich nach Lektüre einiger Schriften über diese Spitze Aquitaniens, wo die Gironde so breit wird, in eine einsame, weite Landschaft zu kommen. Doch schwante mir bald, daß das ein Irrtum sein könnte. Als Glied einer Autoschlange wand ich mich schließlich voran, kam langsam an, fand mich am Ende Aquitaniens zwischen nicht vertrauenerweckenden Lokalen, Verkaufsschuppen, gelangweilt latschenden Menschen, parkenden Autos, die die Straße verengten, machte auch meines notgedrungen zum Verkehrshindernis. Ende der Reise nach Norden.

Einfach spitze – wo der Médoc in den Atlantik sticht

Mit der Pointe de Grave sticht der Médoc in den Atlantik. Von hier kann man mit der Fähre nach Royan übersetzen. Royan gehört nicht mehr zu Aquitanien. Nordwärts blickend, kann man sich vom Panorama dieser Stadt beeindrucken lassen. An der Pointe de Grave möchte man ins Träumen, Philosophieren und Meditieren kommen, aber es will bei der Ankunft nicht gelingen, denn diese einst so einsame Landspitze ist ein Rummelplatz. Touristen trampeln zwischen Restaurants hin und her. Auf einem Bunker ist die Aussichtsplattform, die mich auch nicht vom Sinn des Bunkerbauens überzeugen kann. Der weiße Sand ist fleckig von Bonbonpapier, Zigarettenkippen und Unnennbarem, Undefinierbarem, Unaufzählbarem. Baden ist berechtigterweise streng verboten wegen der gefährlichen Brandung. Angler stehen Gummistiefel an Gummistiefel am Strand, und die letzten erfahrenen Fische schließen Wetten ab, wann sich die Schnüre verheddern.

Schaut man durch einen der installierten Münzferngucker westwärts, begegnet der Blick dem Phare de Cordouan, dem ältesten Leuchtturm Europas, errichtet im 16. Jahrhundert auf einer kleinen Felseninsel, 1789 noch einmal um 20 Meter erhöht auf 66 Meter. Doch hatte er einen Vorfunkler: Bereits im 14. Jahrhundert hatte *le Prince Noir* von hier seinen Schiffen an Klippen und Sandbänken vorbei heimleuchten lassen. Und selbst des Schwarzen Prinzen Signal soll nicht das erste an dieser Stelle gewesen sein.

Einst konnte man bei Ebbe zum Leuchtturm wandern, jetzt gibt es Überfahrten zum darin eingerichteten Museum, das von seinem Herbergsvater erzählt. Zur Saison sind die Besichtigungen meistens ausgebucht, zu anderen Zeiten die Besuche gemindert, so daß Interessenten sich besser vorher im Syndicat d'Initiative von Le Verdon anmelden.

Ein emeritierter Leuchtturm mit kleiner Ausstellung läßt sich im Wäldchen an der Pointe de Grave leicht finden und besteigen. Vorher kann man eine Tafel lesen, auf der versprochen wird, daß irgendwann an dieser Stelle ein Denkmal für den General Lafayette stehen wird. Früher gab es bereits ein solches Denkmal für den General, der 1777 von der Pointe de Grave ablegte, um in Amerika im Unabhängigkeitskrieg gegen die Engländer zu kämpfen; es wurde jedoch 1942 von Nazis, die aus Deutschland nicht als Touristen kamen, zerstört.

Zurück zum Felsplateau, auf dem der Phare ragt. Ehe er gebaut wurde, haben Eremiten tapfer dem Meer, Normannenheer und sich selbst getrotzt. Die ersten, Etienne Ermenaud und der Cluniazensermönch Guillaume, haben auf der Festlandzunge das Kirchlein Saint-Nicolas gebaut. Man sieht es nicht, man steht darauf. Es liegt irgendwo unter den Füßen der gegenwärtigen Besucher, bedeckt von einer rund fünfzehn Meter dicken Düne. Von der hier gar nicht methaphorischen Sanduhr zugerieselt sind ebenfalls andere Kirchen, Häfen, Häuser, Menschen, Eitelkeiten, Lieben …

Wieder freigelegt vom Dünensand ist Notre-Dame-de-la-Fin-des-Terres. Einst hatte diese Kirche edle Besucher, ich nenne nur Talbot und Eleonore. Steigt in die Grube, an deren Rand gleich dösenden Wächtern Koniferen stehen. Steigt in die Grube und träumt von der Vergänglichkeit der Großen und der Kleinen in der Geschichte, die dennoch bis morgen und noch länger ihre Spuren zeigen wird.

Dem Atlantik zugewandt liegt, ziemlich an der Zungenspitze, Soulac, Soulac II (warum sollen nur Könige gezählt werden?). Soulac I ist vom Winde verweht, begraben im Sand. In Soulac soll Veronika, die mit dem Schweißtuch, samt Ehemann an Land gegangen sein. Hier soll sie auch gestorben und begraben sein, doch ihre Gebeine (oder andere? Bei Reliquien kann man sich nie

Am Strand von Cap-Ferret.

ganz sicher sein, aber an der Wirkung ändert das nichts) ruhen nun in Bordeaux, in Saint-Seurin. Heiligenknochen wurden einst oft von einem Ort zum übermächtigeren geschleppt. Doch kein Spott über Veronika und ihre Legende. Sie hat einem Leidenden letztes Mitleid da gezeigt, wo die anderen im kollektiven Haß ihre Menschlichkeit verloren haben.

Ebenfalls fast an der Zungenspitze, Soulac gegenüber, statt am Atlantik an der Mündung der Gironde, ist Le Verdon-sur-Mer mit dem Port de Bordeaux Le Verdon, seit 1976 Außenhafen von Bordeaux. Rund achtzig Prozent der Containerfrachten der Handelsstadt werden hier umgeschlagen. Für 500 000 Kubikmeter Rohöl gibt es Lagerplatz. Er ist Verbindung zu Häfen in aller Welt.

Die Gironde liegt hier in den letzten Zügen, schwappt schwer und müde und trübe, der Hafen gibt ihr den letzten Rest von Dreck und Melancholie, so daß die Plage Fluvienne nicht unbedingt zum Baden reizt, doch ist es nicht weit zur Plage Océanique und zur Plage Naturiste au Phare Saint-Nicolas (an letztgenanntem tummeln sich die Nackten).

Rund zwei Stunden Wanderung bringen einen von Soulac nach Grayan-et-l'Hôpital, wo es, einem alten Plan zufolge, einen »Stein der Königin« gegeben haben soll, den Stein der Königin Eleonore, so sagt es das Wunschdenken, Zeichen dafür, daß die Herrscherin auf diesem Weg gepilgert ist. Träumen, philosophieren, meditieren möchte man hier. Und wenn man den ersten Schock überwunden hat, dann gelingt es auch. Zwar ist das Land schmal und begrenzt durch Wasser, aber Touristen knubbeln sich fast nur um immer wieder empfohlene Bonbons, und deshalb braucht es oft gar nicht viele Schritte, um einen Platz zu finden, an dem der Träumer seine Gedanken, der Denker seine Träume weiden kann.

Informationen: Côte d'Argent – Kurzporträt von der Gironde-Mündung bis Arcachon

(… und mehr muß in den meisten Fällen hier nicht sein, denn über diese Landepunkte für Touristen erhält man in jedem Reisebüro Glanzprospekte, auf denen braune, schöne Körper unter heller, gelber Sonne in den polierten, blauen Atlantik laufen, den sahnigen, weißen Wellenkronen entgegen – und die Prospekte lügen nicht und verschweigen wenig, denn sonst ist in den Badeorten, wenn man sie so eng sieht wie fast alle Reiseveranstalter, nicht viel los, aber dafür davon eine Menge …)

• **Soulac-sur-Mer**, an der Spitze des Médoc, hat Ferienhäuser und Campingplätze, ist vor allem zur Saison kein Platz für Eremiten.

• **Le Gurp**, überhaupt kein Ort, nur Parkplatz, dazu Campingplatz unter Pinien, Lebensmittelgeschäft, Imbißbar, Münzwaschmaschinen, gut für normale, also nicht weltmeisterlich-artistische Surfer.

• **Montalivet-les-Bains**, für Touristen vom Strand bis in die Pinien zusammengebaute Ferienhäuser mit entsprechenden Restaurants, Supermärkten, Tennisanlagen … Nördlich **Euronat**, Europas größtes Nudistenzentrum, 335 Hektar FKK, völlige Nacktheit ist Pflicht in allen Läden, in der Bank, beim Reiten, für die angebotenen Kurse und Kuren, auch am Strand; damit erwünschter Kleiderlosigkeit kein Bettenmangel im Wege steht, hier die Anmeldeanschriften: Euronat, 33590 Grayan l'Hôpital oder Naturissimo C.H.M., Avenue de l'Europe, 33930 Vendays-Montalivet. Nichtnudisten finden Unterkünfte an der Avenue de l'Océan von Montalivet.

• **Le Pin-Sec**, zu erreichen über eine Stichstraße, die Montalivet mit Hourtin-Plage verbindet, nichts als ein Parkplatz an der Düne und ein verhältnismäßig kleiner Campingplatz, deshalb ein Strand mit meistens angenehm wenig Menschen.

• **Hourtin-Plage**, Siedlung für Touristen aus Ferienhäusern, Restaurant, Supermarkt, immerhin einem Strandabschnitt mit oft besonders hohen Wellen. Der kinderfreundliche **Hourtin-Port** am See von Hourtin-Carcans und das Dörfchen **Hourtin** wurden bereits auf Seite 89 beschrieben.

• **Am Binnensee von Hourtin-Carcans**, dessen Westufer übrigens autofrei gehalten wird, liegt etwa vier Kilometer vom Ozean das Touristenzentrum **Maubuisson**. Relativ preiswert (für ein Hotel) läßt es sich dort im »Hôtel La Pergola« übernachten (Tel. 05 56 03 30 29), relativ teuer, dafür aber wirklich komfortabel und geschmackvoll (für einen Campingplatz) ist Camping Dr. Dartigues (Tel. 05 56 03 30 12). Etwa acht Kilometer nach Osten, in **Carcans,** gibt es weitere Campingplätze.

• Nahe bei Maubuisson liegt **Bombannes**, ein Supersportort, wo man unter anderem Segel-, Kajak-, Tennis-, Schwimm- Kurse für die ganze Familie, für Newcomer und Fortgeschrittene in Spitzenanlagen belegen kann. Rechtzeitig buchen!

• **Carcans-Plage**, wenige Ferienhäuser, Hôtel de l'Océan mit Tradition und guter Fischküche, Familienbetrieb, auf den die Familienmitglieder stolz bleiben wollen.

• Zwischen den Seen von Carcans und Lacanau liegt inmitten von Sumpf und Düne **l'Etang de Cousseau**, der See von Cousseau, mit etwa 600 Hektar eines ökologischen Reservats, in dem die Vegetation der Region und viele Vogelarten (auch zu den entsprechenden Zeiten hier rastende Zugvögel) zu beobachten sind.

• **Lacanau-Océan**, wo in jedem Jahr Surfwettkämpfe, die für die Weltmeisterschaften zählen, ausgetragen werden; dann ist der Betrieb natürlich noch größer als sonst (und Interessenten müssen lange vorher reservieren, etwa im Office de Tourisme von Lacanau, Place de l'Europe, Tel. 05 56 02 21 01). Der Atlantikstrand ist der nächstgelegene zu Bordeaux, weshalb die Bordelesen ihn als Heimatstrand ansehen und frequentieren. (Um Mißverständnissen vorzubeugen: Im Bordelais wohnen die Bordelaisen, in Bordeaux die Bordelesen.)

• **Le Porge-Océan**, familiärer als Lacanau, Campingplatz, Einkaufsmöglichkeit, Strand und sonst gar nichts, für Radfahrer von Lacanau aus 12 Kilometer an der Düne entlang. Mit dem Auto fährt man bis Le Porge, wo man zum Strand abzweigt, der nach etwa 10 Kilometern erreicht ist.

• **FKK-Feriendorf La Jenny**, mit 10 Tennisplätzen, Ponyklub für Kinder und vielem anderen, dazu der ersten Golfanlage für Nackedeis in Frankreich, ist auch nicht weit von Le Porge; man kann unterschiedliche Ferienhäuser mieten oder kaufen; Kontaktadresse: Domaine Résidentiel Naturiste de La Jenny, Route de Lautos, 33680 Le Porge.

• **Cap-Ferret**, Ortsteil der unendlich langen Gemeinde **Lège-Cap-Ferret**, hauptsächlich Feriensiedlung, wenige alte Fischerhäuser, der ehedem ehrwürdige Leuchtturm wurde 1940 von deutscher Wehrmacht gesprengt. Das heutige Gebäude ist eine Rekonstruktion aus dem Jahr 1949. Der Ozean schwappt ungestüm um die Landzunge, Baden auf eigene Gefahr! Das »Hôtel La Frégate«, 34, avenue de l'Ocean (mit Schwimmbad) liegt zwischen Atlantik und Bucht. Die kleine Jugendherberge

(Tel. 05 56 60 64 62) hat nur zur Hochsaison geöffnet. Der Campingplatz »le Truc Vert« (Tel. 05 56 60 89 55) ist gepflegt, bietet Restaurant, Bar, Lebensmittelgeschäft, manche Mitarbeiter mit Deutschkenntnissen und einen überwachten Strand. **Rundfahrten mit Booten** im **Bassin d'Arcachon**, zu Austernbänken, zur Sandbank von Arguin, zur Ile aux Oiseaux (der Vogelinsel), den Fluß Eyre landeinwärts, den Atlantik hinaus … lassen sich in Cap Ferret buchen und starten.

• **Ile aux Oiseaux**, nach altem Glauben ein *endroit magique*, ein magischer Ort, auf dem einst glückliche Pferde weiden durften, denn Schilf, Baumwollpflanzen, Kräuter und Gräser, die dort wachsen, sollen, so sagt man, besonders würzig (kann schon sein wegen des gesalzenen Windes vom Meer) und kräftigend sein. Natürlich gibt es Vögel auf der Insel, aber früher sollen sie so zahlreich gewesen sein, daß sie beim Auffliegen die Sonne verdeckten. Die Pferde hatten Unglück im Glück, denn zum Ende des 19. Jahrhunderts kam eine Flut über die Insel, bei der alle Pferde ertranken. Die Vögel überlebten. Und die Kaninchen haben sich seither so sehr vermehrt, daß man das Eiland auch Osterinsel nennen könnte. Bei Besichtigungsfahrten wird die von Menschen unbewohnte Insel umschifft, doch aus berechtigten Gründen des Naturschutzes nicht betreten. Wassersportler erreichen die Insel trotzdem, denn sie ist nur drei Kilometer vom Festland entfernt. Die Wahrzeichen, zwei schöne, interessante, fotogene *Cabanes tchanquées*, Hütten auf Stelzen, die wie einst die Hirten der Landes alles zu überblicken scheinen, sind jedenfalls zu sehen, ohne daß etwas auf der Insel zertrampelt werden muß

• **Audenge,** natürlich mit Austernzucht, zusätzlich mit Fischzucht in einstigen Salinen, weshalb sich hier bestimmt ein Restaurant für ein vorzügliches Mahl finden läßt, und das ist gut, weil die andere Besonderheit nicht immer funktioniert; diese Besonderheit ist die *Piscine à l'eau de mer,* ein ehrwürdiges Betonschwimmbad mit Meerwasser – durch Schleusen wird es bei Ebbe abgelassen, bei Flut frisch gefüllt. Im Prinzip toll, aber wenn die Flut mager ist, versorgen die Austernzüchter ihre Becken im Bassin von Arcachon, und die Besucher müssen mit feuchten Augen und trockenen Badehosen das Schwimmbecken verlassen.

• **Le Teich**, »Le Tek«, so sprechen es die Franzosen aus, sollte besuchen, wer in der Gegend ist. In diesem 1972 im Delta der Eyre auf 120 Hektar eröffneten Vogelpark mit internationaler Bedeutung haben knapp 100 Vogelarten festen Wohnsitz, mit Zugvögeln werden im Laufe eines Jahres über 260 Vogelarten beobachtet. In einem Gebäude zeigt eine Dauerausstellung Wissenswertes über Natur, Vogelarten, Wasserhaushalt im Vogelschutzgebiet. Von den beiden Rundgängen ist der größere zu empfehlen, für den mindestens drei Stunden einzuplanen sind. Ein Fernglas ist hier sehr nützlich. Noch ehe man zum Eingang gelangt, findet man La Serre aux Papillons, das Tropenhaus der Schmetterlinge. Es hält von innen mehr, als es von außen verspricht. Da faltern und schweben zwischen Orchideen und Bananen Insekten aus aller Welt.

• **La Hume** erreicht, wer von Gujan-Mestras die D 650 Richtung Arcachon nach rund drei Kilometern verläßt, ein Stückchen bassinwärts die D 652 nutzt – schon ist er in einem **Vergnügungspark,** der vor allem Kinder süchtig macht. Da gibt es von Juni bis September auf sechs Hektar »Aquacity«, Europas erste Wasserstadt, wo das Wasser nach Chlor riecht, wie die meisten es von daheim gewohnt sind, wo man für viel Eintrittsgeld den natürlichen Wellen des Atlantiks entgehen kann. Den nächsten Eintritt bezahlt man für »La Coccinelle«, einen Park mit Tieren zum Streicheln und anderen Vergnügungen. Im »Marinoscope« kommen Nautiker tatsächlich auf ihre Kosten, können von den im Modellbau erfahrenen Betreibern des Museums ziemlich alles über Schiffsbau zwischen Boot und Tanker erfahren. Im »Village médiéval d'artisans d'art« darf man von mittelalterlich verkleideten Kunsthandwerkern Produkte kaufen.

• **La forêt de La Teste**, der Wald von La Teste, er füllt rund 4000 Hektar zwischen dem See von Cazaux und

Austernfischer säubern die für die Austernzucht benötigten Ziegel.

Informationen: Côte d'Argent – Kurzporträt von der Gironde-Mündung bis Arcachon

dem Ozean und hat einen einmaligen und juristisch hart umkämpften Rechtsstatus. Seit dem 15. Jahrhundert haben nämlich die Einwohner von Cazaux, Gujan-Mestras und La Teste Nutzungsrechte an lebendem und totem Holz, die den Rechten der eigentlichen Eigentümer so sehr entgegenstehen, daß diese nicht einmal ihre Bäume nach eigenem Ermessen fällen dürfen. Beispielhaft ernährt hier ein demokratisierter Wald in kapitalistischem Umfeld seine Rechtsanwälte.

• **Arcachon,** das Dorf, das dem Bassin den Namen gab, war im 19. Jahrhundert ein Nest, in dem gerade mal hundert Menschen vom Fischfang lebten. Dann kam die Eisenbahnlinie Bordeaux-Arcachon und mit ihr strömten die ersten Sommerfrischler aus der Stadt. Und es kam Napoleon III., der Urlaub machte im Château Deganne, einem Neorenaissance-Prachtbau, in dem heute das Spielcasino untergebracht ist. Viele Künstler, Prominente und Betuchte folgten und errichteten prunkvolle Villen, darunter Gounod, Débussy, d'Annunzio. Noch immer lassen diese Bauten in der sogenannten »Winterstadt« ein wenig von der Stimmung des mondänen Seebades der Jahrhundertwende ahnen. Dennoch können sie nicht darüber hinwegtäuschen, daß längst die lärmende Moderne Einzug gehalten hat in Arcachon. Noch heute ist der Ort ein beliebtes Ausflugsziel der Bordelesen, doch inzwischen leben in dem wuchernden Ort etwa 50 000 Menschen vom Tourismus.

• **Pyla-sur-Mer** und **Pilat Plage** hätten sich etwas einfallen lassen müssen, gäbe es nicht die Düne von Pilat. So neigt sich sogar der Turm von Pisa vor einer solchen Flut von Andenken- und Kitschständen, und er ist in dieser Beziehung viel gewöhnt. Pyla allerdings hat neben der Düne Feste, die nicht verschwiegen werden sollen: Pfingsten den großen Blumenmarkt, am 3. Wochenende im Juli eine Mineralienbörse, im August Sommermusikwochen mit Klassik und Jazz und tausenden Tönen.

Im Bassin d'Arcachon – Austernschalen dienen zum Pflastern der Wege.

Der Aufstieg auf die Düne von Pilat ist mühsam, doch belohnt der weite Blick von oben jede Anstrengung.

Informationen: Côte d'Argent – Kurzporträt von der Gironde-Mündung bis Arcachon

• Pilat – Europas höchste Düne

Der Sandhaufen von Pilat bei Arcachon ist kein Geheimtip! Etwa anderthalb Millionen Touristen besteigen jährlich Europas höchste Düne. Es hat sich auch herumgesprochen, wie wunderbar der Sonnenuntergang von da oben aussieht, und so scheuen an schönen Tagen zur Saison die Menschen weder immense Parkgebühren noch den mühsamen Rund-110-Meter-Aufstieg, um pünktlich auf dem fast drei Kilometer langen Hügelrücken dichtgedrängt in eine Richtung zu starren. Trotz alledem: Recht haben sie! Die Sonne sinkt ins Meer und singt ein Farbenlied, man sieht eine Symphonie mit Wellen und Himmel, schmeckt eine chromatische Palette von Rot, Blau und Gelb – und dreht man sich um, dann tanzt das Grün des Pinienwaldes; es ist eine Pracht! Natürlich muß man auf dieser Düne nicht nach einem einsamen Schmuseplatz suchen, den man in anderen Dünen durchaus noch finden kann. Es kann einen auch wehmütig stimmen, daß selbst dieser Ort von deutschen Nazis mit einem Bunker versehen wurde. Man mag hier über den Wandel der Dinge sinnen, denn der Pinienwald hält die mächtige Düne nicht auf; zäh wandert sie weiter, schüttet langsam Bäume zu.

Unvorsichtige, die dazu noch untrainiert sind, werden nach dem Sandstapfen noch tagelang den Muskelkater unterm Sonnenbrand kratzen spüren.

Ehe wir die Düne von Pilat und das Bassin von Arcachon endgültig verlassen, hier noch ein Tip für alle, die es angeht: Für Gleitschirmflieger ist der große Hügel, der den Wind vom Atlantik nach oben leitet, besonders geeignet. Die vorgesehenen Startplätze erreicht, wer den Schildern folgend durch den Sand südwärts stapft. Der nächste Campingplatz, »Le Petit Nice«, ist gleichzeitig der kleinste von den Campingplätzen an der Düne, und man kann nur mit Glück zur Saison eventuell unter der Telefonnummer 05 56 22 74 03 noch Platz bekommen. Einen Kurs in Paragliding oder einen Flug, bei dem ein Profi den Drachen steuert und der mitfliegende Gast nur genießen muß, vermittelt unter der Telefonnummer 05 56 32 97 09 Aile Delta-Parapente.

Frohe Austern zu jeder Jahreszeit

Es gibt immer mehr Nepp am Straßenrand. Das gilt in Maßen für Aquitanien, etwas mehr für die Côte d'Argent, sehr für eine Umrundung des Bassins von Arcachon. In manchen Eßgaststätten sind die Menüs für hartgesottene Touristenzungen gemischt mit den Überbleibseln der französischen Eßkultur und den kulinarischen Wünschen gesamteuropäischer Fastfoodfledderer. Dazwischen gibt es am Rande der Hauptverkehrsstraßen wunderbare Restaurants, in denen es sich Gott auf seinen Trips wohl ergehen lassen könnte, oft wie Perlen in grauen Austernschalen. Woran man sie erkennt? Nicht am Preis, nicht an der Fassade, nicht an der Tafel vor der Tür. Vielleicht an der Menge einheimischer Autos auf dem dazugehörenden Parkplatz zur Mittagszeit. Man muß ein eigenes Gefühl dafür entwickeln, hin und wieder Mut haben, trotz einiger Enttäuschungen weiter suchen.

Aber Austern, die Austern sind hier überall frisch! Bereits zur Steinzeit waren Austern in aller Welt Nahrungsmittel, wie man aus Funden in Dänemark, Schottland, Nordamerika, Brasilien, Feuerland und Australien weiß. Die griechische Stadt Lampsakos war in der Antike als Austernstadt berühmt, und das Wort kommt vom griechischen *ostéon* für Knochen, wegen der harten Schale. Die berühmten Austern auf den Tafeln der absolutistischen Könige waren die *Plates*, bereits den Römern bekannt. 25 Dutzend soll Heinrich IV. ziemlich regelmäßig als Vorspeise in sich hineingeschlabbert, dabei soweit möglich über den Bauch hinweg seine Potenz, die ja angeblich durch Austerngenuß gesteigert wird, im Auge behalten haben. 1920 wurden an der Côte d'Argent die *Plates* durch eine Seuche fast vollständig eliminiert. Heute werden sie nur noch im Bassin von Arcachon und vor Marennes gezüchtet. Auf den Märkten werden hauptsächlich *Claires* und *Portugaises* und neuerdings *Gigas* angeboten, deren Brut oft aus Japan oder Kanada importiert ist. Die *Portugaise* erreichte 1868 Aquitanien. Ein aus Portugal kommender Frachter erlitt Schiffbruch. Seine gesamte Austernfracht mußte ins Meer geworfen werden. Die *Gryphaea angulate* (so heißt die portugiesische Auster in Fachkreisen) fühlte sich im aquitanischen Gewässer wohl und wurde heimisch. Ich wünsche aus Überzeugung guten Appetit.

Leicht zu handhaben ist die Auster nicht! Kauft man sie preiswert (das ist sie hier) frisch auf dem Markt, um sie bei abendlichem Tête à tête aphrodisisch zu nutzen, wehrt sie sich gegen Hast und Ungeschicklichkeit wie eine alttestamentarische Jungfrau, und oft steht ihr Jehova bei und läßt das Messer tief in den Daumenballen dessen gleiten, der glaubte, leichtes Spiel zu haben.

Deshalb ein paar Tips:

Kaufen Sie ein Austernmesser!

Lassen Sie sich das Austernöffnen zeigen!

Nehmen Sie die tiefere Schalenhälfte
in die Hand!

Setzen Sie das Austernmesser an der
dicksten Stelle an, um den Schließmuskel
zu durchtrennen.

Drehen Sie die obere Schalenhälfte ab.

Lösen Sie vorsichtig das Fleisch.

Entfernen Sie Schalensplitter.

Servieren Sie in der unteren,
größeren Schalenhälfte

pur oder zu Brot und Butter oder
mit Zitrone oder Pfeffer …
bestenfalls mit Wein …

Schlürfen und schmecken Sie.

Gujan-Mestras ist das Paradies für Austernschlemmer, immer und vor allem zum großen Austernfest alljährlich in den Iden des Augusts mit Spielen, Musik und rhythmischem Schalenknacken. Sogar das örtliche Gymnasium hat ein eigenes Austernbecken, und im Restaurant »le Vivier« herrscht Monsieur Druart, der zu fast jeder Fernsehsendung über Austern hinzugezogen wird. *Le vivier* bedeutet laut Lexikon »Fischteich«, hier aber sind *les viviers* die Becken, in denen geerntete Austern darauf warten, den Gaumen der Feinschmecker schmeicheln zu dürfen.

Gujan-Mestras ist das Paradies für Austernschlemmer.

Ziegel werden für die Austernzucht genutzt.

Médoc-Rundfahrt

Médocain peau de coquin!« (Die Haut eines Médoc-Bewohners ist von einem Halunken!) – ein Vorurteil wie das vom geizigen Schotten, vom lügenden Kreter. Wer es glaubt, wird nicht selig. Wer gar danach handelt, betrügt sich selbst. Wahr ist schon, daß früher mancher Küstenbewohner von Strandgut lebte, dem Stranden von Schiffen hin und wieder nachhalf, und wahrscheinlich auch, daß die Menschen in diesem von anderen schwer erreichbaren Zipfel Europas Fremden gegenüber vorsichtig, verschlossen, mißtrauisch waren und ihm lieber die Butter nahmen, statt sich den Fisch nehmen zu lassen. Das ist lange her, und man ist inzwischen an Gäste und an Butter gewöhnt.

Für die Médoc-Rundfahrt muß man nicht unbedingt vinoman sein. Es gibt Mannigfaches zu entdecken. Von Blanquefort geht es nördlich bis Port-de-By, dann kommt die große Wende und die Reise südlich zurück nach Bordeaux. Die Grundstrecke, von der Sie oft abweichen sollten, führt über die D 210, D 2, D 3, D 204, D 104, N 215, D 1. Rasten Sie hier, rasten Sie da, rasten Sie vor allem in

– Margaux, wo Sie bei Charles Sprengnether, dem hochedlen Schokoladenverarbeiter, *Sarments du Médoc* probieren müssen, um dann das Château Margaux, nicht nur des Weines, auch der auffallenden, neoklassizistischen Architektur von Louis Combes wegen, zu besuchen;

– Fort Médoc, erbaut im 17. Jahrhundert, wo es neben anderem die imposanten Skulpturen an der Porte Royale zu besichtigen gilt;

– Pauillac, wo sich der Weinschmecker im siebenten Himmel fühlen und im Château de Cordeillan zur Schule gehen kann, nämlich zur École du Bordeaux, um die Grundregeln oder die Finessen der Önologie auch mit wenig Zeit zu studieren. Wo der Feinschmecker *Agneau de Pauillac,* zartes Milchlämmchen auf lokale Art, verkostet (einst rupften Schafe und Lämmer zwischen den Reben das Unkraut, zerstörten dabei aber auch manchen Weinstock; weil seit vielen Jahren andere Methoden sich durchgesetzt haben, müssen die Lämmer im Stall bleiben, nähren sich ausschließlich von Muttermilch; diese Lämmlein sind Grundlage fürs *Agneau de Pauillac*, seit 1985 registrierte Handelsmarke). Wo schließlich sogar der ernsthafte Rennfan, wenn er am richtigen Tag im September ankommt, am Marathon des Châteaux du Médoc seinen Spaß haben kann, weil es neben der sportlichen Leistung etwas zu gucken gibt, nämlich manchen kostümierten Mitläufer;

– Saint-Estèphe, wo ebenfalls im September die große Weinmesse lockt, in anderen Monaten jedenfalls vieles zu bestaunen ist, so in der Nähe Château Marbuzet, verspätet (im 19. Jahrhundert) erbaut im Louis-XIV-Stil;

– Lesparre, wo die Weinmesse bereits im August stattfindet, wo der Musikfreund in der Kirche Notre-Dame eine 1881 von Werner gebaute Orgel bestaunen darf, wo der Glockenturm *de l'Honneur* seit dem 14. Jahrhundert auf Bewunderer wartet und wo es noch eine lokale kulinarische Spezialität zu entdecken gilt, *Grenier Médocain,* gefüllter Schweinebauch, erstgerollt vom Metzger Georges Dupic in Lesparre, angeblich von Charles de Gaulle so geschätzt wie von Kanzler Kohl der Pfälzer Saumagen. Und von wo aus man (bestenfalls auf Pferderücken, mühelos auf eignen Sohlen) Brion erreichen kann, mit Relikten aus früher galloromanischer Zeit, dem 1. und 2. Jahrhundert, vermutlich von der Stadt Navio Magius übriggeblieben,

– Vertheuil, einem angenehmen Ort mit sehenswerter Abtei und sehr schöner Kirche, von wo aus man dann das Château La Tour Carnet besuchen kann, das im Mittelalter Feinden trotzte, heute Gästen offensteht, und wo das gleichfalls von Vertheuil aus leicht zu erreichende Saint-Laurent-et-Benon natürlich Wein und Kirche und manches mehr hat, was nicht zu verachten ist;

– Lanessan, wo wieder einmal der Architekturliebhaber Lust empfinden wird am von Emerit entworfenen Ensemble von Schloß und umliegenden Höfen, vielleicht noch mehr am 1870 im elisabethanischen Stil erbauten Château, am meisten vielleicht am Kontrast zwischen beiden, wo man aber auch im Museum hippomobile Kutschen unterschiedlicher Stilarten vergleichen kann;

– Le Taillan mit Kirche aus dem 19. und Château aus dem 17. Jahrhundert …

Sie sollten also länger bleiben, wenn es möglich ist. Auch, um Abstecher nach Osten zu machen. Man ist Entre-Deux-Mers, und es sind gar nicht

Meere, sondern die Flüsse Garonne und Dordogne, die das Land einrahmen. Hier sind nicht alle Weine weltberühmt, deshalb oft preiswerter, dennoch gut, einige jung zu trinken. Es gibt wehrhafte Klöster und befestigte Mühlen, Megalithen und heilige Eichen, an denen sich einst Druiden versammelten.

Nicht nur der Wein, auch Hotels und Restaurants sind billiger als in Bordeaux und den anderen Promiregionen. Zwischen April und Juni schmeckt besonders die Alose (der Maifisch der Gironde), die Sie auch selbst grillen können, bestenfalls eingehüllt in Lorbeerblätter.

Besuchen Sie die Anlagen der Benediktiner und den Palast des Schwarzen Prinzen in La Réole, die Bastide Monségur auf ihrem Hügel, die Abteien von Blasimon und Sauve-Majeur, die Umgebung von Bergerac, und verlassen Sie sich nicht nur auf Empfehlungen, sondern lassen sich blind auf jedes Rendezvous mit kleinen und größeren Orten ein, sie haben alle ihre Reize, beispielsweise in der drei Hektar kleinen Gemeinde Castelmoron d'Albret das Dorf Castelmoron, das man leicht übersieht. Noch klingt in der ganzen Gegend die okzitanische Sprache, so weich, so passend zum sanften Rauschen der Maisfelder, und im *Républicain*, der regionalen Wochenzeitung, kann, wer kann, Geschichten in dieser Sprache lesen. Besteigen Sie ohne Ausrüstung den Butte de Launay, mit 147 Metern der höchste Ausschaupunkt in Entre-Deux-Mers. Das schläfrige Flüßchen Dropt hat ein liebliches Tal, womit die Ufer der Wasserweglein (zumindest gegen die herrschenden Dordogne und Garonne) Garmagne, Camiac, Bassanne nicht abgewertet sein sollen. Für manchen mag es sein, daß er hier die Lieblingslandschaft seines Lebens entdeckt.

An Europas größtem Trichter – Gironde

Austern, Trüffeln, Eier, Weine, Taubenbrüste, Hühnerbeine, Knoblauchzehen, Pilze, Nüsse heizen feurig alle Küsse, so sagt die Legende. Der aphrodisische Schleckerreigen scheint jedoch nicht geschlossen, denn noch fehlt der Kaviar.

Die Gironde schenkte ihren Anwohnern früher kleine Portionen der schwarzen Kügelchen. Es gab in Blaye sogar Fabriken, die sie in Blechdosen mit Aufschriften wie *Magot* und *Kaspia* abfüllten. Seit einiger Zeit werden Versuche gemacht, den Stör sich wieder heimisch fühlen zu lassen. 1981 wurde, damit die Bestände sich erholen, verboten, Störe zu fangen.

Wir sind jedenfalls jetzt in Blaye, können statt Kaviar auch den Sonnenuntergang über der Gironde, Europas größter Trichtermündung, genießen. Ungefähr hier verläuft übrigens die Sprachgrenze zwischen der Langue d'oil und der Langue d'oc, aber man kann sie nicht sehen, denn Sprachen werden nicht mit Militäranlagen verteidigt.

Die ausgedehnte, nicht mehr mit normalen Weitwinkel-Objektiven fotografierbare Zitadelle von Blaye sollte mit dem gegenüberliegenden Fort Médoc und dem auf einer Insel dazwischen thronenden Fort Paté englischen Schiffen die Durchfahrt nach Bordeaux versperren. Festungen außer Gebrauch können durchaus ästhetisch sein. Die zwischen 1685 bis 1689 unter Aufsicht von Vauban im Auftrag von Louis XIV erbaute Zitadelle mag als Beweis dafür gelten. Die Pflichten, für welche sie errichtet wurde, hat sie nicht oft erfüllen müssen. So wurde sie zur Haftanstalt. Heute kann man diese Stadt in der Stadt ungestraft betreten und verlassen. Gegen Gebühr erfährt man im Musée d'Histoire et d'Art du Pays Blayais an der Porte Royale (ein Eingang der Zitadelle) vieles über ihre Geschichte und ihre Gefangenen. Ein Überblick über das gesamte Wehrwerk läßt sich im Couvent des Minimes gewinnen, denn da steht ein Modell. Jedenfalls sind Spaziergänge innerhalb und außerhalb der Mauern zu empfehlen.

Innerhalb der Mauern liegt auch das Château de Rudel, Geburtsort von Jaufré Rudel. Jaufré Rudel, Fürst von Blaye und Troubadour, lebte dort in der ersten Hälfte des 12. Jahrhunderts, besang mit hübschen Melodien (betonten Zeitzeugen) und brennender Brunst in okzitanischer Sprache eine ferne Liebe, eine Gräfin von Tripolis, von deren Schönheit er nur gehört hatte, beispielsweise mit dieser (von den wenigen erhaltenen) Zeile:

Amors de terra lonhdana per vos
totz lo còrs mi dòl …
(Geliebte im fernen Land,
für Euch leidet mein ganzes Herz …)

Erst nachdem er sich fast sein Leben lang nach der Unbekannten verzehrt, sie mit Versen verehrt hatte, entschloß er sich, die Dame ein einziges Mal wirklich zu sehen. Auf der Schiffsreise wurde er todkrank. In Tripolis brachte man ihn in seine Herberge. Die Gräfin kam. Er starb in ihren Armen. Sie aber ward aus Trauer am Tage seines Todes Nonne. Er liegt in Tripolis begraben. Doch im Turm seiner Burg kann man hinaufsteigen und Stadt und Land überblicken und von romantischem Lieben und Sterben träumen.

Wer für diese Art des Träumens nicht den rechten Sinn oder die rechte Stimmung hat und nur einen wundervollen Ausblick genießen möchte, sollte an einem klaren Tag die Tour de l'Aiguillette besteigen und von dort die Hochzeit der breiten und gelben Gironde mit dem unendlichen und blauen Atlantik betrachten.

Innerhalb der Zitadelle ist auch ein kleiner, preisgünstiger, doch nicht sehr komfortabel ausgestatteter Campingplatz (Anmeldung an der Porte Liverneuf, Tel. 05 57 42 00 20) und das ruhige Hotel La Citadelle (Tel. 05 57 42 17 10) mit Schwimmbad, dessen Zimmerpreise durchaus im Bereich des Annehmbaren liegen.

In Blaye wurden am 14. Dezember 1649 zum ersten Mal vom Koch des Marschalls von Plessis-Praslin *Praslines de Blaye* aus Anlaß eines Banketts serviert, die mit weggeleckten »s« Namengeber sämtlicher Pralinen wurden. Als Spezialität gibt es sie frisch und nach geheimen Rezepten bei den örtlichen Konditoren.

Außer den Geschichten von Minnesang und Pralinen hat die Stadt wegen ihrer Lage eine hauptsächlich von Kriegsgedanken geprägte Vergangenheit. Mit dem Namen fängt es an, denn das Wort Blaye stammt vom lateinischen Bla Via = Belli Via = Straße des Krieges.

Bereits im 8. Jahrhundert hielt hier Paladin Roland le Preux, Held des Rolandsliedes, Wache für seinen Herrn Karl. In der Abtei Saint-Romain soll er (wie seine Reckengesellen Olivier und Turpin) begraben worden sein. Die Reste der Abtei aber sind mit ihren Gräbern unter der Bastion Saint-Romain begraben.

Von Blaye südlich über Bayon-sur-Gironde bis Bourg und darüber hinaus läßt sich noch allerlei entdecken und erleben, besonders wenn man weniger befahrene Wege wagt. In Montuzet zum Beispiel der Hügel mit Marienstatue und schönem Ausblick, am Weg ein Monolith, der Überlieferung nach von Karl dem Großen eigenhändig aufgestellt. Plassac mit galloromanischer Villa und Museum. Marmisson, ein Fischerdörfchen, in dem man frische Crevetten (Garnelen) kaufen kann. Bayon mit romanischer Kirche, deren mit Arkadenblenden geschmückte Apsis bemerkenswert ist. Bourg-sur-Gironde, inzwischen *sur Dordogne* liegend, mit einem Schloß, das im letzten Weltkrieg von Deutschen in Brand geschossen wurde, restauriert ist, einen begehenswerten Park hat. Die prähistorische Höhle von Pair-non-Pair mit um die 30 000 Jahre alten Felszeichnungen: Mammuts, Hirschen, Bisons und einem berühmten Pferd mit gewendetem Kopf. Château de Lormont, wo Richard von England, Sohn des Schwarzen Prinzen, geboren wurde …

»Nehmt Versailles und fügt Antwerpen hinzu, dann habt ihr Bordeaux.« (Victor Hugo)

Bordeaux – eine der Schönsten der Welt

Bordeaux kann zu den schönsten Städten der Welt gezählt werden. Man sagt, die Einwohner seien arrogant, aber wie freundlich und hilfsbereit die Menschen sind, kann ich belegen. Ich hatte von Lisa den Auftrag, für den Hund Modi Wurmsalbe zu beschaffen. Was heißt Wurmsalbe auf französisch? Heute weiß ich es, und ich verrate es Ihnen für den Fall, daß Sie ebenfalls mit einem solchen Auftrag in Frankreich unterwegs sind: *vermifuge* = wurmabtreibend. In vielen französischen Apotheken gibt es eine Veterinär-Abteilung, folglich zog ich durch sämtliche Apotheken von Bordeaux. Versuchen Sie einmal, in Gebärdensprache jemandem zu erklären, daß Sie Wurmsalbe für den Hund möchten. Ich lernte fast alle Apotheken von Bordeaux kennen,

Edle Weine für verwöhnte Zungen – im Weinkeller des Gutes Comtesse de Lalande.

erntete nicht nur heitere, sondern vor allem freundliche Gesichter, begegnete hilfsbereiten Menschen, die dicke Bücher wälzten, erwarb sehr heilkräftige Cremes, Pulver, Tropfen gegen mannigfache Wehwehchen bei Mensch und Tier und ein Paar Sandalen, in der letzten Apotheke schließlich gar *vermifuge*!

Ich beschreibe dennoch keine Apotheken, obwohl das durchaus ein umfangreiches Kapitel werden könnte. Ich nenne Ihnen auch nicht alle feinen Cafés, in denen man sitzen, schwatzen und Menschen begucken kann. Machen Sie doch selbst eine Apothekenrundreise. Suchen Sie sich doch Ihre Cafés selbst. Sie sind leicht zu finden!

Und von den zahllosen Sehenswürdigkeiten will ich nur wenige auserwählte beschreiben. Über Theater, Quartier Saint-Michel, Kathedrale Saint-André … bekommen Sie im Office de Tourisme auf dem Cours du XXX-Juillet ausreichend kostenloses Material.

Die Girondistensäule finden Sie ohne mein Zutun. Gammler, Touristen, Reisende, Pioniere … – wer nach Bordeaux kommt, steht irgendwann vor den Hufen der Pferde, die den Sieg der Republik symbolisieren und unter ihren Hufen die Lüge, die Dummheit, das Laster zerstampfen.

Der Brunnen mit der 43 Meter hohen, vom Genius der Freiheit gekrönten Säule steht auf der Esplanade des Quinconces, dem mit 126 000 Quadratmetern wohl größten innerstädtischen (und heute leider hauptsächlich für Autos Park-) Platz Europas. Wenn aber hier Floh- und Antiquitätenmarkt ist (*brocante* heißt alles Alte, was angeboten wird – über Preise muß man reden!), erfährt der Aufmerksame über die Kulturgeschichte Aquitaniens fast so viel wie in einem guten Museum. (Auf der Place Meynard werden dienstags bis freitags regelmäßig *brocantes* getrödelt). Montaigne und Montesquieu begegnen Ihnen als Statuen selbstverständlich am Rande der Esplanade des Quinconces.

An der Maison du Vin kommt ebenfalls in Bordeaux keiner vorbei, denn das Grand Théâtre, das Office de Tourisme, die Girondistensäule, die Eglise Notre-Dame liegen alle dicht dabei. Seltener steht allerdings auf Seite 1 der Prospekte, daß praktisch nebenan, im Hôtel des Quatre Sœurs, 1850 Richard Wagner einen ansässigen Weinhändler mit dessen Frau betrog. (Noch heute kann dort ein zahlender Gast übernachten. Aus Pietät oder Sparsamkeit ist seit Wagners Besuch außer einem Telefon mit der Nummer 05 56 48 16 00

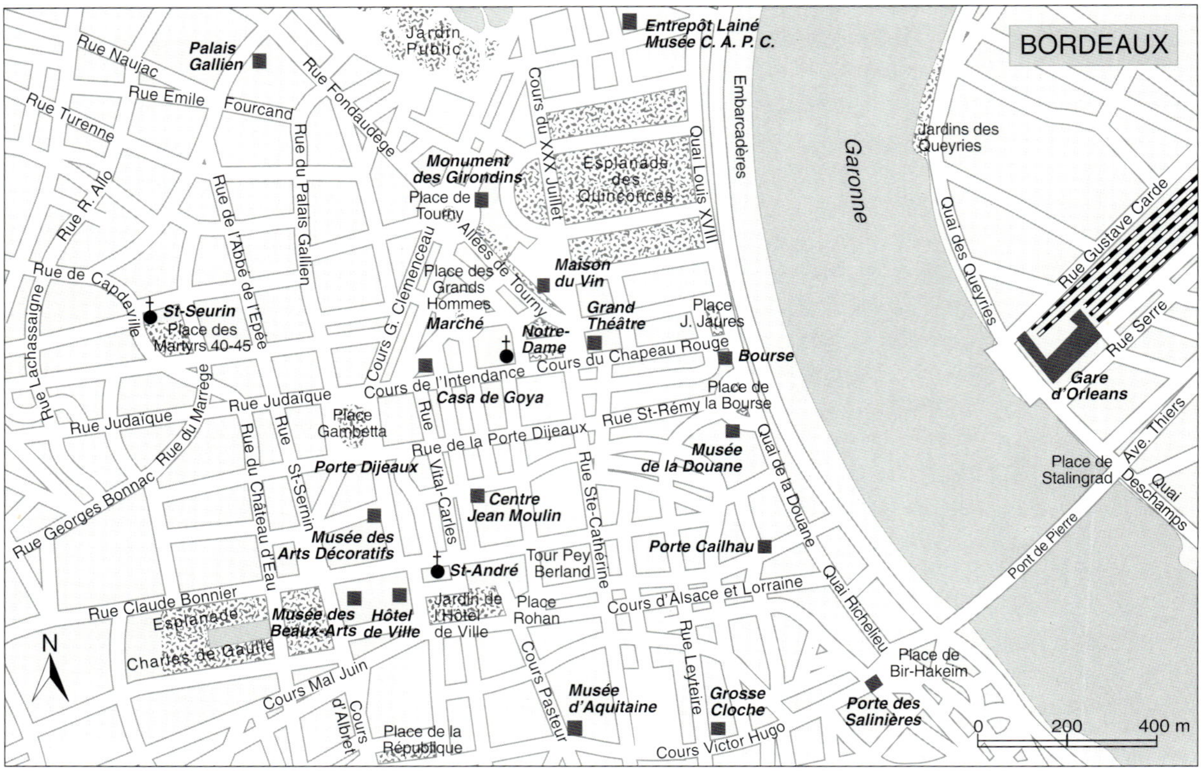

wenig angeschafft worden, doch sind die Zimmer, bedenkt man die Lage, preiswert.)

Fürs Shopping ist die Triangle d'Or, das goldene Dreieck, mit dem Marché des Grands Hommes in der Innenstadt von Bordeaux, allerbestens geeignet: Die großen Couturiers wedeln mit ihren letzten Kollektionen, die wichtigen Parfumiers sprühen ihre frischesten Düfte, die bedeutenden Juweliere demonstrieren ihre neueste Pracht.

Doch sollte man sich auf dem Cours de l'Intendance nicht durch die Auslagen der Boutiquen davon abhalten lassen, hin und wieder in die Höhe und auf die Fassaden der Häuser zu blicken, um beispielsweise am Haus Nr. 5 dem schmiedeeisernen Balkon die ihm gebührende Aufmerksamkeit zu schenken.

Der Literaturliebhaber muß sich – wie üblich in den Ländern mit freier Marktwirtschaft – von der Haupteinkaufsstraße mit den horrenden Mieten ein wenig entfernen, wird dann fündig in »La machine à lire« in der Rue du Parlement Saint-Pierre, außerdem in der »Librairie Mollat« in der Rue Vital-Carles und in weiteren guten Buchhandlungen dieser mit Montaigne, Montesquieu und Mauriac und anderen Geisteshelden verbundenen Stadt.

Zurück auf den Cours de l'Intendance, wo der angebotene neue Schick Sie nicht so blenden soll, daß Sie das Haus Nr. 57 übersehen, die Casa Goya, in der dieser Altmeister seine letzten Lebensjahre verbrachte. Die dritte Etage ist inzwischen Museum, in dem Reproduktionen von Werken des Namengebers, aber auch regelmäßig Ausstellungen neuerer spanischer Maler zu sehen sind. Vom Goya-Haus ist es nicht weit zur Rue Vital-Carles (der Rue mit der Librairie Mollat), wo Mauriac als Kind lebte, las und – es wird so gewesen sein – spielte.

Noch eine Prise Salz von der Art, mit der nach meiner Ansicht Geschichte gewürzt wird: Wer dem Cour, der feinen Einkaufsstraße, bis zur Porte Dijeaux folgt, erreicht die Place Gambetta, wo 1793 die Guillotine wirkte, an die man sich bei köstlichem Kaffee schaudernd erinnern mag.

Ein Rundgang durchs Chartrons-Viertel, bestimmt von der alten Weinhändlerkaste, wird Ihnen vom Informationszentrum sowieso mündlich oder auf Zetteln und in Broschüren (nach Bedarf auch auf deutsch) empfohlen. Chartrons nennt man Weinhändler in Bordeaux, deren Vorfahren immigriert sind. Das waren ursprünglich die

Chartreux, die Kartäuser, wegen ihres Glaubens vertrieben und vor dem alten Kern von Bordeaux angesiedelt. Dazu kamen Protestanten aus Deutschland, Holland, England. Sie handelten mit allem und vor allem mit Wein. Viele wurden reich, so daß *Pavé des Chartrons* (Pflasterstein der Kartäuser) allgemein ein Ausdruck für reiche Handelsherren ist. Zwar wurden auch ihnen die Geldsäcke gebeutelt, wenige hielten durch, viele gingen ein oder in Konzernen auf, doch ihr Viertel ist für Besucher aufgefrischt.

Bummeln Sie weiter durch den Botanischen Garten, durch Alt-Bordeaux, entlang dem Hôtel de Ville, dem Rathaus an der Place Rohan mit seiner Umgebung und schließlich durch den Hafen. Folgen Sie den Empfehlungen, empfehle ich. Antikes, Modernes, Geschäftiges, Geistiges, Kulinarisches, Ästhetisches und vieles mehr finden Sie, und zusätzlich spielen die Girondins de Bordeaux guten Fußball. Bei großen Spielen applaudiert Bürgermeister Alain Juppé von der Tribüne.

Immer wieder besuche ich das Entrepôt Laîné mit dem C.A.P.C.-Museum, nach meiner Ansicht einer der interessantesten Ausstellungsorte für zeitgenössische Kunst wegen eines mich völlig überzeugenden, genau in die Räumlichkeit passenden Konzeptes. Das Entrepôt Laîné (*un entrepôt* = ein Lagerhaus) im Quartier des Chartrons war im 19. Jahrhundert ein echtes Lagerhaus für Kolonialwaren, und ich stelle mir vor, wie aus dem prächtigen, mächtigen Gebäude damals die Düfte nach Zimt und Vanille (sicherlich gemischt mit dem Geruch nach Schweiß der Arbeiter) strömten. Der eigentliche und hauptsächliche Speicherraum ist riesig, duster, von Galerien gesäumt, seine Decke von Pfeilern gestützt – ein Traum in Stein. Diesen Raum auszugestalten, Objekte hinein zu installieren, die mit dem Raum und seiner Bedeutung korrespondieren, ist die Aufgabe, die jährlich einem auserwählten lebenden Künstler geschenkt wird. Die Installation bleibt ein Jahr, und es ist für den Macher lohnend, sich in das Werk zu investieren. So entstehen fast immer Gestaltungen, die mehr über ihren Urheber aussagen als in den meisten anderen Ausstellungen auf der Welt. Nicht Namen will ich nennen, sondern berichten, daß ich Ausstellungen dort erlebte, die von Gewürzen inspiriert waren, andere, die mit der Perspektive umgingen, solche mit Spiegeln, welche mit Lichtern… Versäumen Sie keinesfalls dieses Museum (s. S. 17)!

Reste des römischen Amphitheaters – das Palais Gallien.

Im Haus sind andere sehenswerte wechselnde Ausstellungen üblicher Art, auch eine mit Sachverstand zusammengestellte, wachsende Dauerkollektion, Werkstätten für in Bordeaux heimische Künstler, eine nutzbare Bibliothek, eine ausgezeichnete Kunstbuchhandlung (in der es auch Wein mit von Künstlern gestalteten Flaschenetiketten, T-Shirts mit Reproduktionen künstlerischer Werke, vor allem aber wirklich Bücher gibt), ein angenehmes, mit seiner Ausstattung sich ebenfalls in den Rahmen zeitgenössischer Kunst fügendes Restaurant mit guter Küche.

Ein anderes Museum dürfen Sie vor allem nicht unbeachtet lassen, wenn Sie mehr über Aquitanien erfahren möchten: Le Musée d'Aquitaine. Leicht zu finden ist es, wenn man den Quai bis zur Pont de Pierre wandert, dann den in

Der Girondistenbrunnen (Seite 104).

Die Statue von Charles de Montesquieu an der Esplanade des Quinconces (Seite 105).

MONTESQUIEU 1689-1755

Die Pferde der Girondistensäule symbolisieren den Sieg der Republik.

die Place de Bir-Hakeim mündenden Cours Victor Hugo wählt. Das hat den weiteren Vorteil, daß man auf dieser Straße im Vorübergehen (oder beim Stillestehen) die majestätische Porte des Salinières sehen kann. An der Ecke zum Cours Pasteur wartet das 1783 gegründete, schon deshalb einen bestaunenswerten Bestand zeigende Museum. 700 000 Jahre Geschichte Aquitaniens sind präsentiert.

Werke der Neandertaler wie der frühen Cromagnon-Menschen (Werkzeuge, Kunstwerke) weisen uns auf unsere Ursprünge hin. Was die Römer brachten, ist dokumentiert. Wie aus »Burdigula« Bordeaux wurde läßt sich erkennen. Teufel und Göttinnen, Mosaiken und Fenster, Reiche und Arme, Baudenkmäler und Särge, Handwerker und Krieger, Weise und Händler, Möbel und Porzellan begegnen uns. Den Hafen und seine

Informationen: Bordeaux

- Im **Café-Théâtre Onyx** an der Rue Philippart (Tel. 05 56 44 26 12) kann man das Angebotene mit Mund und Augen verzehren. Nur in Paris gibt es ältere Kaffeehäuser mit Darbietungen.
- **La Tupin** an der Rue Porte de la Monnaie (Tel. 05 56 91 56 37) ist ein Bistro, wie es im Buche steht. Mit speziellen Speisen und guten Weinen aus der Region kann man seinen Gaumen direkt verwöhnen. Besondere Produkte sind zum Mitnehmen zu erwerben.
- Frankreich, dem Feinschmecker auch Käseland, bietet, sagen Kenner, in Bordeaux mit **Jean d'Alos** in der Rue de Montesquieu den besten Käseladen.
- Junge Reisende haben in Bordeaux ihre auf sie zugeschnittene Auskunftei im **Centre d'Information de Jeunesse Aquitaine** – 5, Rue Duffour-Dubergier (Tel. 05 56 48 55 50).

Schiffe, das Land und seine Bauern, Schäfer und Winzer können wir begrüßen. Schließlich (wenn es einen Schluß des Entdeckens in diesem Museum gibt) sind da noch die Mitbringsel der Seefahrer aus aller Herren Länder: Masken, Waffen, Schmuck, Instrumente, Gefäße …

Allein wegen der Sammlungen muß man Zeit haben in Bordeaux. Im Musée des Beaux-Arts darf man stundenlang vor dem Original des aus Abbildungen in allen Kunstgeschichten bekannten *Griechenland auf den Trümmern von Missolunghi* des Delacroix stehen, doch dann muß man wiederkommen, um die anderen Bilder zu betrachten. Das Musée des Arts Décoratifs aber sollte man noch weniger links liegen lassen. Und … und … irgendwann schaue ich letztlich wieder von einem Straßencafé aus dem Leben zu, sehe und höre die Mopeds vorbeiknattern, auf denen ein Kasten montiert ist, an dem ein Staubsaugerrüssel hängt; die Fahrer schnupfen damit Hundehaufen, und immer fürchte ich, daß vor meiner Nase so ein Fahrzeug umkippt, der Behälter platzt …

Bordeaux ist konservativ und spannend, alt und neu, antik und schick, geschäftig und genußvoll, steinreich und weinreich und eine wunderschöne Stadt!

Ein kleiner Becher reinen Weins

Es verblüfft, aber es ist wahr: Der Wein wurde nicht in Aquitanien erfunden. Vergorener Traubensaft wird seit über 6000 Jahren getrunken. Ständig neue archäologische Funde künden von immer früherer Zeit des ersten Kelterns. Ein Anfang ist noch nicht abzusehen.

Fest steht, daß die Ägypter ungefähr 4000 Jahre vor unserer Zeitrechnung Reben angebaut haben. Etwa 2000 Jahre später erreichte diese Kultur über Nordafrika Europa, zuerst wohl Spanien, dann Italien, schließlich mit den Römern die von ihnen eroberten Gebiete, also auch Gallien, Aquitanien, Bordelais. Dort fand die Rebe das richtige Klima, förderliche Böden, Zungen, Gaumen, Kehlen, Mägen, die auf mehr als Wasser durstig waren, geschickte Hände und Köpfe für Produktion und Markt. So wurde den Besiegten Gutes gebracht, aus dem sie das Beste machten.

Gallier und Rheinländer meisterten bald ihre Sache süffiger als die Sieger, und so verlangte um 100 unserer Zeitrechnung der römische Kaiser Domitian die Vernichtung des Weinbaus in Gallien und Germanien. Obwohl er bald darauf erwürgt wurde, blieb das Edikt fast zweihundert Jahre bestehen. Damit wurde der frühe Weinanbau in dieser Gegend zum Geschäft der Kirche. An die Weinberge des Herrn trauten sich die Gesetzeshüter nicht so leicht.

Richtig los ging die Kultur des Pflanzens, Veredelns und Vermarktens von Rebensaft im 13. Jahrhundert, wozu auch Steuer- und Rechtsprivilegien beitrugen, beispielsweise die Befreiung von allen Zollabgaben für Bordelaiser Weine. Allerdings gab es immer wieder Rückschläge, etwa als während des Hundertjährigen Krieges die französischen Truppen das englische Heer bis ins Médoc verfolgten und dabei die Anbaugebiete verwüsteten. Solche Schicksalsschläge veranlaßten bereits im 16. Jahrhundert Weinbauern um Bordeaux und Weinhändler aus Bordeaux dazu, Landgüter zu gründen, sich zusammenzuschließen.

Die Landschaft mit der richtigen Menge Sonne und Regen, dem kieseligen und mineralreichen Boden, dem salzigen Wind vom Atlantik, den fleißigen und zähen Bewohnern wirkt wie geschaffen für das, was sie berühmt gemacht hat. Das war aber nicht von Anbeginn so. Bitter arm wäre das »Land der Mitte« (denn das bedeutet Médoc, weil es zwischen dem Meer und der gewaltigen Flußmündung als dreieckige Halbinsel liegt) mit Heide und Sumpf, mit kargem Kiesboden, vom Atlantik versalzen, vorm Meer die Dünen und Dünen und Dünen, dazu Binnenseen, an deren Ufern die Mücken tücken und Stacheln zücken, hätten nicht bereits die ersten Bourbonenherrscher angefangen, das Land durch holländische Ingenieure trockenlegen zu lassen, dabei nicht an Wein, sondern an Weideland und Getreidefelder denkend. Und heute genügt manchem weingebildeten *connaisseur,* sich vom hier erzeugten Rotwein einzig die Namen auf der Zunge

Bei der Weinernte im Sauternes (Seite 108/109).

In den Weinbergen des Médoc, nahe Lesparre.

zergehen zu lassen, um berauscht zu werden: Margaux, Lafite, Mouton …

Die Reben sind mit dem mineralreichen Boden zufrieden, saufen sich mit Sonne prall, füllen mit im Sommer gesammeltem Gold den renommierten Weingutsbesitzern auch im Winter die Taschen. Und das brandungsreiche, klare Meer hat sich einen Sandstrand gemahlen, der ist wie gemalt – aber längst entdeckt. Ja, das Médoc wäre arm, war arm, ist reich und reizvoll – es ist wie im Märchen: Der verstoßene Prinz findet einen Schatz und lebt glücklich bis an sein Ende (wenn ihm nicht Industrie und Profitgier ein anderes Ende bescheren).

Aber damit bin ich gewaltig in die Zukunft gesprungen; dabei ist die Vergangenheit noch unbewältigt. Zur 1855 unter Napoleon III. in Paris organisierten Weltausstellung wurde von der Handelskammer in Bordeaux der Wein in die *Grands Crus* klassifiziert und geriet spätestens da in aller Feinschmecker Münder. Diese erste ganz große Zeit fand ihr jähes Ende knapp nach der Weltausstellung mit dem Auftreten der *Phylloxeridae*, der aus Nordamerika eingeschleppten Zwerglaus, die, unterstützt von einheimischem echtem und falschem Mehltau, bis 1870 fast die gesamten Ernten vernichtete. Doch die Winzer traten zum Kampf an, bepflanzten ihre Anbaugebiete neu mit resistenten Rebstöcken, und als der Export wieder aufblühte, wurde er vom Ersten Weltkrieg gewürgt, aber nicht ganz erstickt.

Mit den berühmten Jahrgängen von 1921, 1924, 1928 und 1929 (hätten Ihre Eltern oder Großeltern davon ausreichend eingekauft, wären Sie jetzt reich) erholten sich die Weingutsbesitzer des Médoc kurzfristig, wurden dann von den Wirtschaftskrisen der dreißiger Jahre gebeutelt, vom Zweiten Weltkrieg zu Boden geschlagen, richteten sich wieder auf, wurden 1956 von den frühen und strengen Frösten kalt erwischt … – ein empfindliches Gewächs, ein empfindliches Geschäft, der Wein.

Wein auch als unübersehbare Landmarke.

»Denn Wein macht geduldig ...«

Die großen Gutsbesitzer, Genossenschaften, Konzerne mit Teilhabern aus Großbritannien, Australien, Kanada und Japan haben Macht und flüssiges Kapital nicht nur in den *chais*, den Lagergebäuden, vor allem auf den Banken, sogar Kredit im Notfall. Die kleinen, störrischen Weinbereiter, die sich nicht wie einen billigen Tischwein schlucken lassen wollen, sind auch reich, besitzen Haus und Land und Wein, nur kein Bargeld. Und wenn die Ernte schlecht ist, darben sie. Oft schauen sie gen Himmel, und sie beten um das richtige Wetter. Kommt man mit alten Winzern ins Gespräch – und das geht gut beim Wein – hört man viele stolze und traurige Sätze:

»Früher, mit Pferden, brauchte man, um 1000 Stöcke zu bearbeiten, einen ganzen Tag. Heute, mit dem Traktor, macht man das in einer Stunde. Dennoch lebte man damals ruhiger, feierte, sang, spielte, fing Fische, ging auf die Jagd. Heute hat man dazu keine Zeit. Und die Traktoren stinken und sind alle gleich und erkennen niemanden wieder. Mein Gaul hat mich immer als Kumpel begrüßt.«

»Nostalgie? Nein. Ich bin nicht gegen Veränderung. Allerdings wachsen gute Weinstöcke langsam. Und wenn sie müde werden, muß man sie durch junge ersetzen. Nach und nach – denn Wein macht geduldig. Während des Wachsens. Während des Reifens. Während des Genießens.«

Und da wir schon von Jahrgängen erfahren haben, seien weitere genannt, für die man heute ein gutgefülltes Konto braucht:

1937 – (mein Geburtsjahr, vielleicht deshalb) bukettreiche Weine
1947 – großes Jahr, kräftige, ausgewogene Weine
1949 – feine Weine
1955 – harmonische Weine
1959 – Weine mit reichem Geschmack
1961 – körperreiche Weine
1962 – gehaltvolle Weine
1970 – ausgewogene und reife Weine
1971 – elegante Weine
1975 – sehr kräftige und ausgeglichene Weine
1976 – kräftige und geschmeidige Weine mit reichem Geschmack
1978 – nervige Weine mit kräftiger Farbe
1982 – tanninhaltige, sehr reife Weine
1983 – kräftige, tiefrote Weine
1985 – Weine mit Eleganz und guten Eigenschaften
1986 – ein großer Klassiker
1988 – Weine, die sehr gut altern können
1989 – außergewöhnlicher Jahrgang durch frühe Lese

Ich (der ich gern Wein trinke, aber nicht zu den großen Schnüfflern und Schmeckern mich zählen darf) hatte einen Wein entdeckt, der mir gut schmeckte. Von einer befreundeten Supernase wollte ich mich bestätigen lassen, zog also mit ihm zum betreffenden Winzer. Ich beobachtete die ganze Prozedur. Mein Freund hielt den Wein im Glas gegen das Licht, prüfte die Farbe, er schwenkte ihn, sog mehrfach seinen Duft ein, nahm eine winzige Menge hinter die Lippen, kaute darauf herum, ließ sie – ich hielt den Atem an – mit Bedacht und geschlossenen Augen Millimeter für Millimeter über die Zunge von Rand zu Rand zu Schlund und wieder zurück rollen, hechelte sie durch die Zähne, drückte sie gegen Wangenwände und Gaumen, gurgelte damit, spuckte sie aus, bedachte Angang und Mitte mit allen von mir erwarteten blumigen Worten, beschloß sein Urteil sanft mißbilligend: »Nur im Abgang leicht sockig.«

Er war arg verdutzt, als ich, ohne betrunken zu sein, vor Lachen von der Bank unter den Tisch rutschte. Seitdem benutze ich seinen Satz für angenehm beginnende Abenteuer, die bei der Schlußbetrachtung doch nur seicht waren, benenne sie als im Abgang leicht sockig.

Vermutlich ist es mit dem 95er Bordeaux nicht so. Der Sommer des zu besprechenden Jahres war lang, heiß und trocken. Im Juni, Juli und August wurde an insgesamt 67 Tagen über 25 Grad Celsius gemessen, an 34 Tagen sogar 30 Grad und mehr. Das bekam den Cabernettrauben, wenn sie an älteren Rebstöcken reiften, deren Wurzeln tief genug reichten. Als im September zwei Mal der Regen kam, wirkte er nicht auf alle Böden und Traubensorten gleich, und so sind einige Rotweine großartig, andere nur gut, manche Weißweine exzellent (Sauternes), etliche eher durchschnittlich. Der erste Regen pladderte vom 6. bis 8., der zweite vom 14. bis 17. September. Wo die Winzer nach den ersten Regenfällen nicht den Mut hatten, mit ihrer Merloternte zu warten, gab es einen normalen Wein; die Mutigen, die nach dem 21. September mit der Lese begannen, wurden mit hoher Qualität belohnt.

Die Quantität jedenfalls ist gering, der festgelegte Höchstertrag von 65 Hektolitern pro Hektar wurde im Médoc nicht erreicht. In Saint-Julien waren es sogar ein Drittel weniger. Auch Jean Miailhe, der Präsident des mächtigen »Syndicat des Crus Bourgeois«, der meistens das gesetzte Ziel erreicht, hatte mehr als zehn Prozent weniger Ausbeute, aber sein Château Verdignan brachte dafür – so sagen Fachleute – den besten Wein, der dort je erzeugt wurde. Die geringere Menge soll einen konzentrierteren und dichteren Wein bewirkt haben.

Weinreben im Schatten der Vergangenheit – Saint-Emilion.

Da man sich darauf verlassen kann, daß in dieser ihren Ruf hütenden Region die Prüfer für Weine der Spitzenklasse auf Güte achten, sind viele Weine junger Reben aussortiert worden. Das bedeutet, daß der Käufer bei zweitklassigen Weinen vorsichtig sein muß. Es wird schon einige 95er Bordeaux-Weine geben, die im Alter immer sockiger im Abgang werden.

Weine wie Latour, Mouton, Ducru-Beaucaillou, Pichon-Lalande, Rothschild sind dagegen Jugendliche mit vorzüglichen Anlagen und lassen auf eine große Zukunft hoffen.

Es gibt vielversprechende Rotweine des 95er Jahrgangs aus den Anbaugebieten um Blaye, Côtes de Bourg und Entre-Deux-Mers, etwa Plaisance, Le Gay, Roustaing, Carsin, Peyraud, Peybrun, und sie werden nicht die Preisanstiege der weltbe-

Ein stolzes Anwesen: Château Pichon-Longueville.

kannten Marken nachvollziehen. Aus dem Médoc sind beispielsweise Cantemerle, Camensac, Citran und Potensac empfehlenswert, aus weiteren Regionen Weine wie Cos d'Estournel, Calon-Ségur, Lafon-Rochet, La Dame de Montrose (ein preiswerter, geglückter Zweitwein), Le Crock, Pontet-Canet, Clerc-Milon, d'Armailhac, Batailley, Fonbadet, Poujeaux (besonders hoch gelobt!), Clarke, d'Issan, Ferrière, Malescaut-Saint-Exupéry, Cheval-Blanc, Pavie, Louis Rapin und Château Faizeau (zwei Weine aus alten Rebstöcken in Montagne Saint-Emilion), Pétrus, l'Evangile, Fleur de Gay, Guiraud, Climens, de Malle, Nairac ....

Wunderbar und rar und deshalb teuer sind für das beschriebene Jahr Latour, Mouton Rothschild, Pichon-Lalande, und die Preise werden nach oben springen! Wer sie jetzt kauft, wird vermutlich um das Jahr 2030 sagenhafte Schätze schlürfen dürfen. Und die 95er Weine aus Saint-Julien machen wohl eine Einkaufsreise auf Dauer bezahlt. Über die berühmten Weine von Margaux streiten sich die Fachleute. Wird er ein weiser Alter oder ein greiser Falter? – das ist hier die Frage.

Einheitlicher ist das Urteil über die Weißweinernte 1995 im Graves – sie ist nicht so gut gelungen.

Das Ergebnis ist also unterschiedlich, aber wer mit Geschick und Mut einkauft, kann seine Sammlung damit vervollständigen oder für den Beginn einer Sammlung einen glücklichen Start haben. Teurer werden viele Weine jedenfalls von Jahr zu Jahr, und die Spitzenweine mit Prestigenamen sind bereits jetzt nur mit gespicktem Geldbeutel und Beziehungen zu bekommen.

Nutzen Sie die gegebenen Tips. Irrtum ist nicht ausgeschlossen. Besuchen Sie Produzenten und probieren Sie durch. Ein Gewinn (Lust, Wein, Geld) ist Ihnen sicher.

Bei den empfohlenen Weinnamen bin ich weitgehend dem bewährten Vorkoster Alan Winkleman gefolgt, der ausführlich über seine *dégustations* von fast dreihundert 95er Weinen aus Aquitanien in einer Broschüre berichtet, die man bestellen kann (bei Alan Winkleman, Ehrenbergstraße 25, 22767 Hamburg).

Verlassen Sie sich als Laie auf den Fachmann. Oder wollen Sie auf einer Weinreise dreihundert

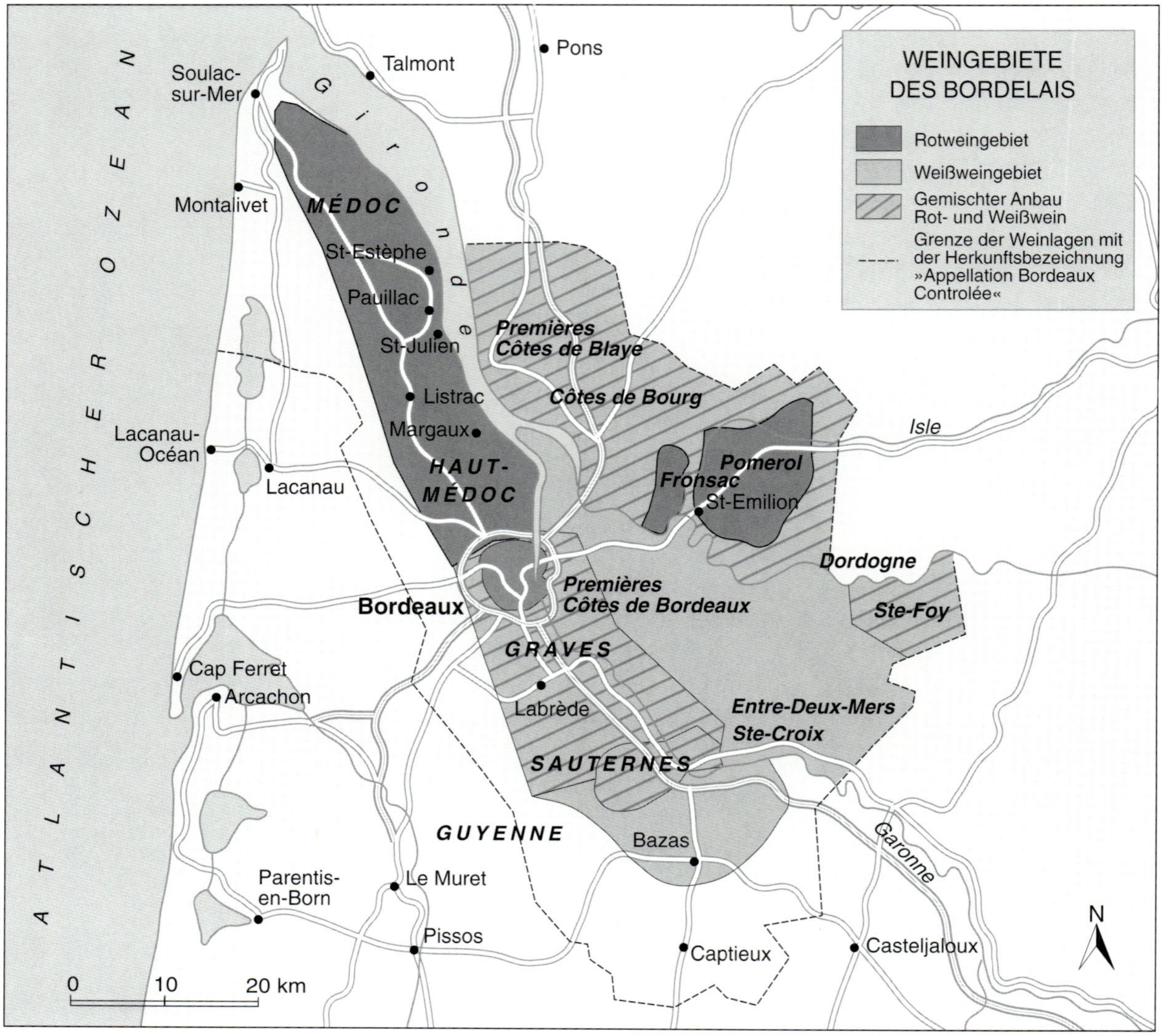

Weine probieren? Wollen Sie dabei den Wein nicht spucken, sondern schlucken? Die Fachleute schlucken höchstens aus Versehen einen Tropfen, die Laien spucken schließlich doch, wenn sie wirklich so viel probieren, wie sie kriegen können. Und wenn so ein heldenhafter Weinliebhaber sich tatsächlich durch etliche Sorten auf mehreren Gütern gekämpft hat, kann es ihm passieren, daß er sich letztlich mit lallender Zunge und zitteriger Unterschrift hundert Flaschen Lorke bestellt, die dann in seinem Keller immer ungenießbarer wird. Lorke – nebenbei sei es mitgeteilt – kommt vom lateinischen *laura,* und so hieß der entsetzliche römische Arbeiterwein, den sogar arme Gallier zu der Zeit trinken mußten, als das Pflanzverbot des Kaisers Domitian ihnen die eigenen Rebstöcke verbot.

Momentaufnahme an einer Kirchen-Hintertür im Weinstädtchen Saint Emilion.

Informationen: Rund um den Wein

🛈 Besichtigungen, Weinproben, Veranstaltungen und auch noch andere Informationen vermittelt:
C. I. V. B. = Conseil Interprofessionnel des Vins de Bordeaux 1, cours du XXX Juillet, 33000 Bordeaux (Tel. 05 56 00 22 66/Fax 05 56 00 22 77)

• Weinmuseen, meistens mit Weinproben, gibt es etliche, z. B.:

Les Chais Ryst-Dupeyron, 12, cours du Médoc, 33300 Bordeaux (Tel. 05 56 39 53 02)

Musée des Chartrons, 41, rue Borie, 33000 Bordeaux (Tel. 05 56 44 27 77/Fax 05 56 52 70 44)

Château Mouton-Rothschild, 33250 Pauillac (Tel. 05 56 59 22 22/Fax 05 56 59 25 09)

Château Loudenne, St Yzan du Médoc, 33340 Lesparre (Tel. 05 56 09 05 03/Fax 05 56 09 02 87)

🛈 Die Adressen von Weingütern, die zu besichtigen sind, in denen fast immer auch Wein verkostet werden darf, erhält man auf Nachfrage bei:

Service Loisirs Accueil Gironde, 21, cours de l'Intendance, 33000 Bordeaux (Tel. 05 56 52 61 40/Fax 05 56 81 09 99)

Es lassen sich auch Tagesfahrten mit Besichtigungen bekannter Châteaux und dem Verkosten anerkannter Weine buchen über:

🛈 Maison des Vins et du Tourisme du Médoc, La Verrerie, 33250 Pauillac (Tel. 05 56 59 03 08/Fax 05 56 59 23 38)

Office de Tourisme Saint-Emilion, Place des Créneaux, 33330 Saint-Emilion (Tel. 05 57 24 72 03/Fax 05 57 74 47 15)

• Als reizvolle Alternative kann man sich zur Entdeckung von Weingütern im Raum Saint-Emilion vom obengenannten Touristenbüro eine Zugreise zusammenstellen lassen.

Und man kann sich über die Produktion und ihre Finessen belehren lassen, dadurch ein größeres Verständnis für Weinqualitäten gewinnen. Das ist in einem Blitzkurs möglich im Rahmen einer Besichtigung, etwa bei

🛈 Bordeaux et Bordeaux Supérieurs, Maison de la qualité, 33750 Beychac et Caillau (Tel. 05 56 72 90 99/ Fax 05 56 72 81 02)

oder sogar durch einen der Kurse in der Weinbereitungslehre, die von mehreren Veranstaltern angeboten werden, auch vom bereits genannten C.I.V.B. und im gleichfalls bekannten Château Loudenne.

Möglich ist es auch, mit etwas Glück nach Anfrage beim C.I.V.B., an einer abendlichen Weinprobe im Beisein von Weinfachleuten teilzunehmen, um dabei sein Talent auszubauen.

Und wenn Sie nun, ach, neben Theologie und Wetterkunde studieret haben die hohe Kunst des Weinmachens und Weinschmeckens, dann besteht sogar die Möglichkeit, einer der zwölf Bordelaiser Bruderschaften beizutreten, die aus Winzern, Weinhändlern und kenntnisreichen Liebhabern bestehen. Dazu müßten Sie sich direkt an den Grand Conseil du Vin de Bordeaux, den Hohen Rat für Wein, wenden, dessen Anschrift und Telefonnummern mit denen des C.I.V.B. identisch sind.

🛈 Den C.I.V.B. vertritt in Deutschland:
Bordeaux Wein Information, Bockenheimer Landstraße 104, 60323 Frankfurt,(Tel. 069-97 57 09 20/Fax: 069-97 57 09 22)

Vokabular zum Mitreden

Appellation controlée – Kontrollierte Herkunft. Die anerkannten Gebiete mit unterschiedlichen Böden und deshalb unterschiedlichen Weinen sind Médoc, Haut-Médoc, Saint-Estèphe, Pauillac, Saint-Julien, Moulis, Listrac-Médoc, Margaux.

Assemblage – Zusammenstellung. Komposition verschiedener Rebsorten zu einem ausgewogenen Wein.

Avoir la gueule de bois – Das Maul aus Holz haben. Verkatert sein.

Avoir une sacrée descente – Einen geheiligten Abgang haben. Etwas vertragen können.

A votre santé – Auf Ihre Gesundheit. Prosit.

Ban des vendanges – Bekanntmachung der Lese. Seit dem Mittelalter die offizielle und mit einem Fest verbundene Ankündigung des Beginns der Traubenernte durch den Präfekten im September.

Barrique (bordelaise) – Faß (aus der Gegend von Bordeaux). Weinfaß aus Eichenholz mit 225 Litern Fassungsvermögen.

Bontemps – Gute Zeiten. Im Médoc das Holzgefäß, in dem Eischnee geschlagen wird, um damit Wein zu klären; danach sind die Kopfdeckel benannt, die von Mitgliedern der »Commanderie du Bontemps« (der Bruderschaft der Eischneeschüssel) getragen werden.

Bouchon – Korken. Bestenfalls aus der Korkeiche und über 5 cm lang, damit man den Wein gut aufbewahren kann.

Informationen: Rund um den Wein

Bouillie bordelaise – Bordelaiser Brei. Manchmal sehr sorglos versprühtes, giftig schillerndes Fungizid aus Kupfersulfat mit gelöschtem Kalk gegen Mehltau, erfunden von Millardet und Gayon, denen im Château Dauzac in Labarde ein Denkmal gesetzt ist.

Cabernet Franc – Im Médoc nur in geringer Menge kultivierte Rebsorte, dennoch für das Aroma wichtig.

Cabernet Sauvignon – Dominierende Rebsorte im Médoc, befähigt den Wein zu würdigem Altern.

Cave – Keller. Ein guter Weinkeller soll dunkel, leicht feucht, möglichst geruchsfrei und konstant um 15 Grad temperiert sein.

Chai – Lagergebäude für Fässer; wichtiger, oft größer und teurer als das Château, zu dem es gehört.

Château – Schloß. Sowohl jedes Gebäude, von dem aus ein Wein regiert wird, als auch Bezeichnung für diesen Wein.

Clairet – Heller Rotwein. Seit einigen Jahren mit kurzer Gärung hergestellter Wein zwischen *rouge* und *rosé*.

Claret – Englische Bezeichnung für Bordeaux-Rotweine, die früher weniger kräftig gefärbt waren als die meisten anderen.

Crus classés – Klassifizierte Gewächse. Bewertete Weinsorten in fünf Klassen von Premiers Crus (Spitzenerzeugnis) bis Cinquième Crus (noch immer vorzügliche Gewächse).

Crus artisans – Urhebergewächse. Vom europäischen Weingesetz nicht anerkannte Bezeichnung für Reben, die von Kleinweinbauern vinifiziert werden; die Produkte kann man fast nur beim Winzer kaufen; wer geduldig sucht, kann irgendwann eine Sorte entdecken, die den Erzeugnissen großer Häuser in keiner Weise nachsteht.

Cuvée – (Die) Wanne (ist) voll. Zu Wein gewordener Inhalt einer Bütte (eines Gärfasses); Besonderheit der Médoc-Weine ist, daß sie nicht (wie in anderen Weinbauregionen) aus einem Cuvée mit nur einer Rebsorte stammen, sondern das Ergebnis einer sorgfältigen Zusammenstellung der hier angebauten Rebsorten sind.

Dégustation – Abschmecken. Die hohe Kunst des Weinprobierens, bei einer Weinprobe genießt man sich von den jüngeren zu den älteren Weinen; junge Weine nimmt man mit 16 Grad Celsius in den Mund, reife sollten chambriert sein, die Raumtemperatur von schlecht geheizten Speisesälen in alten Schlössern, also 18 Grad haben; ehrwürdiger Wein sollte zärtlich in eine Kristallkaraffe dekantiert sich zwei Stunden ausruhen dürfen; im Land der Weinmeister nimmt man Regeln (wie: zu Fisch gehört Weißwein) nicht ernst, doch zu einer Vinaigrette sollte man wirklich keine edlen Tropfen reichen.

Domaine – Landsitz. Synonym für Château.

Entrecôte à la Bordelaise – Rinderrippenstück auf Bordelaiser Art. Rippenstück vom Rind wird auf Weinranken gegrillt und kurz vor dem Servieren mit gehackten Schalotten bestreut.

Être gris – Grau sein. Blau sein.

Fête de la fleur – Fest der Blüte. Von Bruderschaften im Mai oder Juni gefeierte Blüte der Reben.

Maître de Chais – Kellermeister. Von ihm hängt das Gelingen des Weines ab; seine traditionelle Berufstracht sind ein schwarzes Wams und eine Lederschürze.

Merlot – Wichtige Rebsorte, die Bordeauxweine früh reifen läßt und ihren Geschmack weich und (wie der Fachmann sagt) rund macht.

Millésime – Jahrgang: Jahr der Lese.

Mis en bouteille au château – Auf Flasche gezogen im Schloß. Vom Erzeuger in der eigenen Kellerei in Flaschen abgefüllt, da weiß man, was man hat; die übliche Bouteille heißt Bordelaise, faßt 0,75 Liter, soll mit dunklem Glas den Wein vor Licht schützen.

Négociant – Weinhändler. In der Gironde nicht nur Kaufmann, sondern Weinexperte.

Petit Verdot – spät reifende, weniger angebaute Rebsorte, dennoch wichtig für Farbe, Säure, Alkoholgehalt (und für das, was der Kenner Körper nennt) des Rotweins aus dem Médoc.

Plein comme une huître – Voll wie eine Auster. Besoffen sein.

Poisson sans boisson est poison – Fisch ohne Getränk ist Gift. Fisch muß schwimmen.

Sommelier – Weinkellner. In superguten Superrestaurants der Superfachmann für den Wein.

Tisane à Richelieu – Richelieus Kräutertee. Als Richelieu sich im 18. Jahrhundert nach Aquitanien zurückzog, trank er nach eigener Aussage den Bordeauxwein zur Kräftigung, deshalb nannten die Bordelaiser ihren Wein *Tisane à Richelieu*.

Spurensuche –

die Schlösser der Herren Mauriac, Montaigne und Montesquieu

Auch der nur gelegentliche Weinkonsument, sogar der Weinverächter kann, nicht nur an der bereits beschriebenen Atlantikküste, sondern in Stadt und Land des Departements Gironde, im Wald und auf der Heide seine Freude finden. Natürlich schwebt über allem der milde Weingeist, und selbst die drei großen »M« von Aquitanien hantierten mit dem Weinstein der Weisen. Aber Gascogner sind tolerant, und wenn ein Gast seinen Wein stehenläßt, dann versuchen sie, die hochgezogenen Augenbrauen durch Kopfschütteln zu verwischen.

Die drei großen »M« sind nicht die drei Musketiere, obwohl d'Artagnan und Aramis mit Wassern Aquitaniens getauft sind. Die drei großen »M« sind Mauriac, Montaigne und Montesquieu – zu ihnen starte ich jetzt eine Reise.

Von Bélis über Roquefort Richtung Langon, dann nach Saint-Macaire. Genießen Sie diese Stadt mit der oft gefilmten Place du Mercadiou, mit der bestaunenswerten Kirche Saint-Sauveur. Ich habe sie verlassen, um etwa drei Kilometer nordöstlich Schloß Malagar zu finden, den ehemaligen Wohnsitz von François Mauriac.

Geboren 1885 in Bordeaux, streng katholisch erzogen, 1933 in die Académie française aufgenommen, während des Zweiten Weltkriegs aktiv in der *Résistance*, konservativer Publizist und de-Gaulle-Anhänger mit großem Einfluß durch Aufsätze in *L'Express* und *Le Figaro*, wurde ihm 1952 der Nobelpreis für Literatur zuerkannt. Er starb 1970 in Paris. Seine Romane und Erzählungen vermitteln ein Bild vom Bürgertum im Bordelais. Der Großvater von François Mauriac, ein reicher Holzhändler, hatte Malagar 1843 gekauft. Hier verbrachte der Enkel Osterferien, Mauriac Zeitanteile seines Lebens, empfing der Schriftsteller Inspirationen durch Land und Leute ringsumher, hatte er Ruhe für größere Arbeiten. Vor dem Schloß steht eine prachtvolle Linde. Stämmige Feigenbäume tragen Früchte. Ein schmaler Spazierweg führt zu des Autors einstigem Lieblingsplatz. Ich saß auf der Bank, von der aus Mauriac übers Land mit Reben schaute. Reben schaute? Im Alter war der Nobelpreisträger fast

François Mauriac – die Büste stand im Jardin Public in Bordeaux, wurde inzwischen aber gestohlen.

blind. Und Reben gab es eine Zeitlang auch nicht, sie waren von Zwergläusen weggerafft. Nichts ist vollkommen.

Fast gegenüber, im Schloß Malromé, wohnte (und trank garantiert gern vom Rotwein des Landes) in seinen letzten Lebensjahren bis zu seinem Tode im September 1901 Henri de Toulouse-Lautrec.

Ob der junge François irgendeinen Kontakt mit dem außen so kleinen und innen so großen Maler hatte? Ich habe nichts darüber gefunden und vermute, daß die gläubige Familie Mauriac jeden Kontakt mit dem Mann mied, der für sie bestimmt nur als »Alkoholiker« und »Sittenstrolch« galt. Aber ich erdichte mir eine fiktive Begegnung zwischen dem voranschreitenden reichen Großvater, dem strengen Vater Mauriac mit dem klugen Sohn François an der Hand und dem möglicherweise zwischen seinen Krücken schwankenden Henri in Verdelais – Pharisäer treffen den Zöllner…

Auch Schloß Malromé ist zu besichtigen und birgt interessante Möbel aus der Zeit Napoleons III. und – interessanter – von Toulouse-Lautrec gemalte Bilder. (Zwar handelt dieses Buch von Aquitanien, dennoch soll geschrieben sein, daß ich Ihnen dringend empfehle, auf einer An- oder Abreise den kleinen Abstecher nach Albi zu machen, denn im Museum dieser sehenswerten Stadt warten Schätze auf Toulouse-Lautrec-Liebhaber.)

In Verdelais hätten der alte Maler und der junge François sich begegnen können, denn für beide wäre es von den jeweiligen Schlössern aus nur ein Katzensprung gewesen. Ich stelle mir vor, daß der junge François vor den Eltern, die noch mit einer Glaubensschwester schwätzen wollten, aus der Basilika kam, den Krüppel sah, von seiner Neugier die Warnungen der Eltern besiegen ließ … Die beiden hätten miteinander geplaudert, wären den Vorurteilen der Mauriac-Familie zum Trotz Freunde geworden … Möglicherweise wäre Mauriac ein etwas anderer, dabei ebenso bedeutender Autor geworden.

Die Basilika hätte Toulouse-Lautrec kaum aus Glaubensgründen betreten. An eine Heilung durch die wundertätige Jungfrau hat er bestimmt nicht geglaubt. Die Basilika Notre-Dame in Verdelais war im Mittelalter ein Ziel für Wallfahrer, aber auch heutigentags strömen vor allem an jedem 15. August und an jedem 8. September noch Scharen von Gläubigen und Wundersehnsüchtigen zur *Statue de la Vierge Miraculeuse*. Die Wände der Kirche sind bedeckt mit Dankschildern für Heilungen seit dem 14. Jahrhundert. Gelähmt wurden die Menschen hineingetragen,

Das Château de La Brède – hier lebte Montesquieu. Seine Bibliothek umfaßte 7000 Bücher.

kann man lesen, frohgemut und auf eigenen Beinen hüpften sie hinaus, Maria sei Dank.

Auf dem Friedhof von Verdelais liegt Toulouse-Lautrec begraben. Natürlich suchte ich sein Grab. Es ist eine schlichte Stätte, hat auch keinen besonderen Schmuck. Eine einzelne frische Rose lag einsam im sandigen Rechteck.

Sein Nachbar auf dem Friedhof ist Patoche Hervé, und dessen Grab ist größer, fällt mehr ins Auge, denn statt eines Kreuzes oder eines Engels klemmt in der Grabplatte zum Abstoß bereit ein schwarzweißer Marmorfußball. Ich vermutete, daß Patoche Hervé (das ist der verewigte Kosename, der richtige, ebenfalls zu lesende ist Patrick Helluin) mindestens ein Nationalspieler gewesen sei. In der örtlichen Kneipe klärte man mich auf: Der Junge war bei einem Unfall ums Leben gekommen, ein Fußballspieler des Lokalvereins. Mit so einem auffälligen Grab neben dem eines wichtigen Malers kann man noch im Tode zu Ruhm kommen.

Nordwestlich von Verdelais und ganz nahe liegt Sainte-Croix-du-Mont, ein Örtchen, das man auch nicht verpassen sollte, wenn man kein Liebhaber süßen Weines ist. Außer mit Likörweinen kann man sich im Dorf natürlich mit trockenen Weiß- und Rotweinen eindecken. Aber die süßen Weine sind Stolz und Ruhm der Gegend. Sie haben ihren Preis und sind ihn für den, der sie mag, wert. Die Trauben, aus denen diese Zungenschmeichler gekeltert werden, sind am Stock sehr reif geworden, von dem Pilz *Botrytis Cinerea* (der Edelfäule) befallen, violett bis braun und runzlig, und genau deshalb haben sie einen erhöhten Zuckergehalt. Damit das alles auf die richtige Weise geschieht, ist ein täglicher Wechsel zwischen Feuchtigkeit und Trockenheit, ein besonderes Mikroklima nötig, und das gibt es hier.

Zu einem ganz bestimmten Zeitpunkt müssen die Früchte gepflückt werden, doch der Pilz befällt sie nicht gleichmäßig, weshalb die Winzer in mehreren Durchgängen ernten, bei jedem Durchgang mit Expertenblick nur die Trauben im richtigen Stadium abnehmen. Und trocken müssen sie sein. Der leiseste Nieselregen stoppt die Lese. Für diese Weine dauert die Lese stets länger als einen Monat.

Weil die Trauben geschrumpelt sind, haben sie wenig Saft. Deshalb ist es nur wenig untertrieben, wenn gesagt wird, daß ein Weinstock ein

Glas Wein ergibt. Natürlich muß der herrliche Most sehr lange und sehr fürsorglich gepflegt werden, damit er schließlich zu einem Wein wird, dessen Gleichgewicht zwischen Alkohol und nicht vergorenem Zucker harmonisch ist. Und wenn Sie das wissen, erscheint Ihnen der Preis nicht mehr so hoch, vor allem, wenn der Wein Ihnen schmeckt, der den Genießer wundervoll beschwingt und ihm den Kopf nicht beschwert.

Doch nicht nur des Weines wegen ist Sainte-Croix-du-Mont einen Besuch wert. Eine wahrhafte Bilderbuchburg mit Zinnen, Türmen, Brustwehren steht auf fossilen Austernbänken. Von hier hat man einen großartigen Überblick über eine weite Weinlandschaft. Es ist atemberaubend schön, die Landschaft im Sonnenlicht mit Rebstöcken, mit Garonne und Sauternais von hier zu betrachten.

Der Fernblick ist nicht alles. Der Nahblick auf die riesigen Austernbänke aus dem Tertiär unter der Burg verzaubert auch. Man kann sie mit Geologenaugen prüfen oder mit Kinderaugen Märchenwesen darin suchen. Und in einer der Grotten kann man Wein probieren und kaufen. Wer auf den Geschmack gekommen oder neugierig geworden ist, kann ihn auch bestellen beim Syndicat Viticole de Sainte-Croix-du-Mont, Les Grottes, 33410 Sainte-Croix-du-Mont (Tel. 05 56 62 01 54, Fax 05 56 76 71 65).

Die von Engländern im Mittelalter erbaute Burg heißt übrigens Château de Tastes. Ähnlich hübsch ist auf der gleichen Austernbank Château de Loubens mit einem Taubenhaus aus dem 12. Jahrhundert. Und vom Rande des Kirchplatzes aus lassen sich ebenfalls genießerisch irdische Gefilde begucken. Vor der Kirche, letztlich auch auf den sagenhaft alten, fleisch- und perlenlosen Austern, steht ein ausgesprochen aggressiver Hahn aus Stein für die Gefallenen, aber die Kriegerdenkmale krähen in aller Welt chauvinistisch.

Ich verlasse den Ort, wo sich lustvoll vom gold'nen Überfluß trinken läßt, was die Wimper und die Kehle hält, wähle die D 10 Richtung Bordeaux, zähle nicht alle kleinen und großen Sehenswürdigkeiten auf, empfehle nur, in der alten Bastide Cadillac zu bummeln und dabei das gewaltige Schloß der Herzöge von Epernon zu beachten, das galloromanische Städtchen Rions nicht zu übersehen, auf die D 219 nach links abzubiegen, ein Stück auf der N 113 nördlich zu fahren, die »Autoroute des Deux Mers« zu überqueren, um auf der D 108 dem nächsten Ziel näherzukommen.

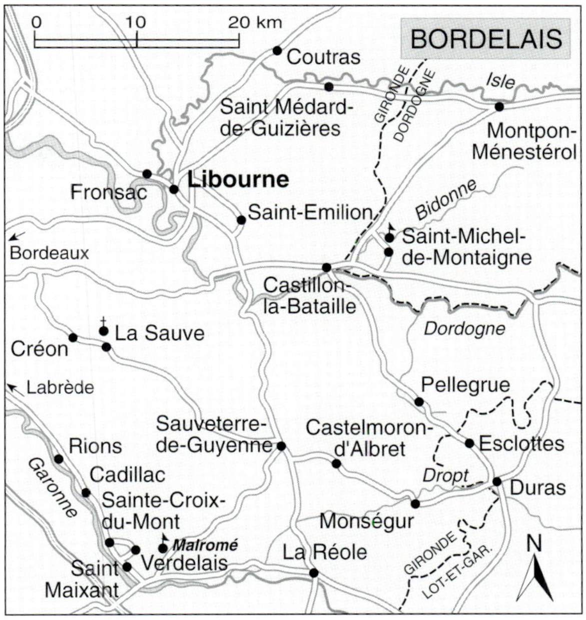

In Labrède hat die romanische Kirche aus dem 12. Jahrhundert eine Fassade, die genauere Betrachtung wert ist, und auf der Place de la Halle steht eine 1938 errichtete Statue, die Montesquieu darstellt. Nehmen Sie sich Zeit. Ich will Sie nicht treiben. Gleichgültig, wie lange Sie Labrède begucken (und Sie sollten es ausgiebig tun), das Wichtige kommt noch. Verlassen wir also die Stadt in Richtung Saucats.

Nach knapp einem Kilometer können wir das Château de La Brède besichtigen. *Brède* heißt Morast, und ein wenig feucht ist der Boden um La Brède auch heute noch. Im feudalen Schloß auf diesem Grund mit prächtigen Zedern und anderen Bäumen wurde Charles Louis de Secondat, Baron de Montesquieu, am 18. Januar 1689 geboren und erst einmal streng und nicht anders als die Kinder der Weinbauern ringsum erzogen, ehe er bereits als Student seinen Haß gegen jede Tyrannei und seine Liebe zur Demokratie entwickelte. Schon als junger Mann war er Advokat in Bordeaux, Mitglied des Parlaments und ein Schriftsteller, der an den auf 1711 datierten *Lettres Persanes* (Persischen Briefen) arbeitete, die eine fiktive, satirische Korrespondenz zweier durch Frankreich reisender Perser über die gesellschaftlichen und politischen Zustände unter

Ludwig XIV. enthalten und 1721 anonym erschienen. 1728 wurde er Mitglied der *Académie française.* Montesquieu war auf seinen vielen Reisen in Europa ein scharfer Beobachter der Sitten seiner Zeit, die er genau beschrieb, meistens in seinem Schloß, im Alter fast blind, mit dem Stock sich an seinen Arbeitsplatz tastend. Von den siebentausend Büchern in seiner Bibliothek konnte er keines mehr lesen, aber immer noch hockte er am Kamin und beschrieb das auf seinen Knien geduldig wartende Papier.

Charles de Montesquieu starb am 10. Februar 1755 in Paris, aber sein Werk wirkt auf uns nach. Seine Ideen zu Zusammenhängen zwischen politischer Verfassung, Rechtssystem und herrschender Kultur, zum immer neu zu schaffenden und stets nur vorläufigen Interessenausgleich zwischen unterschiedlichen Gruppen, zur Gewaltenteilung … beeinflußten die Vordenker der Französischen Revolution, die amerikanische Verfassung, unsere gegenwärtige Parteien- und Verbandsdemokratie… Leider und wie so oft in der Geschichte von Ideen (wie etwa im Christentum oder Marxismus) sind die falschen Propheten oft weit entfernt von den ursprünglichen Gedanken. Aus dem großen Schatz der Sätze von Montesquieu eine kleine Auswahl:

»Keine Arbeit ist so beschwerlich, daß man sie nicht der Kraft dessen, der sie verrichtet, anpassen könnte, vorausgesetzt, daß die Vernunft, und nicht die Habsucht, sie regelt.«

Um zu ernten, »fällen sie den Baum an der Wurzel und sammeln die Früchte. Das ist die despotische Regierung.«

»Die, welche nicht arbeiten, betrachten sich als die Gebieter derer, welche arbeiten.«

Die vernunftgemäßeste Regierung »ist die, welche ihr Ziel mit dem geringsten Aufwand erreicht.«

Und das Schloß dieses scharfsinnigen Mannes darf man besichtigen! Seine Bibliothek darf man betreten! Man darf in den Räumen atmen, in denen so nahrhafte Geistesfrüchte reiften, dabei hoffen, daß es wirkt. Auf seinen Spuren darf man in der Gironde reisen. Wer sich die Planung nicht zutraut, kann sich auf das Office de Tourisme von Bordeaux (12, cours du XXX Juillet, Tel. 05 55 44 28 41) verlassen, das solche Bildungsfahrten organisiert.

Der Philosoph Michel de Montaigne.

Ich verlasse das Schloß, lasse mich auf der Autoroute des Deux Mers nach Bordeaux, rechts um Bordeaux herum leiten, nehme hinter Floirac die D 936, strebe ohne weiteren Aufenthalt, hinter Castillon-la-Bataille links abbiegend, dem dritten »M« entgegen, dem Schloß des großen Philosophen Michel Eyquem de Montaigne. Ja, es ist wieder ein Schloß, denn das Denken wurde zeitweise noch schlechter bezahlt als heute, und wer nicht an einer gefüllten Futterkrippe geboren wurde, der mußte hauptsächlich darüber nachdenken, wie er an sein tägliches Brot kam. Wieviele Begabungen gingen und gehen der Menschheit dadurch verloren, daß die so oft beschworene Chancengleichheit nur ein Messer ohne Klinge ist! Aber glücklicherweise durfte der 1533 im Château de Montaigne geborene, ebenda 1592 gestorbene Michel denken, reisen, schreiben, war von 1557 bis 1570 im Parlament von Bordeaux, von 1582 bis 1586 gar Bürgermeister dieser Stadt, konnte das Essay als eigenständige literarische Form erfinden und nutzen. Und so haben wir Nachgeborenen die Freude, an den Hirnschätzen dieses bedeutenden Humanisten teilzuhaben, von denen ich jetzt einige Splitter aufblitzen lassen möchte:

»Es ist nicht genug, die Erfahrungen zu zählen; man muß sie auch wägen und ordnen.«

»Wir arbeiten nur daran, das Gedächtnis vollzupfropfen, und lassen Verstand und Gewissen leer.«

»Ich habe oft Menschen gesehen, die aus lauter Höflichkeit grob waren und aus großer Verbindlichkeit lästig.«

»Es scheint mir, daß die Amme unserer falschen Meinungen die allzu gute Meinung, die wir von uns selbst haben, ist.«

»Jedem kann es passieren, daß er mal Unsinn redet; schlimm wird es erst, wenn er es feierlich tut!«

Während der später lebende Montesquieu sich Gedanken über das Zusammenleben von Menschen machte, hat Montaigne vorher über sich selbst und damit über den Menschen an sich reflektiert.

Mich jedenfalls erfüllt auch sein Arbeitszimmer mit fühlbarer Ehrfurcht. Ich liebe es, Dinge zu berühren, die so viel Zeit gespeichert haben und – so spüre ich – Erfahrungen. Und ich sinne: Was für Zeiten und Städte, in denen Denker und Schriftsteller Bürgermeister und Politiker waren.

Aber auch dem rein rationalen Beobachter bietet das Château de Montaigne genug Sehenswertes mit Michels Arbeitszimmer, seiner Bibliothek, den anderen Räumen, der kleinen Kapelle, dem Blick von der Terrasse auf das Tal der Lidoire.

Informationen: Abstecher und Touren im Weingebiet

Saint-Emilion, das für Touristen schick aufbereitete »Heidelberg« Aquitaniens, wo man sein Herz verlieren oder seinen Schmerz in Wein baden kann; das mittelalterliche Städtchen auf einem der die Weinberge überragenden Hügel gehört zu den begehrtesten Reisezielen einer Besichtigungstour, reich an Überresten einer kunst- und geschichtsträchtigen Vergangenheit. Der Ursprung dieser Stadt liegt im 8. Jahrhundert, als sich Emilian, der wandernde Mönch, in einer in den Felsen gegrabenen Einsiedelei niederließ. Die Stadtbesichtigung umfaßt mehrere mittelalterliche Anlagen und Gebäude, unter denen die monolithische Kirche sicher das berühmteste ist. Diese zwischen dem 8. und 12. Jahrhundert in die Kalkfelsen geschlagene unterirdische Kirche ist wohl die größte ihrer Art in Europa. Die zahlreichen Weingüter der Gegend von Saint-Emilion können besichtigt werden, und die Weinproben erlauben Ihnen, sich mit einer der berühmtesten Appellationen bekannt zu machen.

Seit Jahrhunderten wacht hier die *Jurade,* (Wein-) Richter in scharlachroten Gewändern, in einem feierlichen Zeremoniell über die Qualität des Weins. Heute eröffnen sie für Einheimische und Besucher, fotogen und farbenprächtig, die Weinlese.

Office de Tourisme, Place des Créneaux, 33330 Saint-Emilion, Tel. 05 57 24 72 03, Fax 05 55 77 47 15.

Libourne, eine alte Bastide, wo man Bilder des dort 1844 geborenen und 1914 gestorbenen Tiermalers René Princeteau, vom Schüler überholter Lehrer und lebenslänglicher Freund des Toulouse-Lautrec, im Rathaus aus dem 15. Jahrhundert sehen kann.

Blanquefort, vor allem das Château, wo man vom Geist des *Prince Noir* im und um den Glockenturm herum läuten hören kann …

Radeln zwischen Weinreben

Auch durchs Weingebiet läßt es sich gut wandern und gut radeln. In der Gironde gibt es an die 250 Kilometer Radwege, und es werden immer mehr. Über die Hälfte führen durch Wälder. Viele Kilometer rollt es sich bequem auf ehemaligen Schienentrassen. Anfang des 20. Jahrhunderts wurden auf den Schienen (den *décauvilles* – so nannte man die Strecken nach dem Mann, der diese Arbeitserleichterung vorgeschlagen hatte) Loren von Maultieren oder Ochsen gezogen. 1975 demontierte man die Schienen und richtete die Trassen für Radfahrer ein. Heute kann man von **Bordeaux** über den auf Radler eingerichteten Bahnhof von **Saint-Médard-en-Jalles** bis **Lacanau-Océan** radeln, dann auf die bereits erwähnten Radwege entlang der Küste wechseln und radeln, radeln, radeln…

Es lassen sich auch Eisenbahn und Fahrrad kombinieren. Oder man schnuffelt nur mit dem Zug von **Bordeaux** nach **Lesparre** und weiter durch den ganzen Médoc. Der »Mini-Zug«, den ich meine, hat schon vor über hundert Jahren Erholungssuchende von **Bordeaux** nach **Soulac-sur-Mer** gebracht und führt vorbei an Reb- und Rosenstöcken.

Rosenstöcke? Ja, man sieht fast an jedem Ende der ordentlichen Rebstockreihen Rosen. Die Winzer haben sie nicht wegen der Ästhetik gepflanzt, sondern weil die empfindlichen Rosen anzeigen, wenn Ungeziefer und Krankheiten auftauchen. Wir aber können sie als erfreuliche und schmückende Zutat betrachten.

Die *Jurade* von Saint-Emilion ist eine Touristenattraktion mit historischem Kern. Sie hat ihren Ursprung in der Zeit von Richard Löwenherz. Damals waren es die besten Bürger, *les gens de biens*, die von ihren Mitbürgern gewählt wurden, die Interessen der Stadt als Magistrat administrativ und auch, wenn es sein mußte, als militärische Führer zu vertreten. Natürlich wuchs ihnen schließlich die Verantwortung für den immer wichtiger werdenden Weinanbau zu. Doch die Geschichte begrub diese frühdemokratische Form der Verwaltung.

Nach dem letzten Weltkrieg erinnerten sich einige Bürger an diese ruhmreiche Tradition, und am 13. September 1948 trat die *Jurade* wieder auf, allerdings mit arg beschnittenen Befugnissen. Sie verkündet alljährlich öffentlich, und in roten Roben schön anzusehen, vor der herrlichen Felsenkirche im Mai die Bewertung der Weine des Vorjahres, im September den Beginn der Weinlese, veranstaltet im Juni ein Frühlingsfest, ist auch im April zu besichtigen zum Segen der Stadt und des weinseligen Weltkreises.

Atlantik – südliche Côte d'Argent

An der Côte d'Argent

Nun hinaus aus der Einsamkeit, weg von touristenarmer Ruhe an die Côte d'Argent, ans Meer! Von Bélis eine wunderschöne Fahrt von etwa einer Stunde mit dem Auto auf wie mit Linealen durch den Pinienwald gezogenen Alleen. Manchmal weichen die Bäume einem Maisfeld, auf dem wie ein Rieseninsekt ein Berieselobjekt lauert oder Wasser aus vielen Tracheen sprüht. In einigen Marktflecken und Städtchen warten Tische und Stühle vor Straßenbars geduldig auf jemanden, der noch schnell einen *café noir* schlürfen möchte.

Der Atlantik! Mein Lieblingsozean unter den drei großen Weltmeeren! Oft stand ich an seinen unterschiedlichen Ufern. Er verbindet viele Orte, die ich liebe. Er ist ein metaphysisches Ereignis. Gegenüber von Swakopmund in Namibia, wo Delphine und Pinguine wohnen, liegt Rio de Janeiro. Man muß nur dem südlichen Wendekreis folgen. Dann könnte man nordwärts schwimmen, zwischen Miami und Kuba in den Golf von Mexiko einbiegen, um eine Pina colada in New Orleans zu trinken. Wer Pina colada und Jazz nicht mag, schwimmt einfach weiter nach New York. Von dort könnte er sich etwas über dem 40. Breitengrad entlang zurück nach Europa hangeln, käme bei Porto an.

Meine ersten Reisen an die Côte d'Argent fanden im Mai und Juni und zwischen September und Dezember statt, und ich habe – ohne besonderen Heldenmut, weder bibbernd noch blauhäutig – mich oft noch im November den Wellen gestellt. Ich war selten der einzige Wasserläufer, doch hatte ich auch nie das Gefühl, in der Masse zu ertrinken. Nicht alle Restaurants hatten geöffnet, doch genug. Die zu unserem Wohl Schaffenden waren gelassen und freund-

Rekordhalter im Abendlicht – die Düne von Pilat bei Arcachon. Hier beginnt die südliche Côte d'Argent.

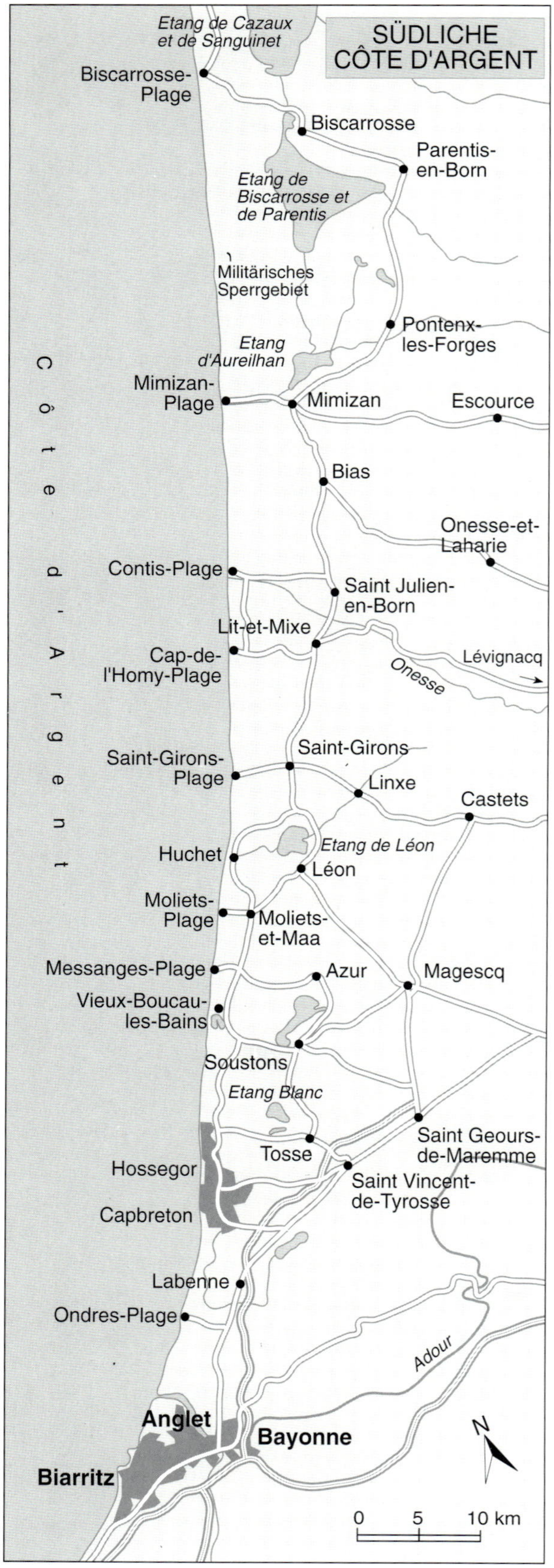

lich. In den Geschäften ließ es sich gut einkaufen. Es war stets angenehm. Aber dann besuchte ich die Stätten meiner Lust im August. Was für ein Frust! Schätzungsweise ein Sechstel der Einwohner Frankreichs (also fast zehn Millionen) drängelten sich mit hunderttausenden Engländern, zehntausenden Deutschen, tausenden Niederländern und hunderten Besuchern aus anderen Ländern an der Silberküste.

Ich wagte mich zur *plage*. *Plage*, wenn es Strand heißt, wird Plaasch (also mit langem »a« und weichem »sch«) gesprochen. Von Mitte Juli bis Mitte August kann man stellenweise die harte deutsche Aussprache wählen!

Nun ist die südliche Côte d'Argent über hundert Kilometer lang, es lassen sich durchaus weniger belegte Sandflächen finden, auf denen man Muscheln suchen, von denen aus man sich in die Wellen stürzen kann. Der Atlantik ist allerdings nicht ungefährlich. Selbst Meisterschwimmer sollten ihre Kräfte keinesfalls überschätzen. Trotzdem läßt es sich bei gebührender Vorsicht sogar zur Saison abseits vom Gewimmel mit dem Atlantik spaßen. Und wer einfach so an der Küste entlangläuft, wird bestimmt etwas entdecken.

Im hier beschriebenen August beispielsweise fand ich einen Pfahl, der sich aus einem *bouchot*, einen Zuchtzaun, losgerissen hatte, der sich mit seinen *moules*, den leckeren Miesmuscheln, auf Reisen begeben hatte. Ich schleppte ihn ins Auto (das roch ich noch im September), und wir ernteten, kochten, speisten ganz frische Muscheln auf Loustesse.

Überall entlang der Atlantikküste findet man schöne Campingplätze. Wählen darf man, ob man unter Eichen, Pinien oder Akazien ruhen möchte. Zu den meisten Campingplätzen gehört eine *discothèque*, zu vielen eine *piscine*, ein Schwimmbad. Man kann auswählen, ob man lieber näher am Strand oder tiefer im Wald seinen Wohnwagen oder sein Zelt aufbauen möchte … Alle diese Campingplätze aber verlieren an Beschaulichkeit während der Saison! Und doch, wenn es nicht anders geht, wenn wer gezwungen ist, seine Ferien in die Zeit der Menschenflut zu legen, hat er in Aquitanien sowieso (im Inneren der Landes, in den Pyrenäen, an den nicht ganz überlaufenen und vor allem auch für Kinder weniger gefährlichen Binnenseen), doch sogar am

Strandgut – besonders außerhalb der Saison lädt die Côte d'Argent zum Erkunden ein.

Atlantik Möglichkeiten, auf eigenen Wegen seinen Badeplatz zu finden.

Sinnvoll und erholsam ist es, sich einen Badeort zu wählen, sich dort ein gutes Quartier zu suchen, sich durch Sandlaufen, Surfen, Wellencatchen zu stärken. Klug handelt, wer ein Fahrrad mitbringt oder vor Ort ausleiht. Viele besonders schöne Campingplätze liegen nicht direkt am Meer. Auch lassen sich manchmal besonders schöne Hotels etwas entfernt vom Strand finden. Gute Restaurants, vor allem wenn man Abwechslung liebt, erfordern oft Wege, die man nach einer Flasche kräftigen Rotweins aus dem Médoc nicht unbedingt mit dem Auto zurücklegen sollte.

In der richtigen Begleitung macht vor allem ein Tandem Spaß, das sich fast überall mieten läßt. Fahrradfanatiker können mit Abstechern die ganze Silberküste entlang radeln. *Pistes cyclables*, Fahrradwege, gibt es viele. Die D-Straßen sind ebenfalls befahrbar, allerdings sollte man beachten, daß Autos sogar im Unrecht stärker sind. Nicht zu empfehlen sind Waldwege, die nicht als Fahrradwege gekennzeichnet sind. Die können plötzlich sehr sandig werden.

Gute Wadenmuskeln und ein hartes Gesäß braucht der Radler für die große Tour sowieso. Hier ist die Küstenlandschaft nicht flach. Zwar gibt es vor den Pyrenäen keine Berge, aber ehemalige Dünen, die inzwischen befestigt sind, hügeln stetig.

Viele Radwege führen auch über Pisten auf atlantiknahen Dünen, doch ist es nicht ständig

Badeferien für groß und klein – am Strand von Ondres-Plage (Seite 128).
Sommer, Sonne und Meer – am Strand von Cap-Ferret (Seite 129).

möglich, das Meer im Blick zu behalten. Waldwege erhöhen den Reiz. Ärgerlicher ist, wenn einen das Militär zu Umwegen zwingt. So gibt es nördlich von Mimizan ein militärisches Sperrgebiet. Ein weiteres Ärgernis ist – wie inzwischen überall auf dem Globus – die Diebstahlgefahr. Passen Sie gut auf Ihr Fahrrad auf!

Ansonsten aber kann der Hardradler, der den Muskelkater nicht fürchtet, im Norden an der Pointe de Grave starten, schließlich mit den Pyrenäen gemeinsam die Füße im Atlantik kühlen, und wenn er noch immer nicht genug haben sollte, könnte er über den Rand von Aquitanien hinaus Frankreich verlassend nach Spanien bis San Sebastián oder gar bis Bilbao strampeln – Leidenschaft kennt keine Grenzen.

Die aquitanischen Badeorte, denen man auf einer solchen Tour begegnet, heißen fast vollständig der Reihe nach (und laut gelesen klingt's wie ein Gedicht):

Verdon-sur-Mer,
Soulac-sur-Mer, L'Amélie,
Montalivet-les-Bains, Hourtin-Plage,
Lacanau-Océan, Carcans-Plage,
Grand-Crohot-Océan,
Cap-Ferret, Arcachon,
Pyla-sur-Mer, Pilat-Plage,
Biscarosse-Plage,
Mimizan-Plage, Contis-Plage,
Saint-Girons-Plage,
Moliets-Plage, Vieux-Boucau-les-Bains,
Seignosse-le-Penon,
Hossegor, Capbreton,
Labenne-Océan, Ondres-Plage,
Biarritz,
Saint-Jean-de-Luz

Informationen: Côte d'Argent – Tips für Trips

Der Strand der Côte d'Argent ist als Küste Aquitaniens insgesamt (also nicht nur als Grenze der Landes) etwa 240 Kilometer lang. Hier kann man

• **Fahrrad fahren,** das ist bereits beschrieben,

• **laufen** durch den Silbersand, stärkt Waden, massiert Fußsohlen,

• **wandern,** dabei Muscheln, Steine, Strandgut sammeln,

• **sich sonnen,** Sonne mit Salz sind kräftig genug, jedem Ungesalbten Blasen zu brennen, nahtlos, wann und wo er mag,

• **schwimmen,** nicht so gut im Wellenbereich, gefährlich dahinter,

• **wellenkämpfen**, und die Wellen sind unermüdlich,

• **wellenreiten,** in Lacanau werden Surfweltmeisterschaften ausgetragen, in Hossegor und Biarritz bretteln Profis, Anfänger sollten das Bassin d'Arcachon wählen (oder die Binnenseen Etang de Hourtin et de Carcans und Lac de Lacanau),

• **angeln** mit langen Ruten und längerer Geduld, ich sah wenig Fische in den Eimern der Angler,

• **Kajak/Kanu** fahren, wobei Wogen die Boote schütteln oder die offene See droht (auch hier Binnenseen empfehlenswerter, Etang de Hourtin et de Carcans, Lac de Lacanau, Etang de Cazaux-Sanguinet, Etang de Biscarosse-Parentis sind durch Wasserwege verbunden),

• **tauchen,** Anmeldung für Kurse beispielsweise im »Centre Subaquatique du Bassin d'Arcachon«, Tel. 05 56 54 90 05,

• **speisen,** frische Austern, feine Fischgerichte, Wein für jeden Geschmack, Armagnac …

• golfen, segeln, Dünen beklettern, Drachen fliegen lassen oder selbst mit ihnen fliegen – besichtigen (Tiere, Pflanzen und Kultur), tanzen, Boule spielen, Tennis spielen, lesen, flirten, faulenzen … und **Ski fahren,** Langlauf über braune Piniennadeln bei Mimizan, der ersten Anlage dieser Art in der ganzen Welt, Ausrüstung wird vor Ort verliehen, Auskünfte werden im Pavillon du Tourisme in Mimizan (05 58 09 11 20) oder von Monsieur Guillen, Tel. 05 58 09 02 70, erteilt.

• **Achtung Schwimmer!** Bitte beachten:

Baignade interdite:	Baden verboten
Grüne Fahne:	Ruhiges Wasser, überwacht
Gelbe Fahne:	Baden gefährlich, doch überwacht
Rote Fahne:	Baden verboten, Einhaltung des Verbots wird überwacht
Baignade non surveillée	Baden auf eigene Gefahr – und hier sollte man sich selbst besonders streng überwachen

Informationen: Wohnmobil-Stellplätze an der Atlantikküste

Südwest-Frankreich bietet dem mobilen Reisenden eine Fülle von Camping- und Stellplatzmöglichkeiten. Reisejournalist Otmar Steinbicker hat sie für dieses Buch gesucht und gefunden.

Aquitanien per Wohnmobil

In Aquitanien finden Reisemobilfahrer fast überall gute Bedingungen. Selbst kleine Bauernhof-Campingplätze, wie in Limeuil oder Badefols, bieten bei kleinen Preisen spezielle Ver- und Entsorgungsmöglichkeiten, wie man sie auf den ansonsten gut ausgestatteten. Plätzen in anderen Urlaubsgebieten häufig vergeblich sucht. Im berühmten Weingebiet von Saint-Emilion zum Beispiel hat die Familie Chabrol-Forgeat, Besitzer des noblen Château Gerbaud in Saint-Pey-d'Armens und selbst begeisterte Reisemobilisten, sogar auf dem eigenen Grund einen kostenlosen Übernachtungsplatz mit Ver- und Entsorgungsmöglichkeit eingerichtet. Dieses Beispiel hat anderenorts Schule gemacht. Winzerfrauen in der Umgebung von Blaye haben sich zusammengeschlossen und in einer gemeinsamen Initiative kostenlose Stellplätze auf mehreren Weingütern zur Verfügung gestellt. Natürlich hoffen sie, daß den durchreisenden Gästen bei einer Weinprobe der eine oder andere gute Tropfen gefällt und sie den Weg in den örtlichen Weinkeller finden.

Vor allem aber an der Küste finden Reisemobilfahrer gute Bedingungen. Zwar gibt es auch hier – wie in anderen Küstenregionen – Reglementierungen und Höhenschranken, um zu verhindern, daß die großen Fahrzeuge sich allzusehr breitmachen. Doch den Verboten stehen oft überaus attraktive Angebote gegenüber. Strandnahe Campingplätze bieten Stellflächen außerhalb ihrer Schranken zu deutlich reduzierten Gebühren, und auf öffentlichen Parkplätzen sind spezielle Flächen für Reisemobile reserviert.

Von der Gironde-Mündung bis zum Baskenland bietet die aquitanische Atlantikküste reisemobilen Besuchern zahlreiche Übernachtungsmöglichkeiten. Auch wenn die beliebten strandnahen Plätze ausnahmslos gebührenpflichtig sind, liegen die Kosten doch wesentlich unter den Tarifen der Campingplätze.

• Kostenlos können Reisemobil-Besatzungen in **Verdon-sur-mer** übernachten und sowohl Abwasser wie Chemie-WC an einer »Eurorelais«-Station entsorgen. Wer Frischwasser oder Strom benötigt, muß sich im Rathaus oder im Fremdenverkehrsamt (Office de Tourisme) die passenden Jetons im Wert von jeweils 10 Francs besorgen. Der bereits am Ortseingang gut ausgeschilderte Stellplatz liegt einigermaßen ruhig in der Allée des Baignes nahe dem Strand »Plage de la Chambrette«. Der Platz ist eben und asphaltiert, faßt bis zu 30 Reisemobile und ist ganzjährig unbegrenzt nutzbar.

• Eine Übernachtungsmöglichkeit vor der Schranke des Campingplatzes bietet der »Camping municipal« in **Montalivet** für durchreisende Gäste mit einer maximalen Aufenthaltsdauer von 48 Stunden. Der eigens angelegte Stellplatz ist eben und teilweise geschottert, teilweise naturbelassen. Er faßt bis zu 30 Reisemobile. Gleich zwei Stationen bieten die Möglichkeit zur Frischwasserversorgung sowie zur Entsorgung von Abwasser und Chemie-WC. Auch Strom wird gestellt. Die Gebühren betragen 45 Francs für die Übernachtung (Fahrzeug mit Besatzung) und 20 Francs für das Ver- und Entsorgen.

• Während die stark frequentierten Strände und das geschäftige Treiben im Zentrum von **Lacanau-Océan** einen Aufenthalt von Reisemobilen außerhalb der Campingplätze nicht zulassen, bieten im Hinterland gleich zwei Stellplätze kostenlose Übernachtung und Service an. Wo die Straße von Lacanau-Océan nach Lacanau durch den Ortsteil Huga führt, ist linker Hand die »Zone d'Activité de Huga« ausgeschildert. Dort dürfen bis zu zehn Reisemobile kostenlos maximal 48 Stunden stehen. Eine »Eurorelais-Station« bietet kostenlos Strom, Frischwasser und Abwasserentsorgung. Der ruhig gelegene Platz ist teils eben, teils leicht abschüssig. Die Strände von Lacanau-Océan lassen sich bequem mit dem Fahrrad erreichen. Weiter landeinwärts am See von Lacanau liegt im Ortsteil Moutchic an der kleinen Straße nach Carreyre ein leicht zu übersehender Stellplatz, der ebenfalls kostenlos einen Aufenthalt bis zu 48 Stunden sowie Ver- und Entsorgung ermöglicht.

• Preisgünstige Übernachtung für Reisemobile auf einem separaten Stellplatz bietet auch der Campingplatz »Le Vivier« in **Biscarosse-Plage**. Bis zu 100 Fahrzeuge finden in dem naturbelassenen Kiefernwäldchen Platz. Trotz der schattenspendenden Bäume bleibt ausreichend Raum zum Manövrieren. Die Übernachtung kostet 65 Francs und schließt Ver- und Entsorgungsmöglichkeit ein. Auch können die Toiletten und Einrichtungen des Campingplatzes mitbenutzt werden. Die Aufenthaltsdauer ist nicht begrenzt.

• Einen kostenlosen Aufenthalt bis zu acht Nächten ermöglicht landeinwärts die »Aire Accueil Camping Car« in **Parentis**, die schön und ruhig nur etwa 100 Meter vom Badesee entfernt liegt. Auch für die Ver- und Entsorgung werden keine Gebühren erhoben. Lediglich wer Strom benötigt, muß sich die passenden *jetons* für 40 Francs beim nahegelegenen Camping municipal »Pipiou« besorgen.

• **Mimizan-Plage** gehört zu den bevorzugten Stränden an der Atlantikküste. Direkt am Fuße einer großen Düne und neben dem Hubschrauber-Landeplatz (»Héli-

Wohnmobil-Stellplätze an der Atlantikküste

Station«) ist ein ganzer Parkplatz reserviert, der bis zu 60 Reisemobilen Platz bietet. Die Übernachtungsgebühr beträgt in der Hauptsaison (15.6.–14.9.) 60 Francs. Zwei »Eurorelais«-Stationen, Wasserzapfstellen, Sanitäranlagen mit Duschen und Strom mit CEE-Norm-Steckern garantieren den nötigen Komfort. Der Platz ist eben und asphaltiert.

• Die Sandstrände an der südlich gelegenen Côte Sauvage gelten als Tip für erholungsuchende Badegäste. Am Strand **Contis Plage** in **Saint-Julien-en-Born** dürfen Reisemobilisten sich auf der »Aire Camping-Car« bis zu 48 Stunden aufhalten. Die Übernachtungsgebühr von 60 Francs schließt Frischwasserversorgung, Abwasser- und Chemie-WC-Entsorgung sowie Toilettenbenutzung ein. Der ruhige und einigermaßen ebene Stellplatz ist geschottert und befindet sich unweit des Leuchtturms, gut 100 Meter vom Strand entfernt.

• Wer mit Kindern reist, wird in **Léon** den Stellplatz am Seeufer bevorzugen. Das schöne, gepflegte Gelände ist naturbelassen und von hohen Kiefern bewachsen, die angenehmen Schatten spenden. Rund um den See gibt es vielerlei Freizeitangebote, vom Kinderspielplatz über den Verleih von Tret- und Elektrobooten bis hin zu Minigolf und Boule. Bis zu 48 Stunden dürfen sich Reisemobilisten auf dem Stellplatz aufhalten. Die Gebühr von 50 Francs für die Übernachtung schließt Frischwasserversorgung sowie die Benutzung von Toiletten oder Chemie-WC-Ausguß ein.

• Weit im Süden, bevor der Sandstrand der baskischen Felsenküste weicht, liegt in **Vieux-Boucau** der Stellplatz auf dem Parkplatz »Bire-Pleck« südlich des Ortes. Der Beschilderung »Plage Albret, Entreé/Nord/Office de Tourisme« folgend, ist der große Parkplatz mit 800 Einstellplätzen nicht zu verfehlen. Der hintere Teil des Platzes ist als Reisemobil-Stellplatz reserviert. Auf dem naturbelassenen und einigermaßen ebenen Gelände spenden Eichen etwas Schatten. Die Übernachtungsgebühr von 40 Francs schließt die Ver- und Entsorgung der Mobile ein.

Die hohen Wellen des Atlantiks bieten Surfern an der Côte d'Argent ideale Bedingungen (Seite 133).

Ob Tauchen, Golfen oder Malen – Südwest-Frankreichs Küste erlaubt Aktivitäten für jeden Geschmack.

Wichtiges Zwischenspiel – Boule

Übung in Unlogik:
1. Alle Franzosen spielen Boule, *le Jeu de Pétanque*.
2. Olaf und ich spielen Boule.
3. Olaf und ich sind Franzosen.

Allerdings würde unser Spiel, wie wir es auf Loustesse pflegen, einen echten Franzosen seine Gauloise verschlucken lassen. Wir spielen zwar mit Spaß und Siegeswillen, zwar nach allen Regeln der Kugelkunst, doch mit einigen verfeinernden und vom Schicksal diktierten tierischen Besonderheiten.

Wir werfen den *but* (das Ziel, die Holzkugel mit einen Durchmesser von 30 Millimetern, auch *le petit*, die Kleine, oder *le cochonnet*, das Schweinchen genannt), und während er noch kullert, kommt Murre, der Kater, und beeinflußt mit Tatzenschlägen den Lauf. Ist *le but* zur Ruhe gekommen, beäugen ihn die Enten, nimmt eine ihn in den Schnabel, trägt ihn, bis sie erkennt, daß er nicht gut schmeckt. Wo *le but* endgültig landet, entzieht sich der Vorsehung. Nun dürfen wir endlich unsere schönen, schweren, glänzenden, gemusterten, verchromten, wettkampfgestählten Kugeln, die *boules de compétition* (Preis: 100 Francs das Stück), mit dem Tüchlein aus weichem Leder sorgfältig polieren, werfen. Nach jedem Wurf kommt Rottweiler Modi und versucht die *boule* zu apportieren. Aber zum Ende des Spiels messen wir sorgfältig Abstände mit dem *mesureur*, dem Meßgerät, einer Kordel an zwei Holzpflöcken, notieren unsere Punkte, feiern schließlich jeden Sieg mit einigen kräftigen Schlucken vom herben, roten Wein aus Tursan.

Damit verstoßen wir keinesfalls gegen die Landessitten, denn Tucholsky irrte (oder die Zeiten haben sich seither geändert), als er schrieb: »Am Sonntag spielen alle Männer Boules; wie die Spielregeln sind, weiß ich nicht – aber es scheint Haupterfordernis zu sein, daß man sich dazu wie beim Kegeln die Jacke auszieht. Und alle haben so weiße Hemdsärmel. (Das kommt daher, weil das Spiel hauptsächlich sonntags gespielt wird.) Wie beim deutschen Kegeln? Aber ich sehe an keiner Stelle, daß dabei getrunken wird …« Boule wird auch nicht nur an Sonntagen gespielt. Und inzwischen (vielleicht bedingt durch Arbeitslosigkeit) gibt es Profis, die um Geld spielen, damit andere, sich und ihr Leben unterhalten. Das sind Könner, bei denen ein Nichtfranzose keine Chance hat.

Allerdings haben auch die Amateure, oftmals Opas, die Schwierigkeiten beim Aufheben ihrer *boules* zeigen, Würfe in den Genen, von denen unsereiner nicht einmal zu träumen wagen könnte. Da steht man siegessicher auf dem Platz, weil die eigenen drei Kugeln sich zärtlich ans Ziel schmiegen, dann schwingt so ein *grand-père* seinen Arm, begräbt mit der letzten *boule* nicht nur *le but*, sondern läßt die drei hoffnungsvollen Kugeln auffliegen wie eine konspirative Versammlung beim Erkennen der Beamten vom Staatssicherheitsdienst, so daß sie sich endgültig außerhalb jeder Legalität wiederfinden.

Zwar sagt das Vorurteil, dem Franzosen sei legal so egal wie dem deutschen Gehorsam angeboren, aber die Gesetze des Spiels muß jeder Teilnehmer achten! Deshalb hier die *règles du Jeu de Pétanque:*

1. Es spielen zwei Mannschaften. (Die Mannschaften können auch aus je einem Schaft bestehen.)
2. Es wird ausgelost, welche Mannschaft beginnt.
3. Ein Spieler der Beginnermannschaft bestimmt und markiert den Abwurfkreis mit 35 bis 50 Zentimetern Durchmesser.
4. Dieser Spieler wirft aus dem Kreis den *but* mindestens sechs, höchstens zehn Meter weit. Sollte es auf dem Spielplatz ein besonderes Hindernis, Kuhle, Hubbel oder ähnliches geben, muß der *but* davon mindestens einen Meter entfernt liegen.
5. Derselbe Spieler wirft, ohne den Kreis zu verlassen, die erste *boule*.
6. Aus dem Kreis heraus wirft nun der erste Spieler der zweiten Mannschaft seine erste Kugel.

Boule – Nationalspiel und Entspannung. Doch so, wie mancher Nordeuropäer es spielt, würde es einen Franzosen seine Gauloise verschlucken lassen.

7. Es folgt der zweite Spieler der ersten Mannschaft und so fort bis zur letzten *boule*.
8. Als Punkte gezählt werden die Kugeln einer Mannschaft, die am dichtesten beim Ziel liegen.
9. Die Siegermannschaft wirft aus einem neu zu ziehenden Kreis die Kleine wieder nach den unter 4. beschriebenen Bestimmungen, weiter geht es mit 5., 6., 7., 8., 9. bis
10. eine Mannschaft 13 Punkte erreicht. Sie hat dieses Spiel gewonnen, beginnt das nächste Spiel.

Ziel ist also, viele seiner *boules* so nahe wie möglich an den *but* zu bringen. Dabei darf man mit seiner Kugel sowohl die der gegnerischen Mannschaft wie auch den *but* selbst wegtitschen.

Von Arcachon nach Süden den Atlantik entlang

Es reihen sich viele *plages* hintereinander, alle mit silbernem Sand auf schönem Strand, alle vielen Touristen bekannt, und doch die einen bekannter als die anderen.

Faustregel: Die berühmten Orte sind zumindest zur Saison bis ins Meer hinein von Menschen überschwemmt; die Menschen schwappen darüber hinaus in die nahebei gelegenen bewachten Badeanlagen; zwischen zwei berühmten Orten gibt es weniger überlaufene; zwischen den zu Orten gehörenden Stränden gibt es immer wieder namenlose Plätze, an denen man sein Badelaken ausbreiten und mit Vorsicht und auf eigene Gefahr ins Wasser gehen kann.

Plage Petit Nice und Plage Lagune sind zu dicht bei Arcachon, um zur Saison und drumherum leer zu sein. Plage La Salie ist hübsch und weniger überfüllt. Plage Le Wharf bietet wohl zur Hauptreisezeit nicht Einsamkeit, doch Chancen auf Individualraum. Von Strand zu Strand kann man das Fahrrad oder die Füße als Transportmittel wählen. Autofahrer nutzen die D 218 und folgen den Hinweisschildern.

Wer alle Hinweisschilder verpaßt, landet in Biscarosse-Plage dicht am militärischen Sperrgebiet. Dieser Ort lockt viele Menschen, die abends ins Casino gehen können. Landeinwärts gehört ein See dazu, Etang de Biscarosse, und hinterm See liegt wunderbar das alte Städtchen Biscarosse mit einer gotischen Kirche aus dem 15. Jahrhundert, an dessen Außenmauern man *les garluches*, die eisenhaltigen Steine der Landes, sehen kann. Viele Bewohner von Biscarosse arbeiten im dortigen Raketenforschungszentrum, dem »Centre d'Essais des Landes«. Nicht weit von Biscarosse liegt Parentis-en-Born, in dessen Nähe seit 1954 Öl gefördert wird.

Der nächste von Reisebüros empfohlene Strand ist Mimizan-Plage, und diesen Ort habe ich in der fiktiven Erzählung *Maja und Muckefuck jagen Hasi Baba* (Rowohlt 1993) karikiert. Sie dürfen diese Geschichte nicht ganz ernst nehmen, sie beruht auf meinem Schock nach dem ersten Besuch dieses Ortes zur Hochsaison:

Die tierische Geschichte ist hier nicht so wichtig, sie spielt auf dem Hasenkontinent, der

Ein Gesicht wie das Land – wind- und wettergegerbter Austernfischer.

manchmal verblüffende Ähnlichkeit mit der Menschenwelt aufweist. Das Mädchen Maja erreicht mit ihren langlöffeligen Freunden »Mimiplage, einen hasenkontinentberühmten Badeort am haslantischen Ozean«, wo sie den Seehasen suchen, der weiterhelfen soll, Hasi Baba und seine Bande zu finden.

Der Hase *Schimmi klopft sich mit der Vorderpfote auf den Kopf. »Ich kann's nicht kapieren! Was haben die Touristenhasen aus diesem Flecken gemacht?« Dann erzählt er: »Ich war nämlich als Kind mit meinen Eltern hier. Das war schön, sage ich euch. Mimiplage war ein kleines Fischerdörfchen. Der Strand war sauber. Die Hasen waren freundlich. Alles war ganz ruhig. Und jetzt? Guckt euch das einmal an!«*

Die anderen gucken. Auf dem Strand liegen Plastikflaschen, Dosen, Dreck. Maja sieht direkt vor ihren Füßen eine schmutzige Unterhose mit Blumenmuster und einen grünen Turnschuh. Bis an den Strand herangebaut sind graue, gleichför-

mige Betonklötze. Maja ist klar: Das sind Hotels. Um die Hotels herum lauern Kioske, Buden, Läden, Spielhallen, Restaurants so gierig, wie es angeblich Haifische sind.

Ruhig ist's wahrlich nicht. Hasenfamilien schieben sich mit entschlossenen Gesichtern durch das herrschende Gedränge. Kofferradios verquirlen unterschiedliche Musiken zu einem entsetzlichen Tonbrei. Und es stinkt erbärmlich…«

Nein, Hasen machen in Mimizan-Plage weder Urlaub noch Geschäfte. Wer nur eine Hasenphobie hat, mag sich hintrauen. Wer aber Menschenmassen fürchtet, sollte nur außerhalb der Ferienzeit dorthin zum Baden und Bummeln gehen. Die Zeit, in der die Mannequins der Coco Chanel und Sir Winston Churchill sich hier erholten, ist sowieso vorbei. Die Papierfabrik zwischen Stadt und Strand riecht nämlich leider nicht immer angenehm.

Immerhin hat Mimizan einen kuriosen, einsamen Glockenturm, der zu einer Benediktinerabtei aus dem 12. Jahrhundert gehörte, deren andere Teile allerdings unter dem einst leise und stetig rieselnden Sand begraben sind. Im Musée du Vieux-Bourg kann man sich über die Geschichte der Abtei täglich außer sonntags zwischen 10.30 Uhr und 19 Uhr informieren.

Der Skilanglauf über Piniennadeln ist schon erwähnt, also geht es weiter nach Contis-Plage mit Leuchtturm und Möglichkeiten zum Surfen, Angeln, Reiten und zu wunderbaren Bootsfahrten auf dem Courant de Contis. Man darf sein Boot selbst steuern. Reizvoll aber ist auch die Fahrt im Boot für sechs Personen mit einem telefonisch unter 05 58 42 40 66 zu buchenden erfahrenen Steuermann, der die traumhafte Flora kennt und zu erklären weiß.

Von Contis-Plage lohnt sich der Abstecher nach Lévignacq, einem Landaiser Fachwerkdorf mitten im Wald mit einer bemerkenswerten Wehrkirche aus dem 13. Jahrhundert, die Fresken aus dem 15. Jahrhundert und eine im Jahre 1715 bemalte Holzdecke hat.

Strand von Lit-et-Mixe ist Cap de l'Homy, das

Surfer, Segler, Touristen und Lachmöwen zieht es gleichermaßen nach Hossegor.

Kitsch und Künste auf der Straße nach Biscarosse.

ein Zentrum mit dem Charme eines Discount-Ladens hat, in dem man nicht zu Discount-Preisen essen, trinken und kaufen darf, was im Angebot ist. (Doch kann meine Meckerei an keiner Stelle die Schönheit des Atlantischen Ozeans und seines Silberstrandes mindern!)

Am Cap de l'Homy ist auch die Wellenreiterhochburg der deutschen Wellenreiterbewegung. Es ist wahr! Hier ist mir nicht der Pegasus des Satirikers durchgegangen! Der »Verein für Abenteuer und Natursportarten e.V.« führt in Cap de l'Homy und in Saint-Girons-Plage mit dem DWV (dem Deutschen Wellenreit-Verband) 14tägige Kurse mit Lizenzen tragenden Kursleitern durch, die aus Laien gestandene und standhafte Surfer machen.

Am Saint-Girons-Plage gibt es das preiswerte »Hôtel Campet« mit einem Restaurant, in dem man unter anderem auf Landaiser Art zubereitete Enten speisen kann, und den Campingplatz »Eurosol« mit Tennisplätzen, Schwimmbassin, Spielhalle und anderem Komfort, der über einen Kilometer vom Atlantikstrand entfernt ist, was man ebensowohl als Vorteil wie als Nachteil ansehen kann. Jedenfalls bietet Saint-Girons-Plage außerhalb der Saison noch Platz für breite Badetücher.

Nicht weit sind auch l'Etang de Léon, ein kleiner See im Wald, und das Städtchen Léon, in dem man einkaufen, aber auch hübsche, ältere Landaiser Häuser, deren Fachwerkfächer noch ganz klassisch mit Strohlehm gefüllt sind, entdecken kann.

Über die D 652 lassen sich Moliets-Plage und Messanges-Plages mit Campingplätzen erreichen, ehe Vieux-Boucau-les-Bains auftaucht, vor über 400 Jahren als Vieux-Boucau eine erst bedeutende, dann eingepennte Hafenstadt, die im 20. Jahrhundert erwachte, sich um »les-Bains« verlängerte und mit Verstand und Planung in einen Badeort, der alle Touristenbedürfnisse befriedigen kann, verwandelte, sich jetzt davor hüten muß, daß ihn die Immobilienmakler nicht doch noch kaputtkriegen.

Bewachter Strand zwischen Vieux-Boucau-les-Bains und Hossegor ist noch die Plage des Casernes. Lohnender scheint mir hier, ein wenig vom Atlantik abzuweichen, auf der D 652 zum Etang de Soustons und zur Stadt Soustons, weiter zum Etang de Hardy und dem Etang Blanc zu reisen, zwischen denen man promenieren und dabei die fotogenen Schilfhütten der Entenjäger betrachten kann. Dem weißen See folgt ein kleiner Etang Noir in einem Naturschutzgebiet, in dem Musik und Blumenpflücken verboten ist, nicht aber der empfehlenswerte Spaziergang auf dem vorgeschriebenen Weg.

In Tosse, der ehemaligen Hauptstadt der Grafschaft Maremne, wo es eine romanisch-byzantinische Kirche mit Apsis aus dem 11. bis 12. Jahrhundert zu betrachten gibt, kann man dann entscheiden, ob man sich bei Seignosse-le-Penon wieder dem Ozean nähern, sich in das brausende, sausende, lausende Leben von Hossegor stürzen will, oder ob man auch auf Capbreton verzichtet und die N 10 oder gar die gebührenpflichtige Autobahn bis Saint-Jean-de-Luz nutzt.

Um 1900 wäre ich gerne in Hossegor gewesen. Damals war es eine Kolonie der bildenden, tonsetzenden und schreibenden Künstler. Nur einige zu nennen: Charles Despiau (der auch in Mont-de-Marsan eine wichtige Rolle spielte), Maurice Ravel (genau! der mit dem *Bolero*), Gabriele d'Annunzio (schillernder Übermenschvertreter und Liebhaber der Eleonora Duse), Paul Margueritte (der im Roman *Les Pins tranquilles* das damalige Leben überlieferte, in Hossegor starb und auf dem Friedhof von Soorts-Hossegor beerdigt ist) … Nach den Künstlern kamen die Reichen. Nach den Reichen alle anderen, darunter Yachtbesitzer, Golfspieler, Surfartisten, Journalisten und Normaltouristen.

Von der »Dune de Superhossegor« (sie heißt tatsächlich und offiziell so) kann man den salzigen See von Hossegor, das Meer und die baskischen Berge sehen. Baskenhauch vermittelt auch, daß in der Sporthalle auf der Avenue Maurice-Martin und im Jaî Alaî regelmäßig Pelota-Turniere stattfinden.

Capbreton erreicht von Hossegor, wer über einen Bach hüpft. Im dortigen Casino erzeugen nicht nur mondsüchtige Yachtkapitäne bei Roulette und Blackjack häufiger Ebbe als Flut in ihren Geldbeuteln. In den meisten Fällen mag es preiswerter sein, mit dem Casino im Rücken auf die See zu schauen, von der Mole zu angeln, die beiden Leuchttürme, die Landaiser Küste und die Berge der Pyrenäen zu sehen oder in der Kirche Saint-Nicolas die Holzstatue des heiligen Namengebers aus dem 15. Jahrhundert, sich im »Ecomusée de la pêche« über regionale Fauna und Flora wie über die Geschichte des Fischens in Capbreton seit dem 10. Jahrhundert zu informieren.

Und weiter nach Süden? Gut, weiter nach Süden! Immer am Atlantik lang. In Labenne-Océan gibt es eine Sprachschule. Beim Baden kann man die Pyrenäen sehen. Wer wirklich die ganze Küste kennenlernen möchte, muß dann nach Ondres-Plage. Der Name kommt nicht von *la onde* (die Welle oder poetischer Ausdruck für die Flut), sondern von *ondar*, einem baskoaquitanischen Wort für Sand. Die Geschichte von Ondres ist verknüpft mit der Geschichte des Château de la Roque, das einmal Henri IV gehörte, dann dem Romanschriftsteller Octave Feuillet, auch heute in Privatbesitz ist. Auf dem Wege nach Bayonne führt die N 10 über den Industrieort Tarnos, in dem seit dem 12. Jahrhundert eine Kirche steht.

Jetzt kommt die Mündung des Flusses Adour, bekannt und auf Karten verzeichnet als la Barre de l'Adour. Sie bildet die Grenze zwischen den Departements Landes und Pyrénées Atlantiques; mit dem Überqueren des Flusses kommt man ins Baskenland. Die Mündung des Adour bietet von mehreren Standpunkten aus durch schlechte noch häufiger als durch gute Maler geschilderte Panoramen. Man erreicht sie von Bayonne oder Anglet oder Biarritz aus, und die genannten drei Orte haben ihre traditionellen Kerne, die aber mit modernen Fangarmen, besetzt von Supermärkten, Tankstellen und anderen Saugnäpfen, wedeln und sich ineinander verschränken.

Lassen wir hier vorläufig Bayonne hinter uns und beschäftigen uns mit Anglet, dessen »t« korrekterweise deutlich auszusprechen ist. Anglet hat einen wirklich feinen Strand, in fünf Minuten zwischen Bäumen ist von da die Jugendherberge zu erreichen, die – damit das Nachtleben in Biarritz nicht zu kurz kommt – abends keine Pforte verrammelt (und zwischen Anglet und Biarritz verkehrt der Bus mit der Nummer 6). Ein Campingplatz liegt ebenfalls dicht bei der Jugendherberge. Ruhesuchenden bringt das alles nichts. Hier hat die Jugend ihren Lauf für mindestens 23 Stunden und 50 Minuten am Tag. Verliebte müssen la Chambre d'Amour besuchen, auch wenn sie in der Grotte nie allein sein werden. In diesem steinernen Raum liebten sich Oura und Hedera, bis sie von der Flut überrascht gemeinsam ertranken. Doch mit dem tragischen Sterben in inniger Verbundenheit, das in Anglet gefeiert wird, geben Legende und Fremdenverkehrsverein sich nicht zufrieden. Man munkelt, daß die Ertrunkene die Königin Hortense oder mindestens die Herzogin von Berry gewesen sei, die hier mit einem Bürgerlichen Wonnen über den Tod hinaus genossen habe – ein Muster, nach dem viele rührende Tragödien noch zu stricken und bereits gestrickt sind.

Aus dem 12. Jahrhundert soll das Sprichwort der zur See fahrenden Gascogner stammen: »Que Dieu nous préserve du chant de la Sirène, de la queue de la baleine et du clocher de Mimizan.« (Daß Gott uns bewahre vor dem Gesang der Sirenen, dem Schwanz des Wales und der Glocke von Mimizan). Für die Einwohner von Mimizan galt nämlich als Recht: »Qui trouvait une barrique, pouvait boire à satieté; qui trouvait une pièce de drap, pouvait y tailler un habit.« (Wer ein Faß findet, darf sich daraus satt trinken; wer ein Stück Stoff findet, darf sich daraus ein Gewand schneidern).

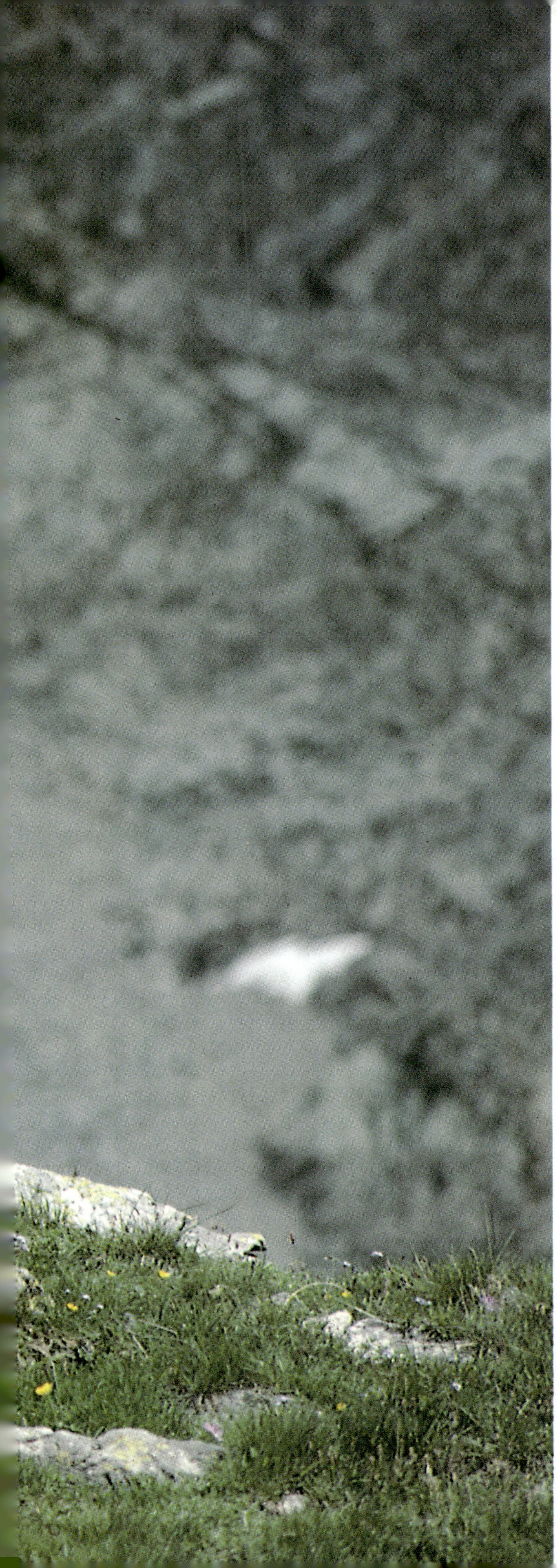

Baskenland und Pyrenäen

Die Belle Époque klingt nach – von Biarritz bis Spanien

An die 29 000 Einwohner, davon fast ein Drittel Pensionäre, die hier ihren Alterssitz haben, leben in Biarritz. Zur Hochsaison verfünffacht sich die Zahl derer, die hier Glück und Gloria suchen. Noch immer hallt das Echo der Belle Époque nach.

Knapp das: Bis zum 17. Jahrhundert brachen von dieser Küste Walfänger auf. Dann war gar nichts mehr los bis zum 19. Jahrhundert, in dessen Mitte Eugénie, schöne Tochter des spanischen Grafen von Montijo und später als glanzvolle Gattin von Napoleon III. die adelige und den Adel umschwirrende Schickeria ihrer Zeit dirigierende Kaiserin der Franzosen, Biarritz zu ihrem Lieblingsbadeort kürte.

Da war nicht nur Victor Hugo mit seiner Geliebten Juliette Drouet zu Gast. Alle, die zwischen 1850 und dem Zweiten Weltkrieg Rang und Namen hatten, kamen an die »Küste der Verrückten«, wie man damals den Strand nannte, etwa Prosper Mérimée, ein preußischer Gesandter namens Bismarck, der Modeschöpfer Jean Patou, Winston Churchill, Charly Chaplin, Sacha Guitry, Pablo Picasso, Rudyard Kipling, Paul Valéry … (die Liste wäre lange fortzusetzen).

Viele waren nicht nur flüchtige Besucher, ließen schöne Villen entstehen, von denen einige noch heute ebenso zu bewundern sind wie die für Emigranten auf Initiative des Prinzen Wolkonsky geschaffene russisch-orthodoxe Kirche Saint-Alexandre-Newsky mit zwei blauen Kuppeln. Nicht mehr zu sehen ist der Palast, den an bevorzugter Stelle mit Meerblick Napoleon III. für Eugénie bauen ließ. Er ist 1903 abgebrannt. An seiner Stelle residiert heute das Hôtel du Palais. Wer im Schatten der dahingegangenen Belle Époque eine Nacht verbringen will, kann es dort

Begegnung im Nationalpark der Pyrenäen – allein im Tal der Aspe im Béarn leben mehr als viertausend Gemsen.

Wo die Erosion alle Register zog – Promenade bei Biarritz.

für einen Tausender tun (es gibt auch billigere Zimmer, doch denke ich »wenn schon, denn schon«, und es gibt teuerere Zimmer, doch denke ich »man muß es nicht gleich übertreiben«). Tucholsky verzichtete. Ich auch. Aber das Luxusetablissement findet Gäste, die dort Champagner schlürfen und im Pool mit temperiertem Meerwasser planschen.

Den historischen Teil will ich beenden mit dem Hinweis, daß deutsche Soldaten für das Nazireich den Strand verminten, daß die Alliierten 1944 Biarritz bombardierten, daß im heutigen Musée du Vieux Biarritz auf der Rue Broquedis in brauner Zeit die Gestapo an der Grenze nach Spanien gestellte Flüchtlinge folterte. Vielleicht sollte den letzten Hinweis im Kopf behalten, wer (ich empfehle es) im Museum über das alte Biarritz die kleine Privatsammlung von Fotos, Zeichnungen, Bildern, zeigend die Prominenz, die sich einst hier tummelte, besichtigt.

Gegenwärtig tummelt sich viel Volk am Strand, darunter Wellenreiter der Weltklasse, aber auch solche, die es nur gerne wären. An der Grande Plage muß ein einfacher Schwimmer deshalb achtsam sein, damit er nicht unter die Bretter kommt. Besser baden Brettlose an der Plage Marbella oder der Plage Miramar. Feine Leute der Jahrhundertwende netzten ihre Waden an der Plage du Port-Vieux; heute stürzt sich jedermann mit jederfrau und jedemkind wie -kegel in das sanfte Wasser, das sich in der kleinen Bucht sammelt. Wer wirklich bei Biarritz baden möchte, sollte es am Strand von Anglet tun oder die kurze Strecke nach Bidart überwinden (wo das Leben billiger ist) und die Plage d'Ibbarix wählen, die allerdings nicht den an der Silberküste üblichen feinen Sand, sondern kleine, harte Kiesel anbietet, oder noch ein Stück weiter Richtung Guéthary fahren und sich am zwei Kilometer langen Sandstrand de Parlamentia (Parkplatz vorhanden) aalen. Übrigens ist Guéthary mit Eisenbahnverbindung nach Biarritz und Bayonne als Standort keinesfalls zu verachten. Die kleinste Gemeinde an der baskischen Küste hat einen romantischen Fischerhafen und die Plage de Cénitz.

Biarritz nämlich eignet sich für Nichtsurfer besser zum Anschauen. Bummeln Sie durch die Stadt. Spazieren Sie vom Felsplateau Atalaye zum Fischerhafen und über das von Gustave Eiffel entworfene Brückchen zum Rocher de la Vierge. Tun Sie's bei Tag und bei Nacht, denn bei Dunkelheit werden die Felsen im Meer, um die Wellen wild tanzen, ebenso die prächtigsten Villen, von Scheinwerferlicht bestrahlt.

Nicht auslassen sollte der Besucher die Rue Gardères und die Avenue de la Reine Victoria, das Musée de la Mer und den alten Bahnhof von Biarritz-Ville. Damit sind längst nicht alle Sehenswürdigkeiten genannt, und auch wenn die in Prospekten empfohlenen Attraktionen abgehakt sind, bleibt noch Raum für eigene Entdeckungen. Für mich gehört zu jedem Biarritz-Aufenthalt die Rast in einem Restaurant mit Ausblick auf eine der baulichen oder natürlichen Schönheiten und dem Begucken der Menschen (unter denen ebenfalls bauliche und natürliche Schönheiten zu entdecken sind – das bringt die Surfergemeinde so mit sich).

Urlaub vor dem Sonnenzelt – am Strand von Biarritz.

Von Biarritz über Guéthary ist der für mich charmanteste Ort an der Silberküste zu erreichen: Saint-Jean-de-Luz. Die Altstadt ist vom Mittelalter bis zur Gegenwart organisch entstanden; man sieht ihr an, daß sie nicht für Kaiserinnen und Exzentriker geschaffen wurde, sondern für normale Basken, Fischer und Seeräuber. Das ungestüme Meer bedroht die kleine Stadt, und zum Schutz ist ein Damm gebaut. Am Strand zwischen Damm und Atlantik nagt das Wasser, so daß jährlich große Mengen Sand von anderen Orten geholt und hier aufgeschüttet werden müssen. Aber wegen des Badens fahre ich sowieso nicht hierher.

Lieber erwarte ich am Hafen das Einlaufen eines Fischkutters. Dieser Hafen von Saint-Jean-de-Luz an der Mündung der Nivelle ist Frankreichs Haupthafen für Thunfische. Deshalb ist auch nicht das gesamte Handeln der Ansässigen auf Tourismus gerichtet. Natürlich wird *Pelote* gespielt. Und es gibt viele Veranstaltungen mit baskischer Folklore.

Hotels und Campingplätze mit unterschiedlichen Ausstattungen und Preisen lassen sich finden. Ob und zu welchen Bedingungen allerdings bei Ihrem Besuch das »Hôtel Eskualduna« geöffnet ist, läßt sich ohne Glaskugel nicht vorhersagen. Zur Zeit meines Schreibens ist es preiswert, gepflegt, in einem ehrwürdigen Haus an der Ecke der Avenue Labrouche und der Rue du Maréchal, mit Liebe und Erfahrung geführt von einer bereits sehr alten Dame. Wie lange sie das noch tut, was ihre Nachfolger mit der Immobilie machen werden, weiß ich nicht. Für alle glücklichen Fälle hier die Telefonnummer: 05 59 26 00 55.

In der Eglise Saint-Jean-Baptiste hat der später sogenannte Sonnenkönig Ludwig XIV. im Jahre

Wellenreiter an der Côte Sauvage, der wilden Küste bei Biarritz.

1660 die spanische Infantin Maria Theresia geheiratet. Von außen ist die Kirche schlicht, von innen jedoch prachtvoll. Übrigens sind nicht nur hier die Gesangbücher zweisprachig, sondern überall im Baskenland, denn Baskisch ist heute eine von den Kirchen anerkannte Sprache.

In Saint-Jean-de-Luz lassen sich leicht solide Speiselokale ohne Nepp mit guter baskischer Küche finden, wo man *Ttoro* (Fischsuppe, traditionell serviert mit geriebenem Käse und Croutons), *Merluza salsa verde* (gekochter Fisch mit Erbsen und Spargel), *Marmitaku* (Thunfischeintopf), *Izzara* (Kräuterschnaps) und andere derbe Köstlichkeiten probieren kann.

In der »Pâtisserie Maison Adam« gibt es *Macarons* (Makronen), hergestellt nach dem Rezept, das schon zur Hochzeit Ludwigs Vorlage war. Stoffe, nach überkommener Leinenweberkunst gefertigt, sind in der Stadt zu erwerben und möglicherweise für Geschenke oder Erinnerungen sinnvoller als andere Andenken.

Anfang Juli wird die »Fête du thon« (Thunfischfest) mit Essen, Trinken und Tanz, Anfang September die »Fête du Ttoro« (Fest der baskischen Korsaren) mit Messen und Umzügen gefeiert. Und im September gibt es das Musikfest zu Ehren von Maurice Ravel, der nicht in Saint-Jean-de-Luz, sondern in Ciboure geboren ist. Aber Ciboure, baskisch Ziruru (von *zubiburu* = Brückenkopf) liegt nur auf der anderen Seite des Hafens, und die Hafenstraße auf dieser Seite heißt logischerweise Quai Maurice Ravel. Nach Ciboure zieht es die Massen von Touristen nicht so sehr. Sie ahnen nicht, wie romantisch dieser Ort mit seiner ebenfalls durch rotweiße Baskenhäuser bestimmten Altstadt ist. So kann man hier in Ruhe die Kirche Saint-Vincent besuchen und vorher oder nachher sich in relativer Ruhe an einem der beiden Sandstrände von Socoa mit dem Atlantik treffen.

Vom Ortsteil Socoa aus lohnt es sich wirklich, die D 912 an der Corniche Basque (so heißt dieser felsige Teil der Côte d'Argent) entlang bis Hendaye zu nutzen. Baden kann man nicht, aber gucken! Hendaye an der Bucht von Chingoudy, wo sich der Fluß Bidassoa in den Atlantik ergießt, ist die Grenzstadt zu Spanien. Von hier kann man mit der Straßenbahn nach San Sebastián fahren. Der Bahnhof mit öden Gleisanlagen und grauen Zollgebäuden wirkt trübsinnig. Ob er sich ständig quälend daran erinnert, daß er im Oktober 1940 Begegnungsort für zwei Menschenverächter, für Hitler und Franco, war?

Hendaye-Plage bietet sozusagen die letzte Möglichkeit, französischen Sand zwischen den Zehen zu haben und das Wasser mit *eau de mer* oder *eau salée* zu begrüßen. Entstehen wird hier ein modernes Ferienzentrum. Doch noch ist der fast drei Kilometer lange Strand geräumig genug für alle Besucher.

Die Bucht von Chingoudy ist ebenfalls Grenzstation für rund 100 Vogelarten, die sich auf ihren Zügen nach Süden zu einer letzten Rast an der Côte d'Argent niederlassen. Vögel fliegen weiter, und ambitionierte Wanderer können in Hendaye einen langen Marsch auf der GR 10 beginnen. Dieser Superpyrenäen-Wanderweg führt in rund zwei Monaten bis zum Mittelmeer. Aber auch für nicht ganz so Wanderwütige ist Hendaye Ausgangspunkt für maßgeschneiderte Fußtouren.

Schon Bismarck, Ravel und Picasso faszinierte das ungestüme Meer hier im Süden.

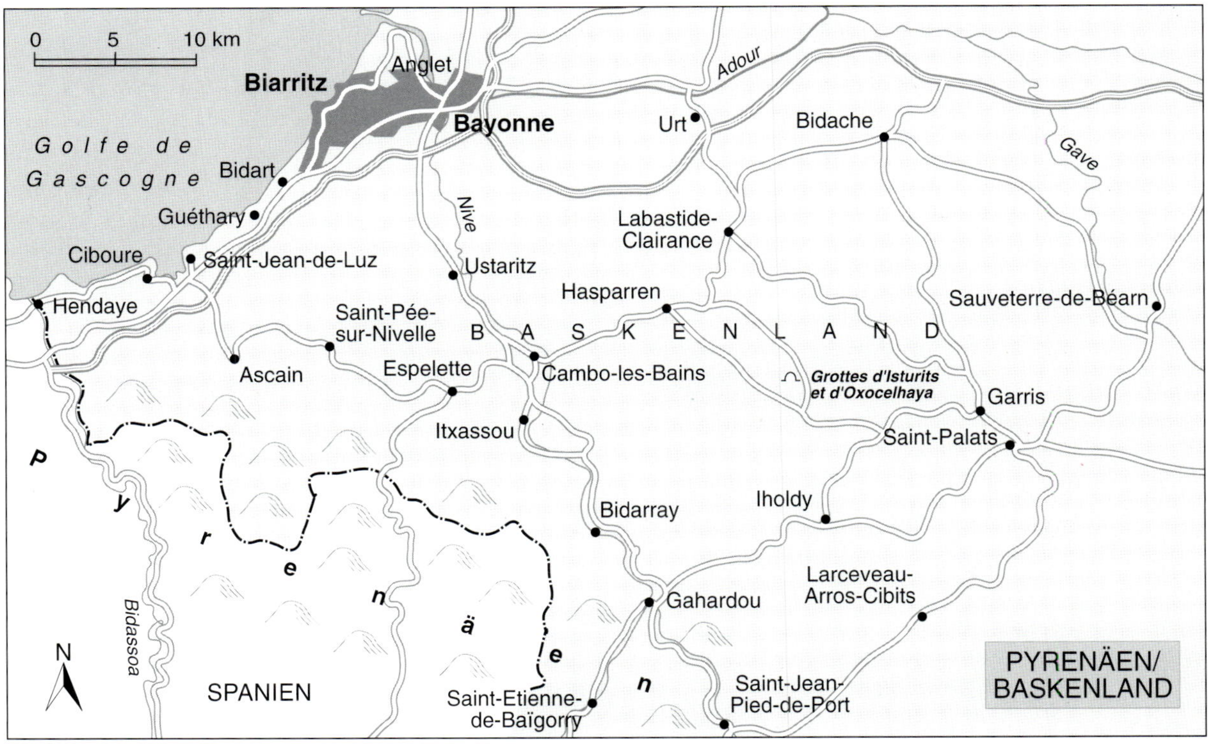

Bayonne, die Stadt

3. August 1995. Wieder einmal in Bayonne. Um 12 Uhr wird König Léon inthronisiert. Groß und bunt wackelt seine Puppe auf dem Balkon. Seine Vasallen in Überlebensgröße ziehen durch die Straßen. Darunter auch Teufel mit großflächigen Pappmasken, die mit gefüllten Stoffwürsten nach Passanten schlagen. Die Passanten, Kinder, Frauen, Männer, Greise, Hunde tragen meistens weiße Kleidung, rote Halstücher und rote Baskenmützen.

Dieses Mal möchte ich doch das berühmte Musée de Basque sehen, das Museum über die Lebensart der Basken, das in fast allen, auch neuen Reiseführern gepriesen wird. Ich frage im Informationszentrum. Das Museum, erfahre ich, ist seit sechs Jahren wegen Renovierungsarbeiten geschlossen. Der Zeitpunkt der Wiedereröffnung ist ungewiß. Aus dem Museumsbestand ist nirgends ein Teil ausgestellt. Ich besuche trotzdem die Maison Dagourette, benannt nach einem Kaufmann, der dort im 17. Jahrhundert gewohnt hat. Von 1664 an war es bis ins 19. Jahrhundert das Hôpital Saint-Léon. Eine kleine Klappe in der Frontmauer zeugt noch von dieser Zeit. Vor dieser Klappe wurden die Kinder abgelegt, deren Mütter nicht in der Lage waren, sie zu behalten. Ebenfalls an der Frontmauer klebt ein Plakat mit folgenden Buchstaben: »freiheit FÜRS BASKELAND«. 1922 wurde das Haus zum Museum. Es ist heruntergekommen, aber es hat Charakter. Risse und Rost sind wie Gesichtszüge, die das Schicksal gegraben hat. Die Fensterläden, trotz allen Abblätterns, bekennen Farbe – baskisches Braun.

Heruntergekommen, baufällig, renovierungsbedürftig wie so viele Häuser, vor denen Touristen bewundernd stehen. Dieser Verfall ist romantisch, pittoresk. Woanders sagen die Besucher über solchen Zustand des Verfalls, daß er Beweis sei für die Nichtsnutzigkeit der Herrschenden. Vorurteile trüben überall den Blick.

In Grand Bayonne knäueln sich Touristen vor Andenkenläden. Jenseits der Nive, in Petit Bayonne, wo das geschlossene Museum von großen Zeiten träumt, sind es weniger. Auch Baskenmützen sind seltener. Hier sind Häuser ärmlicher, Läden kleiner, Inschriften häufiger baskisch als französisch. Aber es gibt Kneipen, in denen Euskaldunak, wie sich die Basken selbst nennen, zum Sprechen raumfüllend gestikulieren. Es klingt schön. Viele Vokale tönen. Das bekommt auch den Liedern, die gesungen werden. Hier kann sich der Reisende als Reisender fühlen. Endlich in einem anderen Land. Kaum noch im kulturell planierten Europa. Es lohnt sich. Man lernt kennen, verstehen, wird erkannt, aufgenommen, verläßt bereichert die Stätte.

Auf einem abgegitterten Platz teilen Schilder den Besuchern mit, daß jedes Betreten auf eigene Gefahr geschehe. Hier werden nämlich bald die Kühe los sein, junge Basken werden ihren Mut beweisen, vor, hinter, über (und hoffentlich nicht unter) den Kühen tanzen, um den Mädchen zu imponieren. Ein Fest der Euskaldunak.

Spät am Abend gehe ich ins Hotel, verstehe den Zorn und die Trauer der französischen Basken. »In Paris gibt« – sagte mein neuer Freund Pili – »die renommiersüchtige Regierung viel Geld beispielsweise für das prunkvolle Centre Georges Pompidou aus, doch das Musée de Basque, das an unsere Tradition erinnert, wartet auf seine Wiedereröffnung.«

Auch wenn das Baskenmuseum geschlossen ist, lohnt sich der Besuch von Bayonne! Die Flüsse Nive und Adour teilen auf natürliche Weise die Stadt in Grand Bayonne, Petit Bayonne und Saint-Esprit. Vom Zusammenfließen soll auch der Name erzählen, nämlich Bayonne von *Baionna* vom baskischen *Ibaîon,* was eben das Ineinanderströmen von Flüssen und damit einen guten Hafen bedeutet. Vorher nannten die Römer ihr Lager an diesem Ort Lapurdium; daher kommt die Bezeichnung Labourd für die Provinz.

Aquitanien, also auch Bayonne, gehörte durch die Heirat Eleonores mit Henri Plantagenêt ab 1152 zu England, und Bayonne wurde ein wichtiger Hafen, wo mit Wein und Stoff und Harz gehandelt wurde. 1451 fiel die Stadt an den französischen König Charles VII. Man verlor die englischen Geschäftspartner. Im 18. Jahrhundert verbreiteten Freibeuter aus Bayonne Furcht auf sämtlichen Meeren, und die örtlichen Waffenschmiede erfanden das Bajonett.

Damit den Pazifisten die Stadt nicht ganz unsympathisch wird, weise ich darauf hin, daß im Stadtteil Saint-Esprit die aus Spanien und Portugal geflohenen Juden Zuflucht fanden, daß ebenfalls im 18. Jahrhundert diese Flüchtlinge wunderbare Schokoladen herstellten, daß nach deren Rezepten noch heute Leckereien hergestellt werden, die ich allen Besuchern wärmstens (und sogar heiß, also auch als Getränk) empfehle.

Für diejenigen, die es lieber herzhaft mögen, gibt es Schinken. Wer unbedingt die berühmte Spezialität für seine Erbtante mitnehmen und nicht »Jambon Ibaîona«, sondern das beweiskräftige »Jambon de Bayonne« auf dem Etikett vorzeigen will, sollte wenigstens darauf achten, daß der Name auf einem roten Schild steht, weil das rote Schild eine Mindestqualität von Fleisch und Zubereitung garantiert.

Überhaupt: Bummeln in den Gassen, Ausschauen nach dem Leben, das ist es, was man in Bayonne tun sollte. Zugreisende kommen in Saint-Esprit an, sollten sich dort die Kirche aus dem 15. Jahrhundert anschauen, dann über die Brücke nach Grand Bayonne wandern, mitten auf der Brücke innehalten und den Blick auskosten.

Grand Bayonnes Gassen pulsieren. Gucken Sie trotzdem hin und wieder auch nach oben, um hier und da an den im 18. Jahrhundert errichteten vierstöckigen Wohnhäusern die schmiedeeisernen Balkons zu bewundern. Zu den Sehenswürdigkeiten gehört die Kathedrale Sainte-Marie mit einem einmaligen Kreuzgang aus der Hochgotik und beachtenswerten Glasfenstern aus dem 16. Jahrhundert. Am Nordtor des imposanten Gebäudes ist ein Türklopfer, der einen Tierschädel mit Ring im Maul darstellt. Es ist der »Anneau d'Asile«, der Zufluchtsring; wenn einst ein von Staatsgewalt Verfolgter es schaffte, einen Finger durch diesen Ring zu stecken, dann schützte ihn Kirchenasyl.

Und irgendwann geht man über eine der vier kleinen Brücken, die den Nive überqueren, und gelangt nach Petit Bayonne. Hier läßt es sich herrlich planlos herumlaufen. Wenn Sie aber unbedingt ein Ziel brauchen, besuchen Sie das Musée Bonnat. Die Kunstsammlung ist nach ihrem Stifter, dem Maler Léon Bonnat, benannt, dessen Bilder Sie dort ebenso bewundern können wie Werke von Rubens, Goya, Ingres, Delacroix, Degas … Bonnat war mit Degas befreundet, aber die beiden zerstritten sich, und Bonnat entfernte die zahlreichen Arbeiten, die er von Edgar besaß, aus seiner Sammlung. Die Museumsverwalter

Haus mit Charakter – das Baskenmuseum in Bayonne.

aber kauften drei Bilder vom impressionistischen Meister des gepinselten Lichtspiels auf Leinwand, darunter ein 1863 gemaltes Porträt des alten Freundes. (Ich vermute, daß die beiden nebeneinander auf einer farbdurchfluteten Wolke sitzen, über ihren einstigen Zwist schmunzeln, die klugen Kustoden gemeinsam loben.)

Imposant ist auch die Festungsanlage an der Porte de Mousserolles. Mächtige, rostige Gliederketten für die Zugbrücken sind zu bestaunen. Und zum Verschnaufen vor dem nächsten Entdeckungsgang durch das unerschöpfliche Bayonne kann man sich ein Plätzchen im hübschen Parc de Mousserolles suchen.

Kürbisse und Pfefferschoten trocknen an vielen Hauswänden und auf Dächern im Baskenland.

Für unterwegs: eine Prise Küchenbaskisch

Ardi Gasna – fromage de brebis, ein trockener, herber Schafskäse, heute auch industriell hergestellt, doch gibt es immer noch den echten, von baskischen Schäfern in ihren *Kayolars* (Käsereien) hergestellten.

Axoa d'Espelette – Kalbsschulter, gewürfelt, mit Tomaten, Schinken, Pilzen und vor allem dem berühmten Paprika aus dem baskischen Ort Espelette zubereitet.

Eltzekaria – Suppe aus Kartoffeln, Kohl, Lauch, Karotten und Zitrone

Gâteau basque – kleiner, feiner Kuchen, der auf echt baskisch mit Kirschmarmelade aus Itxassou (einem wunderschönen Ort in aufregender Natur an der Nive mit jährlichem Kirschenfest, den man auf dem Weg von Ciboure nach Saint-Jean-Pied-de-Port mit einem kleinen Abstecher von der D 918 erreicht) vernascht werden muß.

Izarra – Likör aus in den Pyrenäen gewachsenen Kräutern, Pflanzen und Früchten. Es gibt ihn in Grün (der haut rein!) und in Gelb (der ist sanfter).

Jambon Ibaîona – eigentlich Bayonner Schinken, aber unter diesem Namen wird viel Fleisch verkauft, das an ganz anderen Orten kräftig gesalzen wurde. Der echte *Jambon Ibaîona* stammt von *Large-White-Schweinen*, die mit Weizen, Gerste und Mais gefüttert wurden, und muß in reiner Pyrenäen-Höhenluft mindestens zwölf Monate getrocknet sein.

Marmitaku – Eintopf aus Thunfisch.

Merluza salsa verde – erst gesalzener, dann getrockneter Fisch (Stockfisch), gekocht mit Erbsen und Spargel.

Ossau-Iraty – Schafskäse, der drei Monate gereift ist und nach Baskenart mit Kirschmarmelade gegessen wird.

Pibales – grüner Aal.

Piperade – Paprika und Tomaten eingekocht, dazu Fisch (etwa Thunfisch) oder Fleisch (mit Huhn ist es *poulet basquais*).

Sagardo Arnoa – Cidre, also Apfelwein, und die Kunst des Kelterns dieser Früchte sollen Normannen (und wohl auch Frankfurter) von den Basken gelernt haben. Jedenfalls kann ich die Verführung Adams durch Eva in dieser Bearbeitung der gepflückten Erkenntnis nachvollziehen.

Tripoxa – eine Wurst aus Fleisch von Schaf und Kalb.

Ttoro – die Spezialität von Saint-Jean-de-Luz und Ciboure. Man schmore Zwiebel, Knoblauch, Fischköpfe, Kräuter in Olivenöl, lösche mit Wein, füge wenig Wasser und geschälte Tomaten, Paprika, Salz und Pfeffer hinzu, lasse das Gemisch nach kurzem Aufbrausen eine Stunde unterm Deckel köcheln, siebe die Suppe, behalte die klare Brühe. Während der Kochzeit hat man frischen Fisch (Knurrhahn, Seeaal, Lotte) entgrätet und in Stücke geschnitten, mit Salz und Paprika bestreut und in der Pfanne vergoldet, zum Schluß Langusten zugegeben. Nun legt man Fisch und Langusten in einen Topf, gießt die Bouillon darüber, läßt das Ganze aufkochen und dann mit gesäuberten Muscheln leise zuscheln. Bei aller Mühe und dem besten Fischhändler werden Sie für den Schmaus zu besonderem Anlaß von Ihren Gästen gelobt, doch nie die Vollkommenheit erreichen, die das Gericht in seiner Heimat hat.

Léon – König von Bayonne und der Narren

»O Léon, Léon, Léon
Roi de Bayonne,
Roi de Bayonne,
O Léon, Léon, Léon,
Roi de Bayonne
Et des Couillons.«

Das Lied über Léon, den König von Bayonne und der Narren, hört man in Bayonne bei Festen immer wieder. Er darf nicht verwechselt werden mit Léon, *Patron de Bayonne*, dem Schutzheiligen der Stadt, der mit in Stein gehauenem asketischem Gesicht an vielen Ecken mißbilligend auf die Menschen herabsieht. Léon, *Roi de Bayonne et des Couillons*, vertritt fröhliches Feiern, Spaß, Liebe, Schmaus, Spott…, kurz das Gegenteil von Askese!

Er ist so etwas wie ein Karnevalsprinz, und es gab ihn als lebenslustigen Spötter, auch als politischen Volkshelden, als eine Art Till Eulenspiegel wirklich – und nicht etwa vor langer Zeit. Das schöne Baskenfräulein Jeanne Dachary hat ihn am 8. März 1895 zur Welt gebracht. Sein Vater blieb unbekannt. Sein Taufname war Raphael (wie der Maler oder der Aperitif, merkt Michel de Barbeyrac dazu an), aber alle Welt nannte ihn und er selbst sich Léon. Am 8. Oktober 1964 starb er. Und jährlich Anfang August steht er wieder auf und wird zum König gekrönt für fünf Tage, in denen überall mit baskischer Folklore, *Courses landaises*, Feuerwerk, Bällen, Umzügen und Spielen ein traditionsreiches Fest gefeiert wird.

Baskenland: Pfefferschoten an einem Haus in Espelette.

Basken, das besondere Volk

Die Basken sind vermutlich die einzigen Ureinwohner Europas, die dem Sprachansturm der Indogermanen widerstanden haben. Sie sprechen – das ist der gegenwärtige Stand der Wissenschaft – die älteste Sprache Europas, bewahren eine einzigartige Kultur mit mutterrechtlichen Zügen, haben eine unverkennbare Architektur und Volkskunst, weisen sogar einige genetische Eigenheiten auf.

Ihre Herkunft verschwimmt in so nebeliger Vorzeit, daß die Anekdote, die Tucholsky in seinem *Pyrenäenbuch* wiedergibt, es genau trifft: Einem Grafen, der mit seiner Abstammung prahlt, antwortet der Baske: »Wir Basken, Herr Graf, wir stammen überhaupt nicht ab!« In ihrem Mythen-, Märchen- und Sagenschatz, den die Basken besser hüten als viele andere Völker Europas (der bedeutende baskische Anthropologe Barandiaran hat einen großen Teil aufgezeichnet, seine Schüler, ich nenne hier für viele Apalategi von der Universität in San Sebastián, sammeln weiter), gibt es allerdings doch einen Stammvater. Er heißt Aîtor, war ein Gefährte Noahs, wanderte direkt aus der Arche in die Berge, wo er mit Pyrène das erste Volk der Welt zeugte.

Aîtors und Pyrènes Nachkommen sind berechtigt stolz auf ihre Sprache, Euskaldunak bedeutet »diejenigen, die baskische Sprache besitzen«. Mich als Poeten erfreut besonders ihre Hochschätzung von Lyrik. Für hehre Poesie gibt es Wettbewerbe, sogenannte Blumenspiele; aber auch Volksdichter reiben bei Festen mit satirischen Texten Witz und Sprachvermögen aneinander. In diesem Zusammenhang müssen die *Bertsulari* erwähnt werden. Der *Bertsu* ist ein Stegreifdichter, der in vorgeschriebenen Formen seine Lieder zur Freude derer, die es verstehen, reimt.

Aber wer kann schon die Sprachfeinheiten des Baskischen, des Euskara, verstehen außer den Euskaldunak? Euskara wird an Universitäten gelehrt, aber es ist keinesfalls einfach. Kein Wort läßt sich von einer bekannten Sprache ableiten. Substantive werden in zwölf Formen dekliniert: Nominativ, Ergativ, Instrumental, Dativ, Possesivgenetiv, Soziativ, Destinativ, Lokativgenetiv, Inessiv, Adlativ, Ablativ, Partitiv. Darüber, was die

Basken und ihre Mütze

Die echten Basken sind so entfernt und anders, daß sie letztlich fremd sind. Die Vaskonen, die als Gascogner in der Gascogne leben, sind näher und deshalb literarisch und redensartlich nutzbar. Man ist verschlossen, redselig, aufschneiderisch, trinkfest, sparsam, verschwenderisch, mutig, vorsichtig, stolz und vieles oft Widersprüchliches mehr wie ein Gascogner. Beigetragen hat dazu unter anderem Alexandre Dumas mit dem Roman *Die drei Musketiere*. Es gab sie wirklich. Musketiere sowieso, das waren mit Musketen bewaffnete Soldaten. Aber auch d'Artagnan, geboren in Lupiac, Aramis aus Aramits, Porthos, der ebenfalls wie Monsieur de Treville, der Chef, aus dem Béarn stammt. Lesen Sie ihn (noch einmal), den Roman vom älteren Dumas, und achten Sie auf Sätze über gascognische Eigenheiten.

Nun erfülle ich die Erwartung einiger Leser und schreibe über die Baskenmütze, obwohl sie an diesem Platze so fehl ist wie die Glatze auf dem Haupt eines Jünglings. Sie kommt vor, ist aber nicht die Regel. Wo im Baskenland die Touristen nicht blühen wie Tulpen in einer Amsterdamer Gärtnerei, sieht man Baskenmützen kaum häufiger als im übrigen Frankreich, keinesfalls so häufig wie in den Landes, wo sie besonders bei traditionsbewußten älteren Landwirten, Anglern und Boulespielern zur angewachsenen Haartracht zu gehören scheint. In Bayonne und anderen Städten sieht man sie öfter, vermutlich sind die Träger Touristen oder Franzosen, die sich dem Tourismus verpflichtet fühlen. Doch solche Deckel sind meistens importiert, weit mehr als die Hälfte dieser Stoffscheiben tragen im Stirnband Hinweise auf ein Made in China, Japan, Taiwan oder einem anderen frankofernen Land. In Saint-Jean-de-Luz, Biarritz, Bayonne, gar in Bordeaux gibt es allerdings eine für Schleckermäuler sehr empfehlenswerte Sorte des *Béret Basque*. Es sind rumgetränkte Törtchen mit Schokoladenschaum. Wer eine echte Flachschale zum Schutze seines Hirns wünscht, weil er gerne François Mauriac ähnlich sehen möchte, sollte sie sich im Béarn besorgen. Dort wird sie beispielsweise in Oloron-Sainte-Marie hergestellt. Da gehört sie vermutlich auch hin, denn das Wort *béret* stammt nicht aus dem Euskara, sondern ist die okzitanische Form des lateinischen *birrum* (die Kopfbedeckung). Es ist also anzunehmen, daß es ein Schäfer aus dem Béarn war, der erstmals verfilzte Wolle überm Knie zu einem schlechtfliegenden Diskus formte, den er sich zum Schutz gegen Sonne und Regen über die Ohren preßte und dort zurechtzupfte.

Baskisch ist eine eigenständige, zudem schwierige Sprache – hier zu lesen am Baskenmuseum in Bayonne.

Basken mit Verben beim Konjugieren anstellen, will ich gar nicht nachdenken.

Damit Sie Namen aussprechen, Speisekarten, Orts- und Ladenschilder vorlesen können, folgende Tips: Es gibt keine Nasale; a, e, i, o, u sind kurz; r wird fränkisch gerollt, j lautet wie ein sch bei Gendarm oder Jean oder Journal; s wird zischelnd wie von Marcel Reich-Ranicki gelispelt; z ist stimmhaftes s; x ist stimmloses sch, tz spricht man wie ß. Und weil es auch im Baskischen Mundarten gibt, könnten Sie nach diesen Regeln eine davon treffen.

Fährt man von Saint-Jean-Pied-de-Port auf der D 933 nordöstlich (statt auf kleineren Straßen, was reizvoll ist und zu eigenen Entdeckungen führt), dann bei Saint-Palais (baskisch: Donapaleu) nach Saint-Esteben (Donestiri), sucht dort den Weg nach Isturits (Isturitze), findet man die Grotten von Isturits-Oxocelhaya. Man kann sich in die traumhafte Tropfsteinwelt führen lassen, der Führer wird gewiß Stalaktiten anschlagen und zum Klingen bringen, das dann wundersam durch die Höhle schwingt. Dabei läßt es sich darüber nachdenken, daß in diesen Theaterräumen vor fast 40 000 Jahren wohl direkte Vorfahren der seßhaften Basken lagerten, daß hier neben Bildern und Gebrauchsgegenständen ein in einen Knochen geschnitztes Musikinstrument aus dieser Zeit gefunden wurde …

Musik, Tanz, Theater gehören zum Leben der Basken wie das Wasser zum Fisch. Wichtige Instrumente sind die *Txirula* (kleine Holzflöte), die *Alboka* (Flöte mit zwei ungleichen Schallrohren) das *Ttuntun* (Tambourin), die *Dultzaina* (nenne ich sie Dudel, denn sie entspricht dem keltischen Dudelsack ohne Sack) und die Stimme, aber auch wenn man Gitarre und Bandoneon hört, muß die Veranstaltung nicht unbedingt eine für Touristen sein. Die *Jauzi* (Baskensprünge) sind berühmt (und in der Region Soule werden sie besonders häufig getanzt), den *Fandango* kann man auch auf französischer Seite bewundern und den Glastanz während des Karnevals an einigen Orten sehen. Zu Karneval (*Ihauterie*) ziehen die ernsten, schönen Roten und die derben, wilden Schwarzen – beide Gruppen mit klassischen Figuren wie beispielsweise dem *Gatuzain,* dem Mann in Katzengestalt, der mit der *Sorgingoaizak,* der Hexenschere, hohe Sprünge macht. Höhepunkt des Umzugs ist der Tanz der Roten, und dessen Krönung ist der Glastanz, bei dem die Tänzer mit ihren Füßen weingefüllte Gläser berühren, ohne etwas zu verschütten oder gar umzuwerfen.

Den Glastanz gab es vor 40 000 Jahren gewiß nicht, dafür eine Eiszeit, zu deren Ende Rentiere und Bewohner der Pyrenäen nordwärts zogen, nur nicht die Vorfahren der Basken. Sie blieben im Lande und nährten sich redlich, doch kärglich von Flechten, Kräutern, Schnecken und dem, was die Berge sonst hergaben. Viel später, bereits in geschichtlicher Zeit mit Machtkämpfen, Königreichen und Römern, griffen die Westgoten die

Barcunen (die Leute in den Bergen, *Bar* bedeutet Höhe) an, die sich (zu mehr als einer Kurzfassung fehlt der Platz) schließlich in zwei Gruppen teilten, die Basken und die Vaskonen (die Vaskonen ließen sich von der romanischen Sprache einnehmen, wurden Gaskonen, Gascogner, die ebenfalls stolzen Bewohner der Gascogne).

Erinnern Sie sich an die Rolandsage? Sie ist ein Schwindel! Besser: Sie hat, wie Sagen das zu tun pflegen, die anerkannten Bösen ohne Rücksicht auf Wahrheit zu den Negativhelden gemacht. Nicht waren es heidnische Sarazenen, von denen die durch Roland geführte Nachhut des großen Karl in einen niederträchtigen Hinterhalt gelockt wurden. Es waren tapfere Basken, die am 15. August 778 in Roncesvalles siegten. Und sie siegten noch einige Male mehr.

Das Baskenland, von den Römern Vasconia genannt, später das Königreich Navarra, erstreckt sich über die westlichen Pyrenäen, ist zum Teil spanisch, zum Teil französisch. Der spanische Teil ist fünfmal so groß wie der französische, und von den über 500 000 Euskaldunak leben etwa 80 000 im französischen Aquitanien. In Spanien wurden durch das Franco-Regime alle Autonomiebestrebungen gewaltsam unterdrückt, und es bildete sich in den 1960er Jahren die Untergrundbewegung ETA, vor der man sich auf der französischen Seite weniger fürchten muß. Doch streben auch die französischen Basken nach Einheit aller Basken. Zumindest wollen sie erst einmal, daß ihre drei Provinzen (Labourd, Basse-Navarre und Soule) ein eigener Verwaltungsbezirk ohne das Béarn werden, das bislang mit zum Departement Pyrénées-Atlantiques gehört.

Berge ernähren ihre Bewohner, wenn sie hart arbeiten und nicht zu viele sind. Es ist üblich, daß ein Baskenfamilienoberhaupt sein Haus mit dazugehörendem Boden nur einem Erben, Sohn oder Tochter, vermacht. Das ist mit ein Grund, weshalb ein weiterer Satz aus dem *Pyrenäenbuch* des Kurt Tucholsky Gültigkeit hat: »Eine vollständige Sippe wird man nicht zu sehen bekommen. Einer fehlt immer. Und der ist in Amerika.« Auch das hat Tradition, denn ein Baske war Steuermann bei der ersten Reise des Christoph Columbus, Mitentdecker des neuen Kontinents. Basken gründeten Montevideo und Buenos Aires …

Pelota – ein Volkssport

Pelote, Pelota, Pilota vom lateinischen *pila* für Ball, der in diesem Fall knallhart ist und während des Spiels bis zu 300 Stundenkilometer erreichen kann. Die Wand, gegen die er geballert wird, heißt *fronton* oder besser baskisch *euskal-jai*. Auf der Wand ist ein Strich in einer Höhe von 80 Zentimetern, und der Ball darf nicht unterhalb dieses Striches die Wand berühren. Es können übrigens bis zu fünf Spieler eine Mannschaft bilden.

So ein Euskal-Jai steht in jedem baskischen Dorf. Oft gehört eine zweite Wand links und rechtwinklig vom *fronton* dazu. Schließlich gibt es noch das *trinquet*, das auf baskisch *jai alai* heißt, mit drei Mauern – dem *fronton*, der linken und einer hinteren. Die vierte Seite ist zum Schutz der Zuschauer mit Maschendraht gesichert. In solchem Käfig wird das Bällchen zum rasenden Kugelblitz.

Es gibt mehrere Möglichkeiten des Spiels. Meistens sieht man die *cesta punta*, zwei gegen zwei Spieler im *jai alai*, die wechselnd den Ball mit der *chistera* fangen und schleudern. Die *chistera* ist eine aus Weidenholz geflochtene bananenförmige Verlängerung des Schlagarms und sorgt für noch wildere Wucht des harten Geschosses. Drei Schiedsrichter achten darauf, daß kein Spieler den Ball zu lange im Körbchen hält.

Bei einer anderen Variante wird mit der *panna*, einer Art Squash-Schläger, gespielt. Echte Basken allerdings sagen, daß alle Instrumente nur von Memmen benutzt würden. Das wahre *Pelote* muß – sagen die Puristen – mit der bloßen Hand, französisch *main nue*, ganz genau und landessprachlich *esku huts* gespielt werden.

Tucholsky sah das von ihm beschriebene *cesta punta* in Saint-Jean-Pied-de-Port. Dort gibt es ein Museum für das Nationalspiel der Basken. An jedem Montag lebt in Donibane Garazi, wie der Ort in der Sprache der Ureinwohner heißt, ein besuchenswerter, baskenbunter Markt. Und anschließend kann der Besucher *Pelote* live sehen. Sie erreichen die Stadt nach einer sich immer höher schraubenden Fahrt durch malerische Landschaft mit wahrscheinlich trunkenen Augen von Ciboure aus auf der D 918. Die Hauptstadt der Regionen Cize und Baïgorri hat eine lange Geschichte, hütet große Tradition, wunderbare Häuser, mannigfache Sehenswürdigkeiten. Zum Träumen lädt nicht nur die Brücke zur Kirche Notre-Dame über die Nive ein. Zu besichtigen ist auch die Destillerie Brana (Tel. 05 59 37 00 44), in der ein wohlschmeckender und wohlig ins Blut rieselnder Birnenlikör hergestellt wird.

1927 erschien das *Pyrenäenbuch* von Peter Panter, und Peter Panter ist eines der Pseudonyme des Kurt Tucholsky. Hier wird das Verhältnis der Basken zu ihrem Nationalsport treffend charakterisiert: »›Man sollte die Basken in einem Turm bei Silber und Gold konservieren!‹ sagte eines Tages ein Bewunderer des Landes. ›Ja‹, erwiderte ein Baske. ›Aber es muß ein Pelotenspiel im Turm geben!‹«.

Westliche Pyrenäen-Rundreise

Hasparren ist einer der Orte in den Pyrenäen, um die man einen großen Bogen machen sollte, denn um Hasparren herum ist es wunderschön. Und nach dem Bogen fahren Sie in die Stadt. (Man kann es auch umgekehrt machen, die Stadt zum Ausgangspunkt für viele Bögen wählen.)

Die Einwohner von Hasparren werden *Haspandard* genannt. Ich merke das hier einmal an, weil es nach meinem Kenntnisstand keine Regel gibt, wie die Einwohner in südwestfranzösischen Städten bezeichnet werden. Im Deutschen ist es klar, »er« am Ende hat der männliche Städter, »in« dazu macht die Bewohnerin zwischen Aachen und Zwickau. Ganz wenige Ausnahmen wie die Hannoveraner aus Hannover, die Gelnhärer aus Gelnhaar, die Tübinger aus Tübingen lassen sich leicht merken. In Südwest-Frankreich müssen selbst Franzosen nachschlagen, wie man heißt, wenn man irgendwo wohnt.

Jedenfalls sind die *Haspandards* von potenziertem Stolz. Sie sind in erster Linie stolz darauf, aus Hasparren zu stammen, in zweiter Linie stolz darauf, Basken zu sein. Nein, sie lassen es den armen Fremden nicht spüren. Sie sagen es ihm nicht ausdrücklich, weil es selbstverständlich ist, daß sie ausgezeichnet sind. Sie müssen ihren Stolz niemandem mit einem Knüppel beibringen.

Hasparren ist einfach alles: Knoten des sparsamen Verkehrs, Zentrum der kargen Landwirtschaft, Ballungspunkt ansonsten wenig vertretener Produktionsbetriebe, folglich Handels-, Agrar- und Industriestadt. Ursprünglich ernährten Gerbereien die Einwohner, daraus erwuchs die Schuhfertigung, Wollwebereien kamen hinzu. In Hasparren kann man das Maison Eyartzea, das kleine Museum im einstigen Haus des Francis Jammes, besichtigen, des frommen und frohen Autors, der 1868 in Tournay (Hautes-Pyrénées) geboren wurde und in Hasparren 1938 starb. Georges Brassens vertonte von seinen bittersüßen Gedichten *Je Vous salue Marie.* Und dann gibt es noch die berühmte Stele Romain hinter der Kirche, das ist ein Marmortisch, der 1659 im Hauptaltar entdeckt wurde. Einem einflußreichen Beamten aus gallorömischer Zeit namens Verus hat er gehört. Er stammt aus einem der ersten drei Jahrhunderte unserer Zeitrechnung, und die Inschrift darauf ist ein weiterer Beweis dafür, daß südlich der Garonne damals nicht Gallier, sondern Vaskonen siedelten.

Das Tal der Aspe ist ein Naturparadies – hier gibt es auch noch Gänsegeier (Seite 153).

Vor oder nach dem Übernachten, etwa in »Le Relais des Tilleuls« (mit drei Sternen, aber in Aquitanien leuchten Hotelsterne früher als in Deutschland) an der Place de Verdun in 64240 Hasparren (Tel. 05 59 29 42 14) oder im »Hôtel Berria« (mit zwei Sternen) auf der Rue Francis-Jammes (Tel. 05 59 29 11 10) oder in einem anderen Hotel kann es weitergehen mit einem Abstecher nach Labastide-Clairance.

Um die Kirche von Labastide-Clairance geht man auf Gräbern. Unter Steinplatten liegen die Toten dicht an dicht direkt an der Kirche. Die letzte Beisetzungsjahreszahl, die ich entdeckte, war 1993. Neben der Kirche aber gibt es auch einen Friedhof, wie man ihn kennt. Daneben wiederum ist noch ein Judenfriedhof, auf dem im 16. und 17. Jahrhundert Mitglieder der jüdischen Gemeinde, Flüchtlinge aus Portugal, ihre letzte Ruhestätte fanden. Es gibt hier sichtlich mehr Tote als Lebende.

Der König von Navarra ließ Labastide-Clairance 1314 als nordwestliche Festung seines Reiches bauen, und so liegt unterhalb der Kirche der zentrale Platz mit alten Fachwerkhäusern und Arkaden, einem Laden für Krims und Krams und Lebensmittel, diesem gegenüber eine Bar, auf der ich die Toilette besuchte. Sie war mit Dusche im ersten Stock, kaum für Fremde eingerichtet, und weil ich mich ein wenig verirrte, sah ich in den Zimmern Abgestelltes, wahrscheinlich eine Fundgrube für Antiquitätensammler.

Sie erkennen es: Dieser Toilettengang hat mich mit seiner ohne Scheu präsentierten Privatheit beeindruckt.

Labastide-Clairance hat auch die G.A.E.C. Artzainak, eine Fabrikationsstätte für *Fromages de Brébis*, die nach Anmeldung unter der Telefonnummer 05 59 29 12 83 besichtigt werden darf.

Köstlichen Käse aber gibt es ebenfalls nordwestlich von Labastide-Clairance in der jedem

Wachsamer Ureinwohner der Pyrenäen – das Murmeltier.

Euskaldunak bekannten Abtei Notre-Dame-du-Belloc, wo vierzig Mönche außer dem Käserezept eine Bibliothek mit Regionalliteratur hüten, durch ihre klostereigene Druckerei selbst den Bestand erweitern, ihre Messen in baskischer Sprache lesen.

Von hier aus führen viele Wege zurück nach Bayonne. Ich schlage vor, nach Hasparren zurückzufahren, dann die D 22 zu suchen, die auch Route Impériale genannt wird, was sie nicht etwa einer prunkvollen Breite und Geradlinigkeit verdankt, sondern dem Umstand, daß sie für Napoleon gebaut wurde. Wer noch ein wenig Zeit sinnvoll nutzen möchte, sollte einen Schlenker nach Cambo-les-Bains, Kurort seit dem 16. Jahrhundert, machen, wo er die Villa Arnaga, die heute Museum ist, besichtigen kann. Edmond Rostand, der nicht nur den Roman *Cyrano de Bergerac* schrieb, ließ sie in baskischem Stil errichten. Wer über mehr Zeit verfügt, wird in Cambo und um Cambo herum wie an anderen Orten neben der Strecke viel entdecken, erleben, genießen können.

Straßensperre in den westlichen Pyrenäen (Seite 156/157).

Liebeserklärung an Pyrène

Die besten Wege für Reisende sind Umwege. In Pau beginnend, wollte ich das Béarn erkunden. In der Hauptstadt kaum aus dem Auto gestiegen, kam ich im ersten Straßencafé mit einem Paar ins Gespräch, beide stolz auf ihr Béarn, erfuhr viel, bis ich die dumme, befremdende Frage stellte, was es denn an baskischen Traditionen gäbe. Er tat so, als gäbe es ein solches Volk überhaupt nicht auf dieser Welt, lag damit durchaus im offiziellen politischen Trend, denn in Frankreich gibt es keine Minderheiten, folglich gibt es auch keine Basken! Sie war nicht ganz so abweisend, gestand nach einer Weile sogar, daß sie eine baskische Urgroßmutter und mit dem Familienzweig Kontakt habe, vor allem mit ihrem sehr netten baskischen Onkel.

Ihn durften wir am Abend kennenlernen, und der Wein half ihm beim Plaudern und Erinnern, und er erzählte Geschichten aus der Zeit, als Baskisch eine unziemliche Sprache war: »Damals, als ich zur Schule ging«, berichtete er, »gab es in meiner Klasse, in vielen Klassen, ein besonderes Holzstück. Wer es hatte, durfte nicht mit den anderen Schülern spielen. Und die anderen Schüler spielten nicht mit ihm. Man bekam es, wenn man baskisch sprach. Wer das Holz hatte, versuchte, einen Mitschüler zu ertappen, dem im Eifer ein verbotenes Wort herausrutschte. Dann bekam dieser den Schandstab, man selbst war ein freier und wieder anerkannter Spielkamerad. Es war die einzige Strafe in unserer Schule für das Vergehen, die Sprache zu benutzen, in der Vater und Mutter miteinander redeten. Und es war eine besonders niederträchtige Strafe. Dieser Stab, mit dem ich so wenig geschlagen wurde wie andere, war ein grauslicher ›pädagogischer Prügel‹ für die Seele. Was quälte und verdarb, war nicht, daß man mit diesem Ding, das in keiner Tasche zu verstecken war, keinen Kumpel fand, sondern daß man, um es loszuwerden, zum Spion wurde. Zum Spion an Schicksalsgenossen. Gar zum *agent provocateur.*«

Diese Geschichte beschäftigte mich. Wie zerstört man ein Volk? Beim Versuch, es mit Gewalt zu zertreten, wird es oft stärker als zuvor. Wie macht man ganz normale Menschen zu Spitzeln? Eine immer wieder aktuelle Frage. Wie (all-)gemein kann Erziehung sein, und wer betreibt sie nach welchem Gesetz auf wessen Geheiß? Nicht nur Eltern sollten sich ständig dafür interessieren. Was ist das für ein Volk, das der brutalen Gewalt und den subtilen Methoden immer wieder widerstanden hat, dessen Kultur inzwischen länger lebt als jede andere in Europa?

Ich wollte noch einmal ins Baskenland, das es als Staat nicht gibt, wollte in die östlichste Provinz Soule, wo man – so sagt man da – das reinste Baskisch spricht.

Keinesfalls alle Wege, nicht einmal viele Wege, immerhin mehr als ein Weg führen von Pau nach Mauléon, der Hauptstadt von la Soule. Wer Zeit hat, kann sich mit Gewinn für seinen Schönheitssinn durchfädeln, etwa über Lacommande (wo er die Kirche Saint-Blaise mit fantastischen Skulpturen hinter dem Hochaltar, aber auch in der Nordkapelle ein maurisches Kreuzgewölbe bewundern kann) oder über Lasseube (wo es gotische Häuser zu bestaunen gibt). Die Orte bieten Genuß für Ästheten, mehr aber noch die Landschaft.

Wer es etwas schneller möchte, wählt die N 134 – und ebenfalls die Orte an dieser Straße (Gan, Lasseubetat, Belair und andere) sind reizvoll, auch das sich Ihnen ständig neu darbietende Panorama ist schön (ein stärkeres Wort darf ich nicht verwenden, weil Raum für Steigerungen gebraucht wird). Jedenfalls schlage ich als gemeinsamen Zielort für beide Routen Oloron-Sainte-Marie vor, wo man romanische und gotische Kostbarkeiten entdecken kann.

Erneut gibt es viele Reisemöglichkeiten. Eine prachtvolle Runde über Aramits, Tardets-Sorholus, Trois-Villes kann Ihre Sinne bis zum Abheben beflügeln. Die Gegend neben der schnelleren Straße bis Préchacq-Josbaig, dann über l'Hôpital-Saint-Blaise (wieder mit überraschender romanisch-byzantinischer Kirche), kann auch schon süchtig machen. Die nur wenig weitere, doch ein bißchen besser befahrbare Strecke über die D2 ist immer noch ein Film, den kein menschlicher Regisseur traumhafter erfinden kann.

Jedenfalls erreicht der Reisende atemlos von den Wundern der Natur, die ihm begegnet sind, und von dem, was starke, vorsichtige Menschen in ihr schaffen können, ohne ihr Gewalt anzutun, Mauléon. Mauléon ist eine ehemalige Bastide am Fuße einer sie überragenden Burg, hat sich mit der Nachbargemeinde vereint, trägt deshalb offiziell einen Doppelnamen: Mauléon-Licharre. Aber selbst die »Großgemeinde« hat kaum 4000 Einwohner.

Was die alles machen!!! Hier gibt es *fromageries*, von denen keine hervorzuheben ist, weil jede der am Ort hergestellten Käsesorten schmeckt. Siebzig Prozent sämtlicher in Frankreich verkauften Espadrilles (der bequemen, leichten, trotzdem eleganten baskischen Schuhe) werden hier gefertigt. Kunsthandwerkliche Produkte, baskisches Tuch, Modellmöbel und Holzarbeiten von ausgezeichneter Qualität entstehen hier.

Besichtigen muß man das Renaissance-Schloß Hôtel Mayté, das ein Bischof von Oloron bauen ließ. Dieser Bischof Arnold war ein wilder Fundamentalist, der einer Kanzel das Fundament nahm und in den Pyrenäen die Bergpredigt nicht begriffen hat. Als nämlich der Bischof Gérard Roussel im Jahre 1559 eine Predigt hielt, die dem Arnold zu reformatorisch klang, hieb er mit der Axt eine Kanzelsäule durch, so daß Gérard mit der Plattform abstürzte und an den Verletzungen einige Tage später starb.

Die wuchtige Burg läßt sich sowieso nicht übersehen. In ihr wurde 1661 der Kopf von Matalas ausgestellt. Matalas war sein Rebellenname, richtig hieß er Bernard de Goyéneche, war Pfarrer von Moncayolle. Matalas stürmte mit einer Bande rasender Christen das von seiner Ansicht nach sündigen Bürgern, ausbeuterischen Kapitalisten und – das war das Ärgste! – lästerlichen Protestanten bewohnte Mauléon, zündete die Stadt an. Nach seiner Enthauptung kam die erwähnte Ausstellung zustande. Doch inzwischen sind die Euskara sprechenden Eskualdun und Eskualduna auch in la Soule zahmer und toleranter geworden.

Natürlich gab es hier bis zur allernächsten Jetztzeit Schmuggler. Sind baskische Schmuggler Schmuggler? Basken gingen und gehen über Grenzen im angestammten Land, in ihrem Königreich Navarra, auf ihnen vertrauten Pfaden mit von Brüdern gleicher Sprache und Sitte erworbenen Waren hin und her. Wer rüstig ist, kann die Pfade nachwandern. Auch Jakobspilger taten es. Der heutige Wanderer muß ja nicht, wie einst die baskischen Schmuggler, barfuß oder in leichtem Schuhwerk laufen. Man entdeckt an den Wegen, sogar auf Friedhöfen, viele rätselhafte, vorchristliche Elemente.

In der Provinz Soule sind zahlreiche urtümliche Eigenarten bewahrt. Sie liegt zum allergrößten Teil im Saison-Tal, ist grün und fruchtbar, hat tiefe, das Herz durch aufregende Schönheit rasend machende Schluchten und Wasserfälle, war für Fremde immer schwer zu erreichen. Auch in der Gegenwart gibt es für uns Touristen Wege, die einfach abbrechen. Die sich rund 430 Kilometer vom Atlantik zum Mittelmeer mit etwa einem Drittel ihrer Bergmasse durch Frankreich, dem größeren Teil durch Spanien erstreckenden Pyrenäen mit ihren mindestens 600 Grenzsteinen haben nämlich fast nur Täler in Nord-Süd-Richtung. Die Schwierigkeiten beim Überwinden von Täler trennenden Bergketten bewahrten lokale Traditionen.

So wurden auch politische Flüchtlinge für bergfremde Polizisten unerreichbar. Dazu kommt, daß die unterirdische Garonne und viele andere Flüsse ein Höhlensystem in die Pyrenäen gegraben haben, das beispielsweise einst verfolgten Katherern Zuflucht bot. Ein Paradies (la Pierre-Saint-Martin) tut sich dem Höhlenliebhaber vor Sainte-Engrâce auf (wieder einem herrlich gelegenen und verzaubernden Ort mit Kirche, in der man nicht versäumen darf, die farbigen Kapitelle mit aufregenden Szenen – etwa Salomon, die Königin von Saba vor einem eigenartigen Elefanten umarmend, die tanzende Salome, gefräßige Monster und anderes darstellend – zu besichtigen). Von Sainte-Engrâce aus sind auch die Gorges de Kakouetta, die Schluchten von Kakouetta, einer der herrlichsten Cañons der Welt, zu erreichen (von Juni bis Oktober muß man Eintritt bezahlen, aber es lohnt sich wirklich). Zum Einstimmen in diesen Rausch sollte man vorher sich seinen Schwips bei den Gorges d'Ehujarre (oder Uhajarre) holen.

Schafe finden sich in der Bergwelt der Pyrenäen gut zurecht, wirken klüger als die Blöker, die man aus flachen oder hügeligen Ländern kennt. Sie gelten als Wetterpropheten. Es ist, sagte man mir, wie bei den Laubfröschen. Wenn die Schafe steigen, gibt es entweder besseres Wetter, oder in den niederen Regionen fällt Schnee. Und Schäfer ist überhaupt der edelste Beruf der Welt, behaupten Basken nicht nur in der Soule. Schäfer folgten dem Stern von Bethlehem und standen der Krippe am nächsten. So hört man außerhalb der Ortschaften überall Schafschellen, die für den Auf- und

Abtrieb von den Tieren getragen werden, als harmonisches Konzert. Alle Schellen einer Herde klingen traditionsgemäß gleich, nur der Leithammel trägt eine Glocke mit anderem Klang.

Solche und andere Dinge erfuhr ich in Gaststuben. Und ich hörte Lieder, beispielsweise das Lied von der heiligen Eiche aus Guernica – inoffizielle Nationalhymne der Euskaldunak. Guernica, berühmt durch Picasso, ist eine spanische Stadt, aber die Hymne wird von Basken in Frankreich und Spanien mit gleicher Inbrunst gesungen. Die Zerstörung Guernicas am 26. April 1937 durch die Legion Condor war nämlich zweifelsfrei ein von Franco begrüßter Schlag gegen die freiheitsliebenden Basken. Die Könige von Kastilien und Spanien garantierten in Guernica seit dem Mittelalter durch öffentlich unter einer Eiche abgelegten Eid die Autonomie der Basken.

Texte anderer Lieder wurden mir übersetzt und erklärt. Viele sind besonders geglückte Spontandichtungen der Bertsulari, der Stegreifdichter, aus älterer bis jüngster Zeit, die zu Volksliedern geworden sind. »Wenn es nicht möglich ist, im Baskenland baskisch zu reden, kann man die Demokratie in den Schweinetrog werfen«, heißt es in einem der Lieder. »Was würde aus einem Baskenland, das sogar seine Sprache verliert?« fragen Sänger. Sie stellen die Frage ernsthaft. Das ist nicht Folklore für Touristen und volkstümliche Fernsehshows, sondern existentieller Volksgesang.

Natürlich kommt dann irgendwann das Gespräch auf die ETA und deren Gewalttaten. Die zusammengefaßte Aussage lautet so: »Nein, wir Basken stehen nicht uneingeschränkt hinter dem Terror der ETA – französische noch weniger als spanische. Aber wir sind dagegen, daß ETA-Kämpfer als Kriminelle bezeichnet werden. Wir wollen keinesfalls, daß die ursprünglichen Ziele, das Streben nach Freiheit und Autonomie, mindestens aber nach Sonderrechten für die Kultur der Basken, durch Kriminalisieren verloren gehen. Uns macht die Mißhandlung der baskischen Gefangenen in den Gefängnissen auch dann wütend, wenn wir deren Taten nicht billigen, weil wir die Absichten für richtig halten. Wir wünschen eine engere Beziehung zu unseren Brüdern in Spanien, die uns näher stehen als unsere Regierenden in Paris. Es muß nicht Autonomie sein, aber es darf keine Trennung geben! Das ist nicht Nostalgie! Wir sind nicht gegen andere Kulturen, nicht gegen Spanien, nicht gegen Frankreich. Wir sind für unsere jahrtausendealte Kultur«.

Am Morgen nach diesen traurig und nachdenklich machenden Gesprächen spazierte ich allein durch die Landschaft, begriff, daß sie mehr als Schutz, nämlich Kraft spendet, Verfolgungen zu überstehen. Und dann fiel mir eine Legende ein, die auch am Abend vorher erzählt worden war, verwandt mit der Ursprungssage der Basken, die Legende von der Entstehung der Pyrenäen: Es ist in dieser Fassung nicht Stammvater Aîtor, sondern der Sohn des Zeus, der griechische Halbgott Herkules, der sich in Pyrène verliebt. Er verließ sie. (Vielleicht weil sie die dauernde Nähe nicht ertrugen?) Pyrène war allein, versteckte sich. Wilde Bestien fanden die begehrte Beute, zerrissen sie. Den Herkules zogen Verlangen, Sehnsucht, Leidenschaft zurück.

Da fand er die Stücke seiner Liebsten. In seinem Schmerz wollte er ein Zeichen seiner Liebe setzen. Der stärkste Heros der Welt häufte Felsbrocken. Schließlich rief er den Gott des Feuers, ihm beim Formen des unsterblichen Denkmals zu helfen. Nach seiner wunderbaren Geliebten nannte Herkules das immerwährende Bauwerk Pyrenäen.

Sauce Béarnaise

In allen Küchen der Welt kennt man die Sauce Béarnaise, doch könnte es sein, daß sie nicht im Béarn erfunden wurde. Vielleicht war es im Jahre 1830 der Koch Collinet, der sie in seinem Feinschmeckerlokal »Henri IV« zum ersten Mal servierte. Dann wäre es vielleicht nur die königliche Bezeichnung des Restaurants, dem sie ihren Namen verdankt. Ich erzähle das ganz vorsichtig, weil es natürlich im Béarn ganz andere Geschichten über die Entstehung gibt. Jedenfalls geht eine Kochart so: Schalotten kleinschneiden, weißen Pfeffer zerstoßen, beides in Sud aus Rotweinessig so einkochen, daß mindestens die Hälfte der Flüssigkeit verschwindet, abkühlen lassen. Derweil viel Butter zerlassen, Eidotter mit wenig Wasser verrühren. Nun über offenem Feuer oder im Wasserbad in den Sud Eidotter und Butter mit Schaumbesen einquirlen. Keinesfalls darf die Soße noch einmal kochen! Schließlich Estragon zugeben, zu Fisch oder Fleisch auftragen.

Wenn sie aber etwas essen wollen, das garantiert zum Béarn gehört, wählen sie *Garbure Béarnaise*, die es natürlich auch in Variationen gibt. In jedem Fall ist es Gemüsesuppe, meistens mit löffelbar geschnittenem Fleisch (Huhn, Gans, *Confit*).

Hauptstadt des Béarn: Pau

Pau (sprich Po, wie der Strom in Italien) ist mitnichten das Hinterteil von Aquitanien! Gelangt man nach Pau auf der N 134 von Oloron-Sainte-Marie, wird die Rue du 14 Juillet zur Brücke über den Gave du Pau. So erreicht man die Place de la Monnaie, wohin auch die Avenue de la Gare zielt (und nicht nur der Eisenbahnreisende kann gratis vom Bahnhof bis ungefähr hierher mit einer putzigen Seilbahn gondeln). Schon ist man den beiden Höhepunkten der Stadt ganz nahe: dem Boulevard des Pyrénées und dem Schloß.

Beginnen wir mit dem Boulevard, den jeder begangen haben muß, der über die berühmtesten Straßen der Welt mitreden will. Nicht, daß hier Könige aller Geschlechter schritten, nicht das zu besichtigende und durchaus besichtigenswerte »Hôtel Gassion« als Zeugnis der Belle Époque, nicht die Eglise Saint-Martin als außen und innen ausgezeichnetes Beispiel für Neogotik machen den Boulevard bedeutend, sondern beim richtigen Wetter der herrliche Weitblick über mehr als hundert Kilometer auf die Berge der Pyrenäen mit Gärten und Palmen im Vordergrund. Tucholsky nannte ihn »eine Symphonie in A-Dur«, und man kann diesem Gewährsmann musikalische Augen attestieren.

Nun zum Château mit erhaltenen Bauteilen aus der Zeit um 1300; doch war es Gaston Fébus, der um 1370 den Ausbau des für heutige Besucher eigentlichen Kerns veranlaßte. Im 15. Jahrhundert wuchs das Schloß weiter.

Henri d'Albret und Marguerite d'Angoulême (die kluge und fromme Margarethe von Navarra, die so schöne und nicht nur züchtige Texte schrieb) ließen dann im 16. Jahrhundert ihren Renaissancegeschmack und ihre Renaissance-

Inmitten herrlicher Natur gelegen, sind Pyrenäendörfer wie Orcun malerische Ausgangspunkte für Wandertouren.

bedürfnisse einfließen. Bis ins 19. Jahrhundert war das Schloß wechselweisem Werden und Vergehen ausgesetzt – Stilwirrwarr gibt ein kurioses Ganzes. Wen Architektur und historische Zuordnung der einzelnen Bauteile interessieren, der findet vor Ort Informationsmaterial vom dünnen Heftchen bis zum dicken Buch. Nicht verlassen sollte er sich auf Führungen, die für das gewaltige Material sowohl vom Marschtempo wie von der Sprechgeschwindigkeit einfach zu schnell sind.

Im Schloß befindet sich das Musée national du Château de Pau, für den Südwesten Frankreichs wohl das wichtigste Museum überhaupt, auch wenn man einzelne Exponate unterschiedlich bewerten kann. Sie reichen von in Heimatmuseen Üblichem über einen Bären, wie er in den Pyrenäen heimisch war, bis zu Kenntnisse über das Leben der Leute im Land vermittelnden Utensilien. Vor allem aber eine Sammlung von Wandteppichen ist wertvoller Schatz und berückende Zierde, die jeder nicht nur aus Bildungsbewußtsein, sondern vor allem zur eigenen Freude beachten sollte. Für den belustigenden Spaß sorgt mehr noch als die Nachttopfsammlung im Zimmer der Kaiserin Eugénie eine unfaßbar umfassende Sammlung von Büsten und Bildern, die alle »Noste Henric«, Henri IV, darstellen und schließlich im Kuriositätenkabinett gipfeln, in dem der Heinrichkult durch kunstgewerbliche Werke, Reliquien, *Kitsch as Kitsch can* dokumentiert ist. Exzessive Liebe kann schon komisch sein!

Und das Volk hat diesen Heinrich von Navarra, der die Religionskriege beendete und jedem Franzosen ein Huhn in den Topf versprach, geliebt. Aber auch Voltaire sorgte für seinen Ruhm wie viele andere Schriftsteller, nicht zuletzt der in den langgezogenen Schatten von Bruder Thomas gestellte Heinrich Mann mit seinem lesenswerten Roman *Die Jugend des Königs Henri Quatre*.

Das Zimmer, in dem Henri 1532 geboren wurde, ist natürlich in der Führung inbegriffen. Mindestens 150 000 Menschen bestaunen jährlich die Wiege aus Schildpatt, in die der kleine Stammhalter bestimmt seine kleinen *gaves* plätschern ließ (*le gave* nennt man einen Sturzbach in den Pyrenäen). An dieser Wiege hat vermutlich Jeanne d'Albret ihm Weisen aus dem Béarn vorgesungen. Es wird nämlich erzählt, daß die Mutter solche Lieder bereits während des Geburtsvorganges sang, auf daß der Knabe ein fröhlicher Mann werde; und der Großvater soll aus dem gleichen Grunde die Lippen des Neugeborenen mit Knoblauch abgerieben und mit Jurançon-Wein benetzt haben. (Der Wein aus dem Jurançon kann aber auch ältere Knaben im Béarn durchaus fröhlich machen!)

Verlassen wir das Schloß, schlagen uns durch zur Place Garmont und weiter zur Rue Tran, zum Musée Bernadotte, vor dem die schwedische Fahne flattert. In diesem Haus wurde einem weiteren aus Pau stammenden König das Leben gegeben. Als Jean Baptiste Bernadotte 1763 hier zur Welt kam, war er nicht einmal blaublütig. Später kletterte er die militärische Laufbahn erst für, dann gegen Napoleon I. aufwärts, heiratete gar dessen abgelegte Geliebte Désirée (über die Annemarie Selinko einen 1951 erschienenen Wälzer schrieb), wurde vom schwedischen König adoptiert, erreichte endlich 1818 als Karl XIV. den Thron von Schweden. Das nenne ich Karriere! Vom Tellerwäscher zum Millionär ist dagegen ein kleiner Schritt! Dieser Bernadotte aus Pau (der allerdings von vielen Franzosen als Verräter angesehen wird) ist Vorfahre der Schweden regierenden Familie, die durch »unsere Silvia« deutsches Blut dazu bekam. Herrscherhäuser waren stets international verflochten und multikulturell wie Wirtschaftsunternehmen. Über die dem Bürger Hoffnung spendende Geschichte darf jedermann in diesem 1950 von der Société Bernadotte gegründeten Museum vor Stichen und Objekten nachdenken.

Von Bernadottes Geburtshaus kann man über die Rue Emile Guichenné zum Musée des Beaux-Arts schlendern, wo viele Bilder zu sehen sind, etliche für Touristen Eindrücke von der Region vermittelnd (Pyrenäismus nannte man eine Bewegung von Romantikern, deren Bergbilder nirgendwo besser zu studieren sind als hier), dazu natürlich auch solche, die Henri zeigen, doch eindrucksvoller als *le Bon Roi*, an dem ich mich bereits im Château sattgesehen hatte, ist das Bild *Einzug in die Arche* von Brueghel und von Rubens ein *Jüngstes Gericht*. Neben dem festen Bestand gibt es oft mindestens ebenso interessante Wechselausstellungen.

Pau kann jedoch mehr bieten als Besichtigungsstätten. Die Stadt hat besonders milde

und trockene Winter, deshalb blühen in den zum Spazieren verlockenden Grünanlagen Blumen und Pensionäre.

Ein eigenartiges, keinesfalls unangenehmes Gefühl überkommt den Stadtbummler, bis er das Paradoxon begreift: Ich bin in einer englischen Stadt bei sonnigem Wetter. Bei der Verfolgung der napoleonischen Armee erreichte 1814 General Wellington Pau und machte mit seinem Stab Station. Einige seiner Offiziere waren von Stadt und Umgebung so beeindruckt, daß sie als Zivilisten mit ihren Familien wiederkamen. Zusätzlich empfahl der Modearzt Alexander Taylor seinen Patienten und in einer Broschüre gesundheitsfördernde Winterferien in der Hauptstadt des Béarn. So wurde Pau für die englische High Society zur Ferienstadt in Südfrankreich, und sie importierten Architektur ihrer Villen, Golf, Fuchsjagd, Pferdezucht, Pferderennen …

Ich hatte in der Stadt noch eine Verabredung. Ich sollte mich in der Agence Touristique du Béarn, 22 Ter, Rue Jean-Jacques de Monaix (64000 Pau, Tel. 05 59 30 01 30/Fax 05 59 02 52 75) bei Marie-Henriette Lerat melden. Die Agence Touristique ist für besondere Anfragen zuständig, das für alle üblichen Belange kompetente Informationszentrum ist das Office de Tourisme auf der Place Royale (Tel. 05 59 27 27 08). Die Rue Jean-Jacques de Monaix befindet sich außerhalb der lebhaften Innenstadt, sogar außerhalb des Stadtplans, mit dem Touristen meistens nur ausgestattet sind. Ich spazierte eine lange, langweilige Straße entlang, die klar macht, daß Pau mehr ist als eine touristische Attraktion, daß von den fast 90 000 Einwohnern ein großer Teil in der ansässigen Industrie oder mit deren Verwaltung beschäftigt ist. Vor allem das seit den fünfziger Jahren des 20. Jahrhunderts bei Lacq genutzte Gasvorkommen hat die Wirtschaft der Region, deren Zentrum Pau ist, gefördert und auch dazu beigetragen, daß es hier seit 1970 eine Universität gibt.

Wie das immer wieder ist, wenn man die Knotenpunkte des Fremdenverkehrs verläßt, entdeckte ich auf dem ermüdenden Weg plötzlich einen Platz mit einem Brunnen, der mich aufweckte. Innerhalb eines niedrigen, gußeisernen Gitterwerks goß zwischen Blumen, überschattet von einem ein dichtes Blätterdach ausbreitenden Baum, eine weiße, steinerne Jungfrau vor einem gemauerten Ziehbrunnen aus einem türkisfarbenen Eimer endlos einen glitzernden Wasserfaden in ein flaches Becken. Und weil das Mädchen nicht für die auswärtigen Freier geputzt war, hatte niemand bis dato seine Beschädigung geheilt – es fehlte der linke Arm. Das aber machte sie besonders reizvoll, denn so graziös sie stand, leicht gebeugt, das Gesicht nicht der Arbeit zugewandt, sondern dem Betrachter, so schwierig, den Gesetzen menschlicher Kraft spottend, schien ihr Tun, weil sie nur mit der gegen den Boden des Gießgefäßes gedrückten rechten Hand eine unmögliche Balance aufrecht erhielt. Nein, sagte ich mir, die Mühen meines Marsches, dessen Ende abzusehen ist, sind nichts gegen diesen andauernden Akt der Magd; und so schritt ich beschwingt weiter, erreichte kurz darauf mein Ziel, lernte die charmante und zierliche Marie-Henriette kennen, die mich nicht nur mit Material über das Béarn und die Pyrenäen versorgte, sondern mir auch eine kundige Führung in die Berge versprach.

Beim Abendessen sprach ich bei Freunden begeistert über Pau, über Madame Lerat, über die Magd am Brunnen. Auch viel später, in meinem Hotelbett, schmunzelte ich noch vor mich hin, war ich glücklich über alles Gesehene. Und dann tat ich, was ich immer vor dem Einschlafen tue, woran mich auch der beste Jurançon-Wein nicht hindern sollte, ich las. Mitgenommen hatte ich neben vielen anderen Büchern auch das Jugendbuch *Mein Weg über die Pyrenäen* von Lisa Fittko. Ich zitiere aus dem Klappentext:

Sommer 1940. Frankreich wird von den Nazis überrannt. Die französischen Behörden erklären alle Emigranten zu feindlichen Ausländern. So kommt Lisa Fittko in das berüchtigte Frauenlager nach Gurs. Von dort entkommt sie, sucht ihren Mann und schließt sich mit ihm dem Emergency Rescue Committee an, das vielen Nazi-Verfolgten illegal zur Flucht verhilft. Die Fittkos benutzen einen eigenen Weg über die Pyrenäen. Der Flüchtlingsstrom reißt nicht ab. Unter den Fliehenden ist auch der berühmte Philosoph Walter Benjamin.

Zufällig las ich ausgerechnet an diesem Abend folgende Passage, die ich gekürzt wiedergebe: *In Pau gingen wir zuerst zu der großen Kaserne. Die Soldaten schwärmten überall herum. Niemand konnte uns Auskunft geben. Die Soldaten, mit denen wir sprachen, hatten nur haltgemacht, um in der Kaserne zu übernachten. »Wo sind die Deutschen«, fragten wir, doch wir hörten bald auf zu fragen. Die Soldaten sahen uns mit leeren Augen an. Manche lachten. Manche sagten: Sie sind überall, les boches. Wir gingen in Pau herum und versuchten, die Lage zu erkunden. Die Sonne brannte, wir waren müde und wohl auch niedergeschlagen …*

Ich ließ das Buch sinken. Was für ein Glück, eine schöne Stadt unter glücklichen Umständen besuchen zu dürfen.

Information: Abstecher nach Lescar

Folgen Sie Ihrer Nase, und Sie werden über etwas stolpern, das den Sinnen schmeckt, zu denken gibt, bereichert. Fahren Sie auf der A 64 durch das Land oder – besser – auf Landstraßen. Oder wandern, radeln, reiten, paddeln Sie. Eine vollständige Liste aller Sehenswürdigkeiten gibt es nicht. Wenigstens noch eine Empfehlung sei hier gegeben: Besuchen Sie Lescar!

Lescar war früher Hauptstadt des Béarn. Die Kathedrale dort ist gewaltig. Protestanten zerstörten vieles daran und darin, obwohl sie zu dieser Zeit protestantisch war. Während der Revolution schlugen die Revolutionäre kaputt, was sie als ihr Eigentum ansahen. Fanatismus führt fast immer zum Absurden. Jedenfalls entgingen der Wut aller Fundamentalisten Mosaiken aus dem 12. Jahrhundert, die bei Bauarbeiten wiederentdeckt wurden. Es sind Jagdszenen dargestellt, die nicht nur Staunen und Bewunderung, sondern zusätzlich Heiterkeit hervorrufen. Da gibt es einen sehr eleganten Esel, einen schleichenden und dabei grinsenden Löwen, unter dem der Schatten eines Vogel schwebt, eine Wildsau, die mit einem Vogel zusammen voll komischen Entsetzens einen lanzenden Jäger beguckt – Szenen wie aus Alices Wunderland.

Unterhalb der Kathedrale Notre-Dame ist ein kleines Museum, in dem man gratis sofort noch ein Mosaik aus der Zeit, als die Römer in Gallien waren, begucken kann. Machen Sie sich einen Mosaik-Tag in Lescar.

Filmreife Kulisse – typische Häuserzeile eines Pyrenäendorfes.

Das Tal der Aspe – ein Pyrenäenwunder

Wegen der fehlenden Verbindungstäler von Ost nach West (wie umgekehrt), wählt der Pyrenäen-Erkunder am besten einen festen Stützpunkt, von dem aus er sich das Tal erschließt, in dem er sich dann befindet. Echte Höhenwanderer und trainierte Bergsteiger können natürlich andere Wege finden, doch für die muß man wirklich »voll fit« sein.

Wer ein Tal kennt, weiß nicht viel über die anderen, denn jedes hat seine Eigenheiten bewahrt. Selbst die Käsesorten unterscheiden sich. (Ein richtiger Käsefan kann übrigens eine nahrhafte *Route du Fromage* mit Probieraufenthalten absolvieren. Appetitanregende Auskünfte erhält man bei der Association Interprofessionelle du Lait et Produits Laitiers de Brébis des Pyrénées-Atlantiques, 124, Boulevard Tourasse, 64000 Pau, Tel. 05 59 80 70 28).

Wir (eine Freundin und ich) wollten möglichst dicht an den Parc National des Pyrénées heran, folgten schließlich dem klugen Rat von Marie-Henriette, die für uns bereits Zimmer im »Hôtel des Voyageurs et le Somport« in Urdos (Tel. 05 59 34 88 05) gebucht hatte. Es ist kein Hotel der Luxusklasse, aber angenehm, hat 45 Zimmer, liegt nahe am Nationalpark der Pyrenäen, im Restaurant gibt es regionale Küche reichlich und Weine aus dem Béarn, von denen ich den bereits genannten Jurançon in süß und (für meinen Geschmack vor allem) herb und den feurigeren Madiran hervorheben möchte.

So fuhren wir also in das Tal, das der *gave* Aspe gegraben hat. Dieses Tal war einst Handelsstraße von und nach Spanien. Wenn es, was geplant ist, wieder eine wird, dann stirbt ein wundervolles Stück Natur, denn die Romantik der alten Ochsengespanne ist nicht Ziel der neuen Verkehrsplaner, sondern ein Tunnel, Ausbau der Straße, stinkende Lastkraftwagen und rasende Personenkraftwagen.

Im Tal haben zur Zeit noch höchstens 2000 Menschen feste Wohnsitze, und es werden weniger, denn es gibt (außer einer zu einem japanischen Unternehmen gehörenden Aluminiumfabrik) keine Industrie. Glücklicherweise, sage ich. Aber der Fortschritt, höre ich. Fortschritt, entgegne ich, der – im Anlaß gebenden Falle – die letzten frei lebenden Braunbären der Pyrenäen an Streß und Benzinvergiftung sterben läßt, der über alle Natur hinwegstampft, dieser Fortschritt tritt schließlich auch die Menschen tot. Da muß man sich etwas anderes einfallen lassen. Da müssen Menschen ihr Brot damit verdienen, daß sie nichts zerstören, sondern etwas bewahren.

Aber noch gibt es Wunder! Einige davon im Vallée d'Aspe. Wir sind eingefahren in ein Wunderland, halten an, fahren langsam, schauen, lassen Escot hinter uns, kommen nach Sarrance, einst vielbesuchter Wallfahrtsort. Pilger kamen, die Schwarze Madonna um Gnadenbeweise zu bitten. In der Klosterkirche kann man mehr über die Reliquie erfahren. Auf zwei der naiven Bilder ist als früher, knapper Comic strip zu sehen, wie eine Kuh vor einer Madonna im Wasser des Gave kniet; ja, die Kuh hat sie entdeckt; für die Madonna wurde die Kirche gebaut. Heute haben vierbeinige Kühe keinen Zutritt.

Überhaupt ist die Klosteranlage von Sarrance eine ehrwürdige Dame, die von ihrer einstigen Schönheit etliches bewahrt hat, beispielsweise feine Arkaden über zwei Etagen. Dabei hat sie viel gelitten. Erbaut wurde sie im 14. Jahrhundert. In den Religionskriegen wurde sie gebeutelt. Im 17. Jahrhundert richteten Prämonstratenser sie wieder her. Zur Französischen Revolution wurde sie geplündert. 1975 hat man sie restauriert. Für Literaturinteressierte aber ist das Kloster sowieso bemerkenswert, denn hier hat Margarethe von Navarra den Schauplatz der Rahmenhandlung für das *Heptameron* angesiedelt. In diesem Kloster sind, erzählt die Renaissance-Dichterin, durch ein Unwetter Reisende festgehalten, erzählen sich zweiundsiebzig heitere und deftige Novellen über das Lieben.

Weiter die Reise. In Bedous heben wir bei der Bank noch Geld ab. Marie-Henriette hat es uns geraten, denn tiefer im Tal werden Geschäfte und Geldinstitute knapp.

Auch Osse-en-Aspe hätten wir nach einem winzigen Schlenker von der Hauptverkehrsstraße als Station wählen können, denn von diesem Ort aus läßt es sich gut im Forêt d'Issaux wandern. In Osse wohnen protestantische Familien, deren Vorfahren mit Jeanne d'Albret konvertierten, denn als 1685 in Nantes das Toleranzedikt kassiert wurde, war dieses Pyrenäendorf die einzige

Der Nationalpark der Pyrenäen erstreckt sich über hundert Kilometer entlang der französisch-spanischen Grenze, zwischen dem Tal der Aspe und dem Massiv von Néouville.

Siedlung in Frankreich, in der Protestanten ihre Religion ausüben durften. Protestantisch war auch Marie Blanque, mit bürgerlichem Namen Marie Asserquet, die von 1765 bis 1849 lebte und Dichterin war, deren Verse man noch heute kennt. Das Besondere: Es waren spontane Gedichte, sogenannte *Aurosts*, die Béarner Variante der baskischen *Bertsulari*.

Auch Lescun liegt für uns – von Escot nach Urdos fahrend – rechts in einem Felsenkessel. Die Häuser sind zusammengetrieben wie eine Schafherde bei Gewitter. Durchtrainierte Bergbezwinger mit Führer oder gutem Kartenmaterial und dazugehörender Erfahrung können von Lescun aus den Aufstieg zum Pic d'Anie wagen. Die erwähnte einzige Fabrik des Tales ist übrigens in diesem Cirque de Lescun. Der Ort selbst zeigt reizvoll Häuser aus dem 16. Jahrhundert und die ebenso alte Eglise Sainte-Eulalie, vor allem aber von fast jedem Platz aus einen gewaltigen Blick auf die Berge ringsum.

Bei der Weiterfahrt sind wir plötzlich in Cette-Eygun. Der Ort hielt, was uns versprochen war, enthielt eine sehenswerte romanische Kirche (die einzige in diesem Tal), darüber hinaus aber etwas, worauf amtliche Reiseinformationen selten hinweisen.

Cette-Eygun ist das »Widerstandsnest« gegen die Pläne, das märchenhafte Vallée d'Aspe als Schnelldurchfahrtstrecke und zur Güterbeförderung für mehr als drei Milliarden Francs auszubauen. Die Widerständler bezweifeln, daß die Bewohner des Tals einen Gewinn davon haben, wenn Touristen durchbrausen und täglich mehr als tausend Lastwagen die Luft verbleien. Tunnelgegner und Kommunisten und Grüne mit Stützpunkt im einstigen Bahnhof setzen sich dafür ein, daß die 1970 stillgelegte Eisenbahn auf ihren alten Schienen wieder schnuffelt. Und sie

Liebliche Berge, grüne Hänge – in den westlichen Pyrenäen (Seite 168/169).

kämpfen gegen den Tunnel am Somport-Paß, dagegen, daß die Straße begradigt und dreispurig wird, dagegen, daß der Gave kanalisiert wird. Und wie das oft bei Widerstandsnestern ist, wurde der Bahnhof beiläufig zu einem Kulturzentrum, wie es amtliche Verwalter kaum zuwege bringen. Zusätzlich wurde er Herberge, die man als Unterkunft mit Verpflegung billig buchen kann, wobei sich außerdem noch das Glück ergibt, bei den Antitunnelianern Liebhaber und Kenner der Gegend zu finden, die dem Gast die ringsum noch erhaltenen Schönheiten mit Leidenschaft zeigen können. Solange es Schönheiten und Bahnhof gibt, sollte man beides besuchen. (Ich wünschte sehnlichst, daß Verstand und Menschlichkeit siegen, unsere Ururenkel auf dem Schienenweg dahin reisen können; wahrscheinlicher ist, daß bereits für uns der Bahnhof für die schnelle Straße und die schnelle Mark planiert ist.) Diese internationale Herberge für junge Menschen heißt noch »Gîte La Goutte d'Eau« (Tel. 05 59 34 78 83), ist in Lescun-Cette-Eygun und das ganze Jahr geöffnet.

Reizvoll ist auch ein Abstecher nach Borce, gegründet im 12. Jahrhundert, nicht weit von Cette-Eygun, hübsch, mittelalterlich, mit beachtlicher Kirche, vor allem aber mit einem alten Gebäude, das von einem heutigen Architekten zu einem Schmuckstück gezaubert wurde. (Vor der Stadt leben in kahlem Gehege Bären, die ich nicht als glücklich empfand.)

Die nächste Eisenbahnstation wäre Etsaut. In diesem Bahnhof ist heute das Musée de l'Ours, das Bärenmuseum, in dem man aber nicht nur über Bären (und über das Schicksal von Jojo, eines bestimmten Bären, der von 1971 bis 1991 zahm bei Menschen lebte), sondern über die gesamte aufregende Fauna und Flora in den Pyrenäen informiert wird. Etsaut ist ein altes Städtchen mit Geschichte und Geschichten. Eine der Geschichten erzählt, daß sich hier Eleonore (an dieser Stelle in ihrer Rolle als schöne Heißblütige und leichtlebig Liebende) mit dem spanischen König zu heimlichen Schäferstündchen getroffen habe.

Kurz vor Urdos sahen wir von der Straße aus, was sich erwandern läßt: den Chemin de la Mâture, einen mit Menschenkraft im 18. Jahrhundert in Felsen gehauenen Weg für Holzfäller, die darauf Bäume schleppten, und das Fort du Portalet, eine fast mit der Felswand verschmelzende Burg.

Endlich erreichten wir mit von Lust erschöpften Sinnen Urdos, den letzten Ort vor der französisch-spanischen Grenze, folglich mit Zollamt. Eine Polizeistation gibt es auch. Am Abend machten wir den ersten Spaziergang durchs Dörfchen. Nein, es hat nichts Besonderes. Den Pilgern wurde keine aufsehenerregende Kirche gebaut. Kein Bericht ist bekannt über irgendein Jahrhundert, in dem hier auf besonders wilde oder zahme Weise der Bär los war (obwohl der Name auf Bären verweist). Keine von Cäsar gepflanzte Eiche scheint ein Abenteuer Eleonores beschattet zu haben. Das hindert mich nicht, diesen Ort zu mögen.

Da gibt es eine Straße. Auf beiden Seiten der Straße stehen Häuser. Zwei Häuser, die sich gegenüberstehen, sind durch eine Holzbrücke, überdacht und mit Seitenwänden, einer Art schlichter Galerie, verbunden. Warum? Wahrscheinlich hatten beide Häuser denselben Besitzer, der sich einfach einen bequemen Übergang schaffen ließ, damit er bei Regenwetter nicht die Hauspapuschen mit den Straßengaloschen tauschen mußte. Ich denke mir lieber aus, daß ein Paar sich innig liebte. Sie aber wollte trotz aller Liebe allein sein, wenigstens manchmal, ihr eigenes Reich haben. Da zog er gegenüber ein und baute für sie die Brücke, damit, wenn die Sehnsucht sie überkäme, er auf ein Zeichen (zieht sich durch die Galerie ein Schnurtelefon? ein Glöckchenstrang?) schnell genug und ungesehen im übergeworfenen und ungebundenen Morgenmantel bei ihr sein könne …

Lexikon einiger Bezeichnungen in den Pyrenäen:

aigüe	– Wasser	*aran*	– Tal
borda	– Bauernhof	*cabane*	– Hütte
camino	– Weg	*chalet*	– Sennhütte
cloître	– Kloster	*col (lado)*	– Berg(paß)
estany	– Teich	*fuente*	– Quelle
gave	– Gebirgsbach	*goffre*	– Abgrund
hourgette	– steiler Paß	*mendi*	– *Berg*
pic (o)	– Gipfel	*prat*	– Wiese
sentier	– Pfad	*torre*	– Turm

Seit dem 13. Jahrhundert bereits führt die stattliche Steinbrücke in Orthez über den Gave de Pau.

Sprache mit Biß – Okzitanisch

Jacques Amblard und Jasmin aus Agen schrieben okzitanisch. So sangen auch die Troubadoure zwischen dem 11. und 13. Jahrhundert. Richard Löwenherz seufzte Oc wie »Noste Henric« von Navarra aus der Familie d'Albret, der als Heinrich IV. König von Frankreich wurde. Okzitanisch ist eine traditionsreiche, hochentwickelte Literatursprache, kein französischer Dialekt ohne Nasallaute und mit eigener Melodie. Sie gehört zwar auch zu den aus dem Lateinischen stammenden romanischen Sprachen, hat aber im Gegensatz zum Norden Frankreichs dem fränkischen Einfluß stets widerstanden, einen eigenen umfangreichen Wortschatz bewahrt, selbst verschiedene Dialekte hervorgebracht.

In der italienischen Provinz Piemont, im französischen Languedoc und Limousin, in der Provence, im aquitanischen Béarn und in der Gascogne leben insgesamt etwa zwölf Millionen Okzitanier, von denen nach optimistischer Schätzung noch zwei Millionen die Sprache ihrer Ahnen sprechen. 1539 wurde Französisch allgemeine Verwaltungssprache, nach der Revolution von 1789 wurden alle Eigenständigkeiten der Regionen unterdrückt, schließlich brachte die Einführung der Schulpflicht 1893 mit sich, daß Okzitanisch als minderwertig galt, denn Schulsprache war natürlich die *Langue d'oil.*

Heute nutzen in Aquitanien Dichter und Sänger das Patois (auch so heißt diese vollmundig zubeißende Sprache, in der man Roß und Reiter beim Namen nennt, wenn es der Wahrheitsfindung dient, mit ihren Schwänzen) vor allem für heftige, deftige, kräftige, poetische, politische Texte. Volks- und Kinderlieder werden wieder gesungen. An Universitäten und in Schulen wird die Sprache gepflegt. Sogar zweisprachige Kindergärten, *calandretas* (das sind »graue Lerchen«) kann man finden.

Bergwanderung

Im Nationalpark der Pyrenäen

Wir sitzen vor dem Hotel, trinken *café noir*, krümeln Croissants und warten. Marie-Henriette hat einen Ausflug in den Nationalpark versprochen. Im Frühtau wollen wir zu Berge ziehen. Ein Geländewagen hält. Das zierliche Püppchen Marie-Henriette entsteigt ihm. Vom Steuer löst sich ein junger Mann mit kräftigen Waden, die zu sehen sind, weil auch er kurze Hosen trägt. Es ist Christian Cabalou. Christian ist Bergführer, und nicht einmal ein gewöhnlicher. Er ist Ausbilder der Bergführer für den Nationalpark. Das hätte mich stutzig machen sollen.

Nach der Begrüßung fuhren wir ab, erfuhren Sachliches: Auf der Welt gibt es circa 1500 Nationalparks. Frankreich hat sechs, einer davon ist der, den wir besuchen.

Er besteht aus den Enden der Täler der Aspe, Osseau, Azun, Cauterets, Luz-Gavarnie und Aure in Frankreich, geht über in den spanischen Nationalpark von Ordesa. Die gesamten 457 Quadratkilometer des Nationalparks, von denen sich etwa sechzig Prozent in den Hohen und vierzig Prozent in den Atlantischen Pyrenäen befinden, liegen mehr als tausend Meter über dem Meeresspiegel. Der höchste Punkt mit 3192 Metern ist der Pic Long im Massiv von Néouville. Die roten Pfähle mit weißem Schild, auf denen ein Gemskopf zu erkennen ist (wir sehen welche bei der Fahrt), bezeichnen die Grenzen des Parks.

Der Nationalpark ist unbewohnt, nur Hirten hüten von Juni bis Oktober Schafe, Rinder und Pferde. Der Nationalpark hat nämlich rund fünfzig Prozent Weideflächen. Es ist eine der Schwierigkeiten, Schäfer zu finden, denn Schäfer ist ein richtiger Beruf, den man lernen muß, gleichzeitig einer, der nicht zu Reichtümern führt. Und wer will schon den ganzen Sommer über von allen Vergnügungen der Zivilisation abgeschnitten sein? Manchmal helfen Biologiestudenten aus.

Weideplätze gab es in den Pyrenäen seit Jahrhunderten, und da der Nationalpark nicht in einen Urzustand zurückgeführt werden soll, wird er weiterhin auf traditionelle Weise bewirtschaftet, doch so richtig profitmaximierend im kapitalistischen Sinne kann das nicht sein. Der eigentliche Wert findet sich ohne langes Suchen einfach durch Kennenlernen. Das Kennenlernen ist für alle Besucher erleichtert. Es gibt mehr als 350 Kilometer gekennzeichnete Wanderwege und ausreichend Bergschutzhütten im Gebiet, am Rande der Pyrenäen Quartiermöglichkeiten (wie in Urdos), von denen aus man die Berge erkunden kann. Keinesfalls sollte man die Wege verlassen. Bestenfalls vertraut man sich einem Führer an.

Für Bergsportler gibt es auf Granit, Kalkstein, Schiefer Kletterpartien mit höchsten Schwierigkeitsgraden. In allen Tälern gibt es Informationsbüros. Fischen in Bächen und Seen ist mit Angelschein erlaubt. Fotoapparat und Feldstecher sind fast unentbehrlich für Besucher. Mit dem Feldstecher schaut man Landschaft und scheue Tiere in der Ferne, aber, wenn man ihn umdreht, die Strukturen besonderer Blumen, denn davon gibt es Spezies, die nur hier wachsen!

Das alles und noch viel mehr erfuhr ich in kurzer Zeit auf dem Beifahrersitz, aus dem offenen Seitenfenster eine immer hinreißendere Gegend vorbeiziehen lassend. Christian steuerte einen Parkplatz an. Wir stiegen aus und stiefelten los, Christian mit großem, Marie-Henriette mit durchschnittlichem, Freundin Linde mit kleinem, ich ohne Rucksack. Die Sonne heizte unsere Wege auf.

Wir durchwanderten einen Wald. Er war herrlich schattig. Christian erklärte, daß es auch in geringem Maß Forstwirtschaft im Nationalpark gebe, daß hier Buchen, Tannen und Krummholzkiefern vorherrschend seien. Wir verließen den Wald. Die Sonne haute mir aufs Haupt. Christian schritt, Püppchen tänzelte, Linde hüpfte. Ich hielt mit. Christian wies auf besondere Blumen hin, eine Art Alpenveilchen, die nur in den Pyrenäen wächst, *Ramondia pyrrenaica*, Lilie und Narzisse, Kaiserkrone, langblättriger Steinbrech, Disteln mit strahlendblauen Köpfen, die mich an Schottland erinnerten … Ich beschaute jedes Blütenblatt gründlich wie ein fanatischer Botaniker, salzte die Pflanzen mit kleinen Schweißtropfen, während Marie-Henriette geduldig blieb, Linde Felsen am Wegesrand besprang, Christian unauffällig mit den Hufen scharrte.

Nur wenige Bäume gaben eine winzige Illusion von Abkühlung. Der Weg führte aufwärts, war holprig und mit Geröll bedeckt. Dann schlängelte er sich zwischen und über Felsblöcke. Christian

Rund zwanzig Bären leben im Nationalpark der Pyrenäen.

sagte, daß wir zu einem Schäfer wollten, einem Freund hoch oben (ich begann zu fürchten, daß er den güldenen Mond meinen könnte).

Kühe lagen in Mulden, kauten und schauten – ich denke – hämisch. Seitab auf einer Wiese standen zwei kleine Zelte. Christian informierte mich mit seiner ruhigen Stimme (und die Worte hüpften auf meinem Trommelfell wie Wassertropfen auf der Herdplatte) darüber, daß die Camper in geringem Maße Unerlaubtes trieben. Sie waren zwar mehr als eine Stunde Fußweg vom letzten Parkplatz entfernt, und da ist das Biwakieren über Nacht und bei Unwetter erlaubt, doch bei Sonnenschein zu dieser Tageszeit hätten sie die Zelte längst abgebaut haben müssen. »Nun, wir von der Aufsicht sind da nicht so streng. Strenger werden wir, wenn Feuer angezündet wird. Wenn ich sehe, daß jemand Blumen abreißt, ahnde ich das sofort. Und wenn irgendwelche Dummköpfe Abfall liegenlassen, bin ich sauer und versuche, die Täter ausfindig zu machen, damit sie empfindlich bestraft werden.«

Und noch ein Stück weiter ging es. Meine Beinmuskeln zuckten arhythmisch und verknoteten sich miteinander. In meinen Schuhen mit Bleisohlen schwappte Schweiß. Not gebar den gekeuchten Satz: »Ich will nicht nach Spanien!«

Christian fuhr fort: »Wenige Bären und Luchse sind noch da. Aber Gemsen werden wir bestimmt noch sehen. Hunde dürfen übrigens nicht mit hinein, damit die hier in Freiheit lebenden Tiere nicht gestört werden. Es gibt Bartgeier, Ägyptische Geier, Rotwildgeier, Auerhähne. Schaut« – er zeigte in die Luft« – »ihr habt Glück. Ein Königsadler!« Ich schaute und beneidete ihn, der da in den (bestimmt kühleren) Lüften fast bewegungslos und nicht an irgendeinen sich sträubenden Weg geklebt, schwebte.

Kapellen laden am Rande der Pyrenäenpfade zur Besinnung ein.

Informationen: Pyrenäen

[i] Über die **Parkverwaltung** (59, Route de Pau, 65000 Tarbes, Tel. 05 62 93 30 60) kann jeder immer Auskünfte erhalten.

• Das Syndicat intercommunal à Vocation multiple et Bureau du Tourisme de la Vallée d'Aspe in der **Mairie d'Accous** – das Rathaus reicht als Anschrift – 64490 Bedous (Tel. 05 59 34 77 97) ist fürs Aspe-Tal zuständig.

Auskunft über das **Bergwandern** allgemein (auch für leichtere Touren) bekommt man beim Centre d'Information Montagne et Sentiers, BP 88, 09200 Saint-Girons (Tel. 05 61 66 40 10).

• Informationen, Ratgeber, Reisetips, Unterkunftsverzeichnisse, Veröffentlichungen, Anzeigen von Lehrgängen, Klassenausflügen etc. bieten die **Maisons des Pyrénées** in den Tälern und in
15, rue Saint-Augustin, 75002 Paris (Tel. 01 42 61 58 18)
8, rue Ausone, 33000 Bordeaux (Tel. 05 56 44 05 65)
2, place Félix Fournier, 44000 Nantes (Tel. 03 40 89 04 18).

Telefonische Wettervorhersagen
für die Hautes Pyrénées: 05 62 32 97 77,
für die Pyrénées-Atlantiques: 05 59 27 50 50.

Hoch hinaus: Eisenbahnfahrten

Einzigartig ist die putzige **Eisenbahn von Artouste**. Ursprünglich diente sie einem Elektrizitätswerk, jetzt nur noch dem Vergnügen. Sie kämpft sich durch die Berge in fast 2000 Metern Höhe am Abgrund entlang vom **Lac de Fabrège** bis zum **Lac d'Artouste,** nimmt Passagiere mit. Man bucht in **Gabas** im Maison du Parc National des Pyrénées an der Hauptstraße (Tel. 05 59 05 32 13), erhält auf Anfrage Auskünfte bei der Régie Départementale des Stations d'Altitude, 22ter, rue J.J. de Monaix, 64000 Pau, (Tel. 05 59 80 17 28, Fax: 05 59 02 52 75).

Über alle Berge – von Bielle in Richtung Lourdes

Keine Regel ohne Ausnahme. Es gibt doch hie und da Querverbindungen zwischen den Tälern. Das Vallée d'Aspe und das Vallée d'Ossau sind dreifach verbunden. Von Lurbe-Saint-Christau im Vallée d'Aspe nach Izeste im Vallée d'Ossau bietet die D 918 eigentlich gleich zwei Möglichkeiten; sie gabelt sich nämlich. Von Accous führt eine Straße, die manchmal keine mehr ist, durch Höhen und Tiefen bis oberhalb von Les Eaux-Chaudes. Der dritte Weg, den ich nenne, ist nicht nur traumhaft schön, sondern dazu bequem für Wanderer, Radler und Autofahrer. Er überquert bei Escot den Gave d'Aspe, stößt bei Bielle auf die D 934, die Hauptstraße durch das Vallée d'Ossau.

Wir wählten letztgenannten Weg für die Heimfahrt, und er machte uns den Abschied von der Landschaft noch schwerer. Aus dem Rausch, den man auf dieser Straße genießen kann (sie steigt übrigens sanft auf den 1035 Meter hohen Berg der Poetin Marie Blanque), kamen wir in Bielle nicht leicht heraus. Mag das Örtchen auf den ersten Blick nicht verzaubern, so entzaubert es auch nicht mit seinen Häusern aus dem frühen 16., dem Schloß aus dem 18. Jahrhundert, einer Kirche, deren Portal typisch ist für die Gotik im Béarn.

Einem Rat folgend verließen wir die große Straße bald hinter Bielle, erreichten Aste-Béon, grüßten das *lavoir*, in dem früher die Frauen die Wäsche wuschen, fanden etwas Großartiges, was ich in meiner Erinnerung nicht missen möchte, wohin ich mich noch einige Male wünsche: »Espace Museographique«. Das ist ein liebevoll und fachmännisch gebautes und betriebenes Museum, in dem man ziemlich alles über Geier erfahren kann.

Das allein wäre schon einen Besuch wert. Aber das spannendere Erlebnis ist »la Falaise aux Vautours«, die Felswand mit Geiern. Der Gänsegeier (*Gyps fulvus*) ist einer der größten, sich von Aas ernährenden (deshalb ökologisch wichtigen) Raubvögel mit einer Flügelspannweite von bis zu 2,80 Metern und einem Durchschnittsgewicht von sieben Kilogramm. Er brütet in Kolonien. Im Naturschutzgebiet von Ossau, zum Parc National des Pyrénées gehörend, hat man 1974 begonnen, an einer (zusätzlich schönen) Felswand wilden Gänsegeiern das Leben zu erleichtern. Der Anfangsbestand von zehn Paaren mit Jungen hat sich inzwischen verzehnfacht. Ein jedermann einsichtiger Erfolg!

Einsichtig? Genau! Die Geier wollen ein freies, ungestörtes Leben. Das Besteigen der Falaise aux Vautours ist selbstverständlich verboten (gelingen könnte es sowieso nur Extrembergkletterern). Aber die pfiffigen Naturschützer, die nicht nur gut zu Geiern sein, sondern auch den eigenen Forscherdrang befriedigen wollten, haben in und an und vor und über den Felsen Videokameras installiert, und so gibt es eine permanente Live-Sendung mit ahnungslosen Stars, die sich benehmen, wie ihnen die Schnäbel gewachsen sind. Der Besucher kann ununterbrochen auf großer Leinwand visuell teilhaben am Leben wilder Vögel. Das ist wahrlich die 30 Francs für Erwachsene und 20 Francs für Menschen bis zu 16 Jahren wert.

Wir trennten uns ungern von den *Vautours fauves* und von der charmanten Biologiestudentin, die uns begeistert auf deutsch alles erklärte,

»Freiheit, Gleichheit und Brot!« – Baguette

Frankreich wird durch Baguette geeint. Folglich muß das Brot in einem Buch über Aquitanien auftauchen. 1771 wurde es als *flute* zum ersten Mal erwähnt: »Es gibt Bäcker, die die lange Form des Brotes zu einer Flöte verlängern, so daß aus dem Ofen kein Brot, sondern nur noch Kruste kommt.« 1771 forderte das Volk Freiheit, Gleichheit und Brot! *La flute*, das weiße Brot aus Paris, war anfangs nur für Reiche. Aber bereits 1792 berichtete Goethe: »Gestern noch traf ich schwarzes Brot und weiße Mädchen, heute, auf französischem Boden, sind die Mädchen dunkel, das Brot aber weiß.« Frankreich ist ein Weizenland, außerdem katholisch und genußfreudig. Seit 1993 gibt es ein Reinheitsgebot für Baguette: Wasser, Salz, Weizenmehl, Bierhefe und sonst gar nichts darf hinein, 250 Gramm muß es wiegen, großporig, fast löcherig soll es sein und täglich frisch! Selbst die Fabriken halten sich daran. Doch *par maison* ist besser! Überall wollen Franzosen ihr tägliches Baguette. Das Bäckerhandwerk blüht im Béarn, in Aquitanien, in ganz Frankreich.

was wir wissen wollten, und einiges dazu, von dem wir gar nicht wußten, wie man danach hätte fragen können, und fuhren weiter bergauf, erreichten Béost, hätten auch auf der Parallelstraße über Laruns fahren können (beides hübsche Orte, beide haben Schlösser), kamen aus dem Vallée ins Haute Vallée.

Auf Aas war ich neugierig, nicht des Namens und der Geier wegen, viel mehr, weil ich gelesen hatte, daß in diesem Ort neben anderen Eigenarten von den Bewohnern noch eine der klassischen Pfeifsprachen gepflegt wird. Solche Pfeifsprachen gab es in den Anden, Alpen, Pyrenäen und anderen Gebirgen. Von Berg zu Berg hallen Pfiffe gut, man kann sie modulieren, und so entwickelten die Schäfer, die allein mit ihrem Vieh waren, eine komplexe Kommunikationsmöglichkeit, unterhielten sich abends mit den Kollegen von der Nachbaralm. Es stimmt jedenfalls, daß in Aas ältere Menschen diese Sprache noch richtig beherrschen. Sie wird auch vorgeführt und gelehrt. Doch während unseres Besuches pfiff nicht einmal ein Teekessel.

Die Gorge du Hourat ist auch auf der Straße von Laruns (wenn ich Schamane und an mehreren Orten gleichzeitig sein könnte, hätte ich dort in den Abgrund gespuckt und nahebei langsam meine Seele den alten Handelsweg mit Kapellchen in einer Höhlung entlangfliegen lassen ...). Faktisch erreichten wir Eaux-Bonnes. Auf der anderen Straße wäre es Eaux-Chaudes gewesen, der Kurort mit sieben Thermalquellen, von denen zwei mit 36 Grad Celsius aus der Erde sprudeln.

Mir gefiel Eaux-Bonnes, auch wenn die schwefel-, chlor- und jodhaltigen Quellen nur zwischen 26 und 32 Grad warm sind, und es hat bereits Kaiser Napoleon III., seinem Hausarzt, seiner Kaiserin Eugénie und vielen anderen gefallen. Die königlichen, kaiserlichen und sonstigen reichen Kurgäste haben für Gebäude mit entsprechendem Flair und feine Promenaden gesorgt. Heilkundige schätzten die guten Wasser ebenfalls, etwa Théophile de Bordeu (geboren in Izeste im Ossalois, wie man das Gebiet im Tal der Ossau nennen darf), Pionier der modernen Chirurgie, und Gaston Sacaze, ein Schäfer und Kräuterdoktor, dessen Heilkräutersammlung mit Rezepten und Wirkungshinweisen im Rathaus von Eaux-Bonnes aufbewahrt wird.

Mit uns ging es noch weiter aufwärts, physisch und mit allen Sinnen. Nicht immer war die Straße so breit, daß ein entgegenkommendes Auto uns erfreut hätte. Aber sie gehörte uns allein, glaubten wir. Na, vielleicht noch den Kühen, Schafen, Ziegen am Wegesrand. In 1400 Metern Höhe durchfuhren wir Gourette, freuten uns, daß es außer uns noch Menschen gab.

Und immer mehr himmelwärts! Jeder Augenblick bescherte neue Freude. Der Höhepunkt nahte! Le Col d'Aubisque! 1705 Meter über dem Meeresspiegel.

Alle Welt war längst da. Der Platz wimmelte von Touristen. Die aßen schreckliche Sachen von Imbißbuden. Nun, es gab auch Stände mit Spezialitäten der Region. Mit Käse. Aber das Verrückteste war das bettelnde Vieh. Man glaubt es nicht, hat man es nicht erlebt. Nicht nur Kühe, die es auf diesen Bergwiesen besser wissen müßten, sogar scheue Ziegen begrüßten jeden, der da kam, aufdringlich, machten deutlich, daß sie Brot, Zucker, Käse oder sonst etwas wollten.

Lassen Sie sich dennoch keinesfalls abschrecken, hierher zu fahren (oder wollen Sie wandern? da mag dem Erfahrenen wunderbar, dem Unerfahrenen nur wund werden). Das Panorama, das sich erschließt, gehört zu den schönsten, die ich kenne. Und Touristen wie bettelndes Vieh knubbeln sich. Wenige Schritte braucht es, schon ist man allein und kann phantastische Ausblicke genießen.

Unsere Reise ging bergab. Hochstimmung blieb. Selbst Lourdes nahm sie nicht. Lourdes gehört sowenig zu Aquitanien wie Tarbes. Tarbes aber war annehmbarer Ruhepunkt nach der großen Tour.

Informationen: Von Bielle in Richtung Lourdes

[i] **Naturschutzgebiet Ossau,** Tel. 05 59 82 65 49. Schriftliche Auskünfte bei La Falaise aux Vautours, Vallée d'Ossau, 64260 Aste-Béon.

[i] **Eaux-Bonnes**
Société Thermale des Eaux-Bonnes, Tel. 05 59 05 34 02, Fax 05 59 05 39 64.

Restaurant-Tip (Eaux-Bonnes): Durchaus köstlich speisen läßt es sich in »La Poste«, wo man auch ohne rheumatische Erkrankung (dagegen wird hier gekurt) angenehm wohnen kann (Buchungen telefonisch unter 05 59 05 33 06 oder per Fax unter 05 59 05 43 03).

Reisender, kommst Du nach Aquitanien

Der Kreis schließt sich für mich auf Loustesse in Bélis bei Roquefort.

Von Spanien kommend fahre ich über Bayonne, biege in Orthez auf die 947 in Richtung Dax ab, umfahre Dax mit seinen Thermalbädern, wandele also nicht auf den Spuren des Kaisers Augustus, der vor circa 2000 Jahren, begleitet von Tochter Julia hier gegen sein Rheuma anplanschte, besuche dieses Mal nicht im Musée de Borda die Dame von Brassempouy (s. S. 47) – möge sie es mir verzeihen.

Eine kleine Kaffeepause mache ich in Tartas, einem Ort, der einen längeren Bummel verdient. Saint-Sever lasse ich südlich liegen, obwohl das auf Felsen über dem Adour erbaute hübsche Städtchen nicht nur mit seiner Benediktinerabtei aus dem 11. und dem Jakobinerkloster aus dem 12. Jahrhundert lockt.

Hinter Mont-de-Marsan folge ich den Hinweisschildern nach Roquefort. Und dort fangen mich wieder die langen, geraden, baumgesäumten Straßen, diese von einem wahrhaft schöpferischen Architekten überdachten Gänge, in denen bei Sonnenschein Licht wie Schmetterlinge faltert und flirrt, bei Dunkelheit Autoscheinwerfer einen endlosen, schützenden Tunnel suggerieren, und ich fühle mich schon vor Bélis heimelig.

Jeden 15. August, Mariae Himmelfahrt, ist das Fest von Bélis. Alle kleinen Orte in Aquitanien haben einmal im Jahr ihr großes Fest.

Früher begann das Fest vormittags mit Aperitif, führte über gemeinsame Mahlzeiten bis in den Trubel am Morgen des 16. August. Inzwischen ist das Geld knapp, das Fest verkürzt auf ein Aquitanien angemessenes, ausführliches Mittagsmahl mit vorab gereichter Sangria, Knabbergebäck, dann Suppe, Salat mit vielen Zutaten, darunter Spargel, geräucherte Gänsebrust, geräucherter Gänsemagen, *foie gras* (es muß sein), als Hauptgang Huhn und Gemüse, anschließend *fromage* und *glace* und Kaffee, zu allem natürlich Brot und Wasser und Wein, weißer Wein, roter Wein. Die Béliser lassen sich noch lange nicht lumpen.

Und alle, alle kamen – alle, außer Monsieur Lafitte, der, weil das Fest in der *mairie* nach dem

In Mont-de-Marsan steht diese Skulptur mit dem Titel »... beim Entwurf eines Briefes«.

Mahl ausfallen sollte, sein Lokal vorbereitete für die, die keinesfalls auf eine Feiernacht verzichten wollten.

Olaf und ich saßen beim anfänglichen Sangria-Umtrunk auf einer Bank, beguckten die Bewohner von Bélis. Es sah aus wie das Treffen einer sizilianischen Familie. Ein Film könnte so anfangen.

Die beiden Pfarrer hatten die gleiche Verschmitztheit in den Gesichtern wie ihre Schäfchen. Der eine trug Jeans, der andere war ganz in Schwarz, einschließlich der Edelmokassins mit Monogramm. Hellgrau marmorierten Schweißflecken sein Hemd unter den Armen und am Rücken, auch die Pospalte war deutlich feucht in der Hose markiert. Die Pfarrer waren an den Beffchen zu erkennen. Wir, Olaf und ich, verteilten Rollen, ernannten einen Herrn mit gutmütigem Gesicht zum Paten, einen anderen, hageren, hektischen Mann zum Handlanger und Geldeintreiber.

Große Sonnenblumenfelder setzen weithin leuchtende Farbakzente.

Auch die anderen Männer hatten die Mottenkugeln aus ihren besten Anzügen geschüttelt. Manche Ärmel und Hosenbeine waren etwas kurz. Die Damen standen in feinen Kleidern, zum Teil neu erworbenen, mit ererbtem, oft wunderbar gearbeitetem Schmuck. Mindestens 99 Gäste waren im Rentenalter, etwa neun waren Kinder, höchstens 19 im marktwirtschaftlichen Sinne betriebsfähig, also modern, jung und dynamisch. Einer davon war ein Aussteiger in Cowboystiefeln, der auf einem Grundstück ein Haus um seinen Wohnwagen herum baut und sonst nichts mehr für die Gesellschaft zu tun beabsichtigt. Das stört hier niemanden.

Als Olaf und ich uns erhoben, stellten wir fest, daß unsere Schultern höher waren als sämtliche anderen Köpfe – und wir sind normal gewachsene Großstadtbewohner in Deutschland.

Unser Spiel, nämlich zu tun, als seien wir in einem schwarzweißen Film, machte Spaß.

Anderen Spaß brachte es, als wir mit den Menschen ins Gespräch kamen. Der von uns zum »Paten« ernannte Herr mit dem gutmütigen Gesicht, der geäderten Nase und den wachen Augen, mit Armen wie Baumstämmen und einem mit Medizinball schwangeren Bauch, war knapp über achtzig Jahre alt. Wir hatten ihn als guterhaltenen Sechzigjährigen eingestuft. Dabei kannte Olaf ihn.

Olaf hatte einen ausrangierten Flipper von Monsieur Lafitte gekauft. Der war mit einem Lieferwagen vom Wirt und dem »Paten« gebracht worden. Monsieur Lafitte und der »Pate« hatten wohl zur Vorbereitung der Arbeit viel violetten Wein und einige Pastis getrunken, deshalb fiel Monsieur Lafitte auf den Po, als er helfen wollte, den Flipper von der Ladefläche zu hieven. Da lachte der »Pate« herzlich, nahm den Kasten allein, fragte »Wohin?« und stellte ihn nach Anweisung ab.

Dann lernten wir die wunderschöne Gangsterbraut mit der Perlenkette besser kennen. Sie war in den Sechzigern, Jüdin, seit ihrer Kindheit in Bélis, denn als deutsche Truppen Paris besetzt hatten, setzten die Eltern ihre kleine Tochter in einen Eisenbahnzug gen Süden mit einem Schild um den Hals, auf dem stand, daß man sich des Kindes annehmen solle. In Bélis wurde die Bitte erfüllt. Sie hat ihre Eltern nie wieder gesehen, aber sie liebt Bélis.

Und Titou, der schüchterne Titou, hatte schon um 22 Uhr, da waren wir längst in der überfüllten Kneipe, alle Schüchternheit ersäuft, tanzte auf jedem Tisch, verfolgte jedes weibliche Wesen ohne Frage nach Herkunft und Alter, um es zu küssen. Der kleine, liebe Titou wurde für sich – man konnte es in seinen Augen lesen – der Größte.

Wanderer, kommst Du nach Bélis, hilf, es zu bewahren.

Und Aquitanien.

Und die Welt, auch und vor allem da, wo sie anders ist, als Du sie von zu Hause kennst.

Wissenswertes von A – Z

Angeln

Aquitaniens Wasserläufe sind etwa 2800 Kilometer lang. Rund 1800 Kilometer davon werden als Lachs- und Forellengewässer eingestuft. Über das Angeln und andere Sportarten geben Auskunft:

Comité Régional Olympique et Sportif d'Aquitaine, 5, cours de Verdun, 33000 Bordeaux, Tel. 05 56 52 80 90, oder Centre d'Information Jeunesse Aquitaine, 5, rue Duffor Dubergier, 33000 Bordeaux, Tel. 05 56 48 55 50.

Anreise

Mehrere regionale, nationale und internationale Airlines fliegen täglich Bordeaux, Biarritz, Périgueux, Agen und andere große Zentren an. Dran denken: Preisvergleiche machen sich bezahlt. Hier ein paar Beispiele: Flüge mit der Sabena gehen täglich über Brüssel nach Bordeaux. Rückflüge mit mindestens einer Übernachtung (Sa/So): ca. 600,– DM. April bis Oktober ca. 850,– DM.

Mit Air France bestehen täglich Direktverbindungen von Frankfurt nach Bordeaux. Straßen wie die A10, A62 und A64 ermöglichen schnellen Zugang auf dem Landwege. Es werden Autobahngebühren erhoben. Der Auslandsschutzbrief eines Automobilclubs gibt für die lange Reise ein wohliges Gefühl der Sicherheit.

Nachfolgende Aquitanien-Entfernungstabelle ist als kleine Planungshilfe für die eigene Reise gedacht:

Entfernungen zwischen den größten Städten Aquitaniens

AGEN	ARCACHON	BIARRITZ	BORDEAUX	MT-DE-MARSAN	PAU	PERIGUEUX	SARLAT	
	176	178	132	81	156	136	134	AGEN
		165	56	118	180	182	202	ARCACHON
			180	97	110	300	325	BIARRITZ
				120	190	120	140	BORDEAUX
					104	200	215	MT-DE-MARSAN
						260	90	PAU

Sonne, Sand und Meer – Badeferien an der Atlantikküste.

Badeorte und Fitneßzentren

Luft- und Badekurorte in Aquitanien:

- in den Landes (bedeutendster Verwaltungsbezirk für Kuren in Frankreich): Dax, Saint-Paul-lès-Dax, Eugénie-les-Bains, Préchacq-les-Bains, Saubusse-les-Bains und Tercis-les-Bains.
- im Béarn: Eaux-Bonnes, Eaux-Chaudes, Lurbe-Saint-Christau und Salies-de-Béarn.
- im Baskenland: Cambo-les-Bains.

Andere Fitneßzentren in Aquitanien

Vita-Concept, 11, allée Corrigan 33120 Arcachon, Tel. 05 56 83 40 89.

Malerische Kirchen, wie die von Labrit, findet der Reisende überall in Aquitanien.

Les Bains d'Arcachon, 292, Boulevard de la Plage, 33120 Arcachon, Tel. 05 56 83 72 73, Fax: 05 56 83 69 99.
Aquaform, Avenue Franck Cazenave, 33510 Andernos, Tel. 05 56 82 22 01.
Vitanova 3 ***, Domaine de l'Ardilouse, 33680 Lacanau-Ocean, Tel. 05 56 03 80 00, Fax: 05 56 26 35 55.
Espace Forme, 47150 Monflanquin, Tel. 05 53 36 47 35, Fax: 05 53 36 40 29.

Bootstouren

Es gibt ein recht engmaschiges Netz befahrbarer Wasserwege, die auch mit größeren Booten zu befahren sind. Der Canal du Midi, der Fluß Lot und die Baïse sind bei Hausbootfahrern besonders beliebt. *Pénichettes*, kleine Boote für 2 bis 12 Personen, können selber gesteuert werden. Die Mietdauer beträgt in der Regel mindestens eine Woche.
Die für die jeweilige Region zuständigen Fremdenverkehrsbüros (s. Informationen) erteilen detaillierte Auskünfte.

Feste (traditionelle)

April

Foire aux jambons (Schinken), Bayonne, Tel. 05 59 59 31 31

Juni

Fête de la Jurade et de la fleur (Blumen), Saint-Emilion, Tel. 05 57 24 72 03
Corrida, corso fleuri, Aire sur Adour, Tel. 05 58 71 64 70
Fêtes de la Saint Jean, Saint-Jean-de-Luz, Tel. 05 59 26 03 16

Juli

Fêtes de la Madeleine, Mont-de-Marsan, Tel. 05 58 75 22 23
Fêtes d'Orthez, Orthez: Novillada, Corrida (Stierkampf), Course landaise, Tel. 05 59 69 02 75
Fête du thon (Thunfisch), Saint-Jean-de-Luz, Tel. 05 59 26 03 16

Wissenswertes von A – Z

August

Fête et foire à l'huître (Austern), Gujan-Mestras, Tel. 05 56 66 12 65
Festival de la Force Basque (Kraftproben), Saint Palais, Tel. 05 59 65 71 78
Festival des menteurs (Lügnerwettstreit), Moncrabeau, Tel. 05 53 65 43 27
Féria de Dax, Dax, Tel. 05 58 74 82 33
Fêtes de Bayonne, Bayonne, Tel. 05 59 59 31 31
Journées médiévales de Monflanquin, Monflanquin, Tel. 05 53 36 40 19

September

Ban des vendanges de la Jurade (Aufruf zur Weinlese), Saint-Emilion, Tel. 05 57 24 72 03
Fête du Sel (Salz), Salies-de-Béarn, Tel. 05 59 38 00 33
Fête du Ttoro, Saint-Jean-de-Luz, Tel. 05 59 26 03 16

Oktober

Fête du Piment, Espelette, Tel. 05 59 93 91 44

Freikörperkultur

FKK-Anhänger finden in Aquitanien schöne Ferienzentren mit speziellen Angeboten vor, z. B.:

Dordogne

Campingplatz Lalourie, 24330 Ladouze, Tel. 05 53 06 74 00

Gironde

Euronat Ferienzentrum, Grayan l'Hôpital, 33590 Saint-Vivien-du-Médoc, Tel. 05 56 09 33 33, Fax: 05 56 09 30 27
La Jenny, Ferienzentrum – Route de Taures, 33680 Le Porge, Tel. 05 56 26 56 90, Fax: 05 56 26 56 51
Centre Hélio-Marin, Ferienzentrum, Avenue de l'Europe, 33930 Vendays Montalivet, Tel. 05 56 09 30 47

Glück zwischen Hörnern

Einige gute Freunde und manche andere gebildeten Leute erklären mir, daß ich in Sachen Stierkampf vorschnell urteile. Ich hätte nur eine einzige *corrida* gesehen, und die müsse – folge man meiner Schilderung – eine besonders schlechte mit einem besonders untauglichen Matador gewesen sein. Jedenfalls war ich da, damit ich mitreden kann. Wir saßen auf harten, schmalen Holzbänken, eingekeilt zwischen mit vollem Körpereinsatz gestikulierenden Männern, Kennern wohl, deren Bewegungen Schweiß-, Knoblauch- und Parfumdüfte wild mixten und wirbelten. Neben unseren Nasen waren auch unsere Ohren bedroht von gebrüllten Gesprächen, die jeder mit jedem zugleich zu führen schien.

Der von Blasmusik untermalte *paseo* mag farbenprächtig gewesen sein; im Gedächtnis blieben mir hauptsächlich die gockelig stolzierenden Matadore in ihren hautnahen Hosen. Schöner war der schwarze, glänzende, über 750 Kilo schwere Todgeweihte, der Stier! Der wurde mit Paukenradau dem Volk präsentiert, stand anfangs träumend da, wußte nicht, wie ihm geschah, was ihm geschehen sollte, schüttelte verdutzt das mächtige Haupt, wollte nicht kämpfen, hätte sich sicherlich lieber auf saftiger Wiese leckere Blumen gepflückt. Statt dessen reizten ihn einige Menschlein, die *peons*, und vor ihm wedelte ein glitzerndes Männlein mit einem Lappen, der Matador im Goldbrokatjäckchen mit der *capa*.

Später wurde es richtig gemein. Es kam der *picador* auf einem alten Gaul, dessen Anblick einem das Herz bluten ließ. Das arme Vieh hatte Matratzen vor den Flanken und verbundene Augen. Bis zum Jahre 1928 waren die Pferde der *picadores* ungepolstert, so daß die Stiere ihnen die Seiten aufreißen konnten. Der Reiter lenkte die Mähre zum Stier, stieß ihm eine blümchengeschmückte Lanze links, noch eine rechts ins Fell. Langsam wurde der Held, dem unsere Sympathien gehörten, doch wütend, rammte das unschuldige Pferd, kippte es um. Der feige Spießstecher floh, das gefallene Pferd wurde vom Stier einige Male gepufft, schließlich von Schlachtgehilfen abgeschleppt.

Der Matador kehrte zurück, hielt in der linken Hand die *muleta*, in der rechten ein Schwert, spielte sich vor dem gehetzten und geschwächten Tier auf, um schließlich zum Todesstoß anzusetzen. Aber er traf nicht die entscheidende Stelle. Ein widerliches Metzeln begann. Erst beim siebten Versuch fand das Schwert zwischen den vierten und fünften Halswirbel, der Stier stürzte, zuckte, zitterte, brach Blut, starb, wurde endlich von Eseln aus der Arena geschleift. Nein, die Darbietung gefiel auch erfahrenen Zuschauern nicht. Ich aber kann mir selbst mit einem besseren Matador nicht vorstellen, daß ich solcher Art Schlachten etwas abgewinnen kann.

Landes
Campingplatz Arnaoutchot, 40560 Vielle Saint-Girons, Tel. 05 58 48 52 87, Fax: 05 58 48 57 12
Lot-et-Garonne
Campingplatz Lieu dit Laborde, 47150 Monflanquin, Tel. 05 53 63 14 88

Für weitere Informationen
Fédération Française de Naturisme, 65, rue de Tocqueville, 75017 Paris, Tel. 01 47 64 32 82, Fax: 01 47 64 32 63
Informationen erhältlich bei den **Fremdenverkehrsbüros Maison de la France.**
In Deutschland: Postfach 10 01 28, 60001 Frankfurt/Main.
In der Schweiz: Löwenstraße 59, 8023 Zürich.
In Österreich: Hilton Center 259c, Landstraßer Hauptstraße 2a, 1010 Wien.

Fremdenverkehrsbüros für die Region Aquitanien
Comité Régional de Tourisme d'Aquitaine – C.R.T.A Rue René Cassin, 33049 Bordeaux Cédex, Tel. 05 56 39 88 88, Fax: 05 56 43 07 63.
Comités Departementaux de Tourisme – C.D.T (Bezirksbüros für Fremdenverkehr) und Services Loisirs Accueil – S.L.A (Büros für Freizeit und Empfang):

Dordogne, Office Départemental de Tourisme de la Dordogne, Service Loisirs Accueil Dordogne, 16, rue du Président Wilson, 24009 Périgueux Cédex, Tel. 05 53 53 44 35, Fax: 05 53 09 51 41

Gironde, Comité Départemental de Tourisme de la Gironde, Service Loisirs Accueil Gironde, 21, cours de l'Intendance, 33000 Bordeaux, Tel. 05 56 52 61 40, Fax: 05 56 81 09 99

Landes, Comité Départemental de Tourisme des Landes, 22, rue Victor Hugo BP 407, 40012 Mont-de-Marsan Cédex, Tel. 05 58 06 89 89, Fax: 05 58 06 90 90

Glück gehabt – eine Kuh bei der *Course landaise* jagt ihren Matador.

Musikantenumzug in Mont-de-Marsan.

Wissenswertes von A – Z

Lot-et-Garonne, Comité Départemental de Tourisme du Lot-et-Garonne, Actour 47 (Service Loisirs Accueil), 4, rue André Chénier BP 158, 47005 Agen Cédex, Tel. 05 53 66 14 14, Fax: 05 53 68 25 42

Béarn, Agence Touristique du Béarn, 22 ter, rue J.J. de Monaix, 64000 Pau, Tel. 05 59 30 01 30, Fax: 05 59 02 52 75

Pays Basque, Agence de Tourisme du Pays Basque, 1, rue de Donzac BP 811, 64108 Bayonne Cédex, Tel. 05 59 59 28 77, Fax: 05 59 25 48 90

Kanu- und Kajaktouren

Beliebt sind die Flüsse Vézère und Dordogne. Nähere Auskünfte bei:

Fédération Française de Canoë Kajak, 87, quai de la Marne, BP 58, 94340 Joinville le Pont, Tel. 01 48 89 39 39, Fax: 01 48 86 13 25

Karten

Ich bin immer gut gefahren mit der Großen Länderkarte 1 : 800 000 Frankreich aus dem RV Reise- und Verkehrsverlag, auf der sogar Bélis verzeichnet ist. In den Regionen kann man sich dann Spezialkarten besorgen.

Verlag	Maßstab	Nr.	Titel (Region)
IGN	1/2500 000	110 113	Bordelais/Périgord Pyrénées-Occidentales,
IGN	1/100 000	46	Bordeaux/Royan/Parc Naturel des Landes de Gascogne
IGN	1/125 000		Dordogne
IGN	1/125 000	69	Pau/Bayonne
Michelin	1/200 000	234	Aquitaine
Michelin	1/200 000	71	La Rochelle/Royan/Bordeaux
Michelin	1/200 000	79	Bordeaux/Agen/Montauban
Michelin	1/200 000	82	Mont-de-Marsan/Pau/Toulouse
Recta Foldex	1/550 000		Sud-Ouest

Wissenswertes von A – Z

Klima

Jahresmitteltemperaturen												
Monate	Januar	Februar	März	April	Mai	Juni	Juli	August	September	Oktober	November	Dezember
Mittlere Temperatur	10°	12°	13,6°	15,8°	19°	22,4°	24,7°	25,2°	22,7°	18,5°	13,1°	10,5°

Küche

Um wie Gott in Frankreich zu leben, muß man einfach ein paar Spezialitäten probieren. Zum Beispiel:

- Suppen wie die *Tourin à l'ail* (Legierte Suppe mit Knoblauch) und die *Garbure* (Landaiser Kohlsuppe mit Entenfleisch).
- Austern aus dem Bassin d'Arcachon, nach regionalem Brauch zusammen mit kleinen Bratwürstchen serviert.
- Das nach Bordelaiser Art zubereitete Rippenstück *(entrecôte bordelaise)* findet man heute in allen Lexika der französischen Küche.
- Wundervolle Pilzsorten wie beispielsweise der Steinpilz, der Pfifferling, der *bidaous* und die Morcheln, von denen einige mit den geschmacklich einzigartigen Äpfeln aus Sarlat zubereitet werden.
- Kosten Sie im Baskenland den *Ttoro* (Fischspezialität), den Stockfisch *Koskera*, den Thunfisch nach baskischer Art, die Piperade, das Hähnchen nach baskischer Art, den *Axoa* (in dünne Scheiben geschnittenes Kalbfleisch, zubereitet in Nelkenpfeffer aus Espelette), die *Tripotxa* (kleine Blutwurst aus Kalb- oder Schafsfleisch), den Bayonner Schinken, die *Ibaiona* (eine nach baskischer Art zubereitete Wildkeule), den Nelkenpfeffer aus Espelette, den *Ardigasna* (Schafskäse), den Baskischen Kuchen (*gâteau basque*), die Pralinen, den *touron* (Marzipanspezialität) und die Makronen.
- Die Aalbrut (*pibales*).
- Sollten Sie in den Landes einen Nachtisch wünschen, dann wählen Sie die Blätterteigpastete mit Armagnac (*tourtière à l'Armagnac*) und den *pastis* (eine Art Butterstollen mit leichtem Anisgeschmack).
- Aus der Dordogne kommt das hervorragende, aus Walnüssen des Périgord (kleine, köstliche Nüsse mit gesprenkelter Nußschale) hergestellte Walnußöl. Die Nüsse können frisch geknackt gegessen oder als schmackhafte Zutat in einem Kuchen verwendet werden.

Die Venus von Brassempouy

Die Venus von Brassempouy (s. S. 47) ist nicht allgemeines Fruchtbarkeitssymbol, sondern die Darstellung einer Person.

Das Köpfchen, 3,7 cm hoch aus einem Mammutzahn geschnitzt, das Gesichtchen nur 2 cm von Haar bis Kinn - das erste gefundene Menschenantlitz –, erzählt es eine steinzeitliche Liebesgeschichte? Nicht Po, Scham, Brüste, wie es damals »in« war (Kunstrichtungen gibt es seit mehr als 30000 Jahren!) zeigt das Werk. Hier ist eine Frau dargestellt, und zwar ihr Kopf (mit Augen, Nase, Mund über schlankem, stolzem, zerbrechlichem Hals). Zu spüren ist über Jahrzehntausende überlieferte Zärtlichkeit. Von Romeo? Für Julia? War der Schöpfer ein angesehener Künstler seiner Zeit und sein Begehren für die Dame ein Ehre? Oder war er ein armer Lehrling, vielleicht ein jagduntauglicher Hinker, der heimlich die Angebetete porträtierte? Was hat Monsieur Papa dazu gesagt? Oder gehörte die schöne Aquitanierin längst einem anderen? Nicht einmal eine Vorstellung vom Namen des Künstlers kann man heute haben. Und ihr Name? Wie übersetzt man »Liebste« in die Ursprache? Wie sprach man Mona Lisa damals aus?

Jedenfalls – es ist zu erkennen – war die Dame klug wie heutige Frauen! Bestimmt hatte sie ähnliche Gefühle - soweit das Milieu es zuließ. Die rätselhafte, kunstvolle Frisur von Madame ist wissenschaftlich nicht zu entflechten. Höchstens meditativ. Trägt sie ein Haarnetz? War das der letzte Schrei in dieser frühen Zeit? Was hat Monsieur Papa dazu gesagt?

Eitelkeit gehört zum Menschen – mindestens das Sich-Abheben, Anders-Sein – Individualität (nur die macht Liebe zwischen Personen möglich).

Auskünfte
Chambre Régionale d'Aquitaine,
Cours Xavier Arnozan, 33000 Bordeaux,
Tel. 05 56 44 53 19, Fax: 05 56 79 20 06

Nationalpark
1967 aus Naturschutzgründen entstanden, erstreckt sich der Nationalpark der Pyrenäen über 100 km entlang der französisch-spanischen Grenze, zwischen dem Tal der Aspe und dem Massiv von Néouville. Allein im Tal der Aspe im Béarn leben mehr als 4000 Gemsen (*isards*), 200 Murmeltierkolonien und vielleicht noch etwa 20 Braunbären.
Mehr als 350 km markierter Wanderwege und 24 Schutzhütten bieten ungeahnte Wandermöglichkeiten.
Zwei Museen bringen Ihnen diesen Nationalpark näher:
- Musée de l'ours des Pyrénées in Etsaut: Ausstellung über den Park, Filmvorführungen und Führungen.
- Musée du Parc National des Pyrénées occidentales in Arudy: Fauna, Flora, Erdkunde und Schilderungen des Hirtenlebens in den Pyrenäen.

Parc National des Pyrénées, 59, route de Pau, 65000 Tarbes, Tel. 05 56 93 30 60.

Naturpark
Parc Naturel Régional des Landes de Gascogne, 40360 Sabres, Tel. 05 58 07 52 70, Fax: 05 58 07 56 85.
Er umfaßt südlich von Bordeaux, nahe der Atlantikküste, ungefähr 300 000 Hektar Waldgebiet inmitten des Pinienwaldes der Landes.

Radeln und Wandern
Routeninformationen über Aktiverlebnisse in geschichtsträchtigen Orten oder der Natur gibt es bei:
Comité Régional Olympique et Sportif d'Aquitaine, 5, cours de Verdun, 33000 Bordeaux, Tel. 05 56 52 80 90, oder Centre d'Information Jeunesse Aquitaine, 5, rue Duffor Dubergier, 33000 Bordeaux, Tel. 05 56 48 55 50.

Reiseliteratur
In Aquitanien kauft, wer Französisch kann, *Aquitaine,* Untertitel *Bordelais, Périgord, Pays Basque,* Verlagsbezeichnung Hachette-Guides Bleus, hat damit das umfangreiche und unschlagbare Kompendium.
Auf deutsch ist neben vielen anderen *Südwestfrankreich,* Reisehandbuch Aquitanien von Marcus X. Schmid, aus dem Michael Müller Verlag zum Herumtragen empfehlenswert, handlicher ist beispielsweise der entsprechende dtv-Merian-Reiseführer.

Schloßempfänge
Wer französische Lebensart in einem der auf Besucher eingestellten Schlösser genießen will, kann sich mit diesen Anschriften in Verbindung setzen:
Château de France, 8, rue de l'Isle, 75008 Paris, Tel. 01 42 94 92 00
La vie de Château, BP 466 – 75327 Paris Cédex 07, Tel. 01 44 18 95 47, Fax: 01 45 55 52 26
Château hôtels indépendants, 15, rue Malebranche, 75005 Paris, Tel. 01 43 54 74 99, Fax: 01 43 64 76 96

Surfen (Wellenreiten)
Herbst ist die beste Zeit für Surfer hier. Die nötige Surfausrüstung kann vor Ort ausgeliehen werden. Die wichtigsten Sommerveranstaltungen im Wellenreiten sind:
Lacanau Pro : Lacanau
Rip Curl Pro: Hossegor
Biarritz: Wettbewerb auf sehr hohem Niveau, bei dem die besten professionellen Surfer gegeneinander antreten.

Féderation française de Surf, Plage Nord Boulevard Front de Mer BP 28, 40150 Hossegor, Tel. 05 58 43 55 88, Fax: 05 58 43 60 57

Unterkünfte
Ferienhäuser
Das Angebot an Ferienhäusern in Südwest-Frankreich ist sehr groß, entsprechend unterschiedlich sind Ausstattung und Preise. Für genauere Informationen wendet man sich am besten an das französische Fremdenverkehrsamt oder direkt an die Touristeninformation des jeweiligen Urlaubsortes.

Wissenswertes von A – Z

Jugendherbergen
Die Adressen der Jugendherbergen in Aquitanien erfragt man am besten bei den Dachverbänden:
Fédération unie des Auberges de Jeunesse, 27, rue Pajol, 75018 Paris, Tel. 01 46 07 00 01, Fax: 01 46 07 93 10
Centre Information Jeunesse Aquitaine 5, rue Dufour Dubergier, 33000 Bordeaux, Tel. 05 56 56 00 56

Camping
Fédération Regionale Aquitaine de l'Hotellerie de Plein Air, 21, rue de Grassi, 33000 Bordeaux, Tel. 05 56 51 00 50, Fax: 05 56 51 21 92

Hotels
Informationen beim Maison de la France anfordern.

Weinbaumuseen
Château Mouton Rothschild, 33250 Pauillac, Tel. 05 56 59 22 22, Archäologie, Wandteppiche, Möbel, Glaswaren, ein außergewöhnlich schönes Privatmuseum.
Château Maucaillou, 33480 Moulis en Médoc, Tel. 05 56 58 01 23, Fax: 05 56 58 00 88, Museum für Kunsthandwerk im Weinbau und der Weinbereitung. Häufig auch Ausstellungen über andere Themen.
Château Laudenne, Saint-Yzan du Médoc, 33340 Lesparre, Tel. 05 56 09 05 03, Fax: 05 56 09 02 87, Böttcherei, Instrumente zur Weinbereitung.
Ecomusée du Libournais, Le Bourg, 33570 Montagne, Tel. 05 57 74 56 89

Wintersport
Ausgezeichnete Möglichkeiten bieten die Pyrénées Atlantiques. Sieben Schistationen heißen Besucher willkommen.
Gourette/Les Eaux Bonnes, 1400 bis 2400 m – 38 Pisten – 27 Schilifte
Artouste/Fabrèges, 1400 bis 2100 m – 16 Pisten – 9 Schilifte
La Pierre-Saint-Martin, 1650 bis 2200 m – 17 Pisten – 17 Schilifte
Issarbe, 1400 bis 1550 m – 21 km Piste
Le Somport, 1600m – 30 km vorbereitete und markierte Piste
Chalet d'Iraty à Larrau, 1200 – 1500 m – 42 km vorbereitete und markierte Piste
Pays de Cize à Saint-Jean-Pied-de-Port, 1000 – 1450 m – 50 km vorbereitete und markierte Piste – 17 km Rundweg.

»Chabrol« – Exkursion in die Landesküche

Es gibt Snacker und Banketteure, Gegenden für Fast food und andere für Schmecklecker-Kulturen, Eintopfesser und Menügenießer, Küchentischbenutzer und Restaurantbesucher. Die Eingeborenen des Périgord essen gerne gut, reichlich und aushäusig. Folglich lassen sich feine Gasthäuser finden. In mehrsternige kann man getrost einkehren, wenn man gedeckte Kreditkarten hat. Mit Niedrigpreisen lockende Touristenlokale enttäuschen oft. In Reiseführern empfohlene Geheimtips waren entweder schon zur Zeit der Empfehlung Touristenlokale, sind es inzwischen geworden oder in der ständigen Gefahr, es zu werden. Einheimische Wirtschaften sind preiswerter, sättigender und für verwöhnte Gaumen häufig freudig überraschend. Wie findet man die soliden Lokale, in denen die Hausfrau mit traditionellen Gerichten aus der Landesküche hauptsächlich ihre Nachbarn zufriedenstellt? Zuerst muß man die Straßen der Fremdenströme verlassen. Vorm entdeckten Haus prüfe man die Nummernschilder der davor parkenden Autos; sie sollten in größerer Zahl mit 24 enden. Im Lokal mag es ein Zeichen sein, daß auf einem Tisch unterm Nichtraucherschild ein kippenvoller Aschenbecher steht. Überhaupt geben Zigarettenpackungen Auskünfte über Landeszugehörigkeiten. Und wenn Sie schließlich Gäste sehen, die in ihre Suppenteller aus vor ihnen wartenden Karaffen Wein gießen, dann ist die Wahrscheinlichkeit groß, daß Sie in einer Gaststube für Anlieger sind. Diese traditionelle Art des Vorspülens hat Tradition in der bäuerlichen Kultur: Man läßt eben nichts umkommen. Die entstandene und genußvoll zu schlürfende Mischung aus Fleischbrühe mit Wein heißt »Chabrol«.

Ortsregister

Ortsregister

Ortsregister

Die spannende Reiseerzählung

Ungewöhnliche Menschen berichten über ihre Grenzerfahrungen – mit authentischen Farbfotos

Fred Bruemmer
Mein Leben mit den Inuit
Reisen zwischen Grönland und Alaska.
30 Jahre Freundschaft mit den Eskimos – ein Bericht über ihr Leben in rauher Natur.
176 Seiten, 27 Farb-, 23 s/w-Fotos, 1 Karte, Format 17 x 24 cm, geb. mit Schutzumschlag,
DM 49,80 / öS 364,– / sFr 46,–
ISBN 3 89405 350 X

Roberta Bondar
Eine Frau an Bord der Raumfähre Discovery
Eine Astronautin beschreibt ihre Reise im All.
144 Seiten, 85 Farb-, 3 s/w-Fotos, Format 17 x 24 cm, Glanzeinband,
DM 39,80 / öS 291,–/ sFr 37,–
ISBN 3 89405 363 1

Peter van Ham
Auf Buddhas Pfaden
Die ersten authentischen Bilder und Berichte der lange Zeit gesperrten Gebiete des Westhimalaya.
239 Seiten, 80 Farb-, 64 s/w-Fotos, 7 Karten, Format 17 x 24 cm, geb. mit Schutzumschlag,
DM 49,80 / öS 364,– / sFr 46,–
ISBN 3 89405 335 6

Dieter Kreutzkamp
Husky-Trail
Blockhaus-Leben am Yukon River, Iditarod- Rennen und Schlittenhundefahrt durch die Eiswüste Alaskas.
247 Seiten, 33 Farb-, 52 s/w-Fotos, 4 Karten, Format 17 x 24 cm, geb. mit Schutzumschlag,
DM 39,80 / öS 291,– / sFr 37,–
ISBN 3 89405 312 7

FREDERKING & THALER

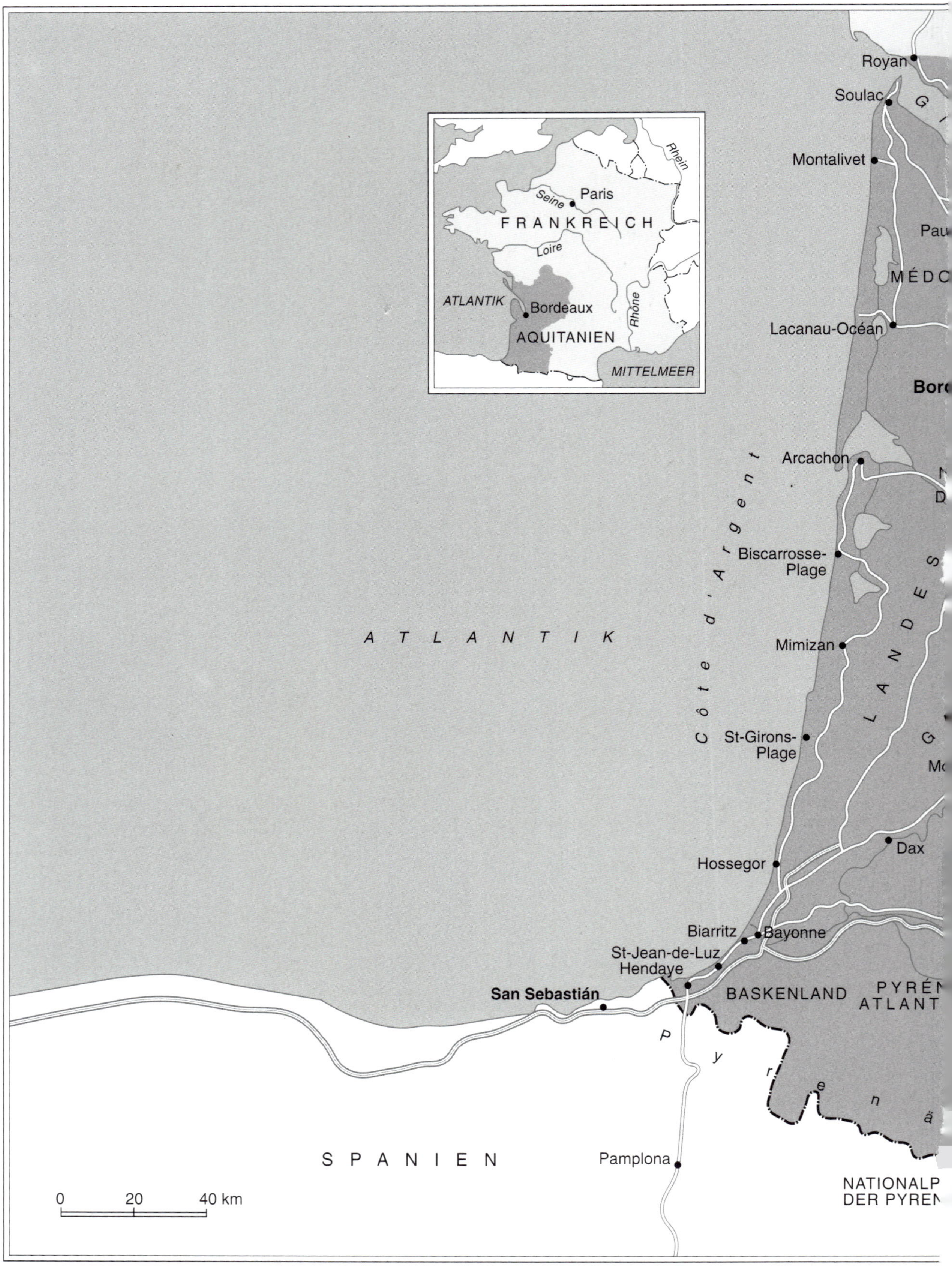
Paris
Seine
Rhein
FRANKREICH
Loire
ATLANTIK
Bordeaux
Rhône
AQUITANIEN
MITTELMEER
Royan
Soulac
Montalivet
Lacanau-Océan
Arcachon
Côte d'Argent
Biscarrosse-Plage
Mimizan
LANDES
St-Girons-Plage
Dax
Hossegor
Biarritz
Bayonne
St-Jean-de-Luz
Hendaye
San Sebastián
BASKENLAND
ATLANTIK
SPANIEN
Pamplona
0
20
40 km